# 企业战略联盟关系资本
# 与知识转移绩效

韩兰华 著

延边大学出版社

## 图书在版编目（CIP）数据

企业战略联盟关系资本与知识转移绩效 / 韩兰华著 . -- 延吉：延边大学出版社, 2021.11
 ISBN 978-7-230-02467-9

Ⅰ. ①企… Ⅱ. ①韩… Ⅲ. ①企业管理－经济合作－研究 Ⅳ. ①F273.7

中国版本图书馆 CIP 数据核字(2021)第 230421 号

---

**企业战略联盟关系资本与知识转移绩效**
_____
著　　者：韩兰华
责任编辑：梁久庆
封面设计：正合文化
出版发行：延边大学出版社
社　　址：吉林省延吉市公园路 977 号　　邮　　编：133002
网　　址：http://www.ydcbs.com　　E-mail：ydcbs@ydcbs.com
电　　话：0433-2732435　　传　　真：0433-2732434
印　　刷：天津市天玺印务有限公司
开　　本：710×1000　1/16
印　　张：14.75
字　　数：200 千字
版　　次：2021 年 11 月 第 1 版
印　　次：2024 年 3 月 第 2 次印刷
书　　号：ISBN 978-7-230-02467-9
_____
定价：68.00 元

# 作者简介

韩兰华，女，安徽滁州人，管理学博士，2017 年毕业于辽宁大学，主要研究方向为企业战略管理。现就职于滁州学院经济与管理学院，讲师，在《技术经济》《企业经济》等核心期刊上已发表论文 8 篇；主持省、校级纵向研究课题 4 项，主持地方政府及企业横向研究课题 4 项；参与国家、省级研究课题 2 项，参与横向研究课题 6 项。

# 前　言

　　进入知识经济时代以后，如何获取更多知识并将其转化为现实生产力是高技术企业面临的一个重大课题。对高技术企业而言，数据、信息与知识是其可持续发展不可或缺的核心资源，掌握核心知识内容对高技术企业开发新产品、新技术、新市场有重要指引作用，且对企业绩效的提升、企业价值增值目标的实现有重要现实意义。企业所掌握的知识，尤其是隐性知识，主要通过合作等方式从合作方获取。在企业战略联盟中，多数联盟成员希望获取其他联盟成员的隐性知识或者其他核心知识资源。知识在从转移方到达接收方的过程中，经常受到各种因素的影响，其中关系资本的影响甚大。因此，分析关系资本如何影响知识转移绩效、如何提高知识转移的成功率对高技术企业来说非常重要。

　　本书以企业战略联盟为研究对象，主要介绍关系资本对知识转移绩效的影响，以及大数据背景下企业战略联盟面临的挑战与机遇，分析关系资本与知识转移绩效之间的关系和大数据对联盟、高技术企业的影响，企业战略联盟的伙伴选择、利益分配等问题。本书共包括五章内容：第一章为基础理论；第二章介绍传统的企业战略联盟和大数据背景下的企业战略联盟；第三章阐述大数据背景下企业战略联盟的伙伴选择、利益分配和结构选择；第四章阐述关系资本对知识转移绩效影响的研究假设；第五章通过实证分析方法，解释不同关系资本维度对知识转移绩效的影响，验证吸收能力的中介作用和环境动态性的调节作用，说明提高知识转移绩效的对策与研究的局限性。

　　笔者在编写本书的过程中，参考了大量文献，在此向有关作者表示诚挚的感谢。由于笔者水平有限，本书难免存在不足之处，欢迎读者批评指正。

韩兰华<br>
2021 年 5 月

# 目　　录

## 第一章　企业战略联盟关系资本与知识转移绩效概述 ……… 1

第一节　企业战略联盟相关问题的提出及研究意义 ……………… 1
第二节　战略联盟相关内容介绍 …………………………………… 4
第三节　战略联盟研究的理论依据 ………………………………… 14
第四节　战略联盟的相关研究 ……………………………………… 23
第五节　战略联盟与知识管理 ……………………………………… 26
第六节　关系资本、知识转移、知识转移绩效与吸收能力 ……… 29

## 第二章　传统的企业战略联盟和大数据背景下的企业战略联盟 …… 52

第一节　传统企业战略联盟的兴起和组织溯源 …………………… 52
第二节　传统企业战略联盟的发展趋势和主要实现形式 ………… 57
第三节　大数据背景下的企业战略联盟 …………………………… 61

## 第三章　企业战略联盟的伙伴选择、利益分配与结构选择 ……… 73

第一节　企业战略联盟的伙伴选择 ………………………………… 73
第二节　企业战略联盟的利益分配 ………………………………… 85
第三节　企业战略联盟的结构选择 ………………………………… 94

## 第四章 企业战略联盟关系资本与知识转移绩效的研究假设........104

### 第一节 模型构建..........104
### 第二节 提出假设..........106
### 第三节 研究设计与研究方法..........114

## 第五章 企业战略联盟关系资本与知识转移绩效的实证研究......127

### 第一节 企业战略联盟关系资本与知识转移绩效研究的小样本测试..........127
### 第二节 企业战略联盟关系资本与知识转移绩效研究的大样本数据搜集与描述性统计分析..........140
### 第三节 企业战略联盟关系资本与知识转移绩效研究的大样本信度与效度分析..........148
### 第四节 企业战略联盟关系资本与知识转移绩效研究的检验与讨论..........161
### 第五节 企业战略联盟关系资本与知识转移绩效的研究结论..........185
### 第六节 提高知识转移绩效的对策与研究的局限性..........190

## 参考文献..........196

## 附录1 预调查问卷..........220

## 附录2 正式调查问卷..........224

# 第一章 企业战略联盟关系资本与知识转移绩效概述

## 第一节 企业战略联盟相关问题的提出及研究意义

### 一、企业战略联盟相关问题的提出

高技术企业是知识经济时代中主要的企业形式之一,它主要投入、生产和应用知识资源,并通过知识的生产和应用来创造经济效益。面对竞争激烈的市场环境,高技术企业要想立于不败之地,拥有独特而富有竞争力的知识资源至关重要。由于自身资源的有限性,高技术企业需要通过构建联盟来获取、吸收其他企业的知识资源,而知识转移为联盟企业获取知识资源提供了途径。在国家的重点扶持下,我国的高技术企业近年来陆续建立了许多战略联盟,尤其是知识联盟和技术创新联盟。调查显示,我国高技术企业认为,战略联盟,尤其是技术创新联盟,是加速技术创新的有效模式。企业建立战略联盟旨在获取新知识或新技术。

在知识经济时代,高技术企业只有不断地获取外部新知识,才能实现对知识的最大化利用,开发出更加令人满意的产品或服务,从而提高企业自身的核心竞争力。联盟内的知识转移问题已成为人们关注的热点,知识转移对高技术企业自身来说也是非常重要的。

目前,我国科技与经济社会发展脱节的问题尚未根本解决。我国的高技术企业的重要技术或专业技能主要来自国外发达国家的企业,而不是国内的相关机构。我国的高技术企业在与国外企业的合作中,由于并未掌握核心技术,常常处于被动状态、从属地位。此外,我国的高技术企业在如何通过技术合作和战略联盟等形式获取和转移所需知识资源以提高自身核心竞争力等方面也面临不少问题。国内市场所需的含有高技术和高附加值的装备与产品主要依靠国外的厂商,而国内低水平、低技术含量的装备与产品过剩,导致我国的高技术企业陷入价格战的泥潭。所以,如何建立战略联盟,有效、合理地利用知识资源,增加自身的知识存量,提高核心能力,是我国高技术企业面临的突出问题。

小天鹅股份有限公司与日本松下电器产业株式会社的合资企业——无锡松下冷机有限公司与无锡松下冷机压缩机有限公司就是比较典型的例子。这两家企业成立于1995年,其中日本松下电器产业株式会社拥有80%的股份,小天鹅股份有限公司只拥有20%的股份,这是因为小天鹅股份有限公司为了顺利引进日本松下电器产业株式会社先进的无氟冰箱技术而主动让出了股份。这两家企业成立以来,其产量与销量节节攀升,冰箱压缩机在2006年销售了283.8万台,是1999年的近3.5倍,而无氟冰箱在2007年的销量达到了41.7万台,是1998年的2.4倍。虽然销售业绩非常好,但这两家企业并未给小天鹅股份有限公司的股东带来回报。财务报表显示,除了2002年与2003年,其余年份这两家合资企业均处于亏损状态,但小天鹅股份有限公司独资的冰箱业务却年年盈利,利润丰厚。也就是说,小天鹅股份有限公司与日本松下电器产业株式会社的合资企业的盈利能力并不如小天鹅股份有限公司的独资企业。但日本松下电器产业株式会社从合资企业中提取的技术提成费超过了3亿,再加上销售提成等,赚了不少。小天鹅股份有限公司由于不具备先进的技术,想用股权来换取国外的先进技术以获取利益,结果适得其反。

目前,对国内的企业如何通过联盟形式提高知识转移的有效性,获取互补性资源,从而提高自身竞争力的研究不多。但是,建立战略联盟,加强伙伴间的紧密关系,提高知识转移绩效是我国高技术企业亟待解决的突出问题。鉴于对关系资本如何影响知识转移绩效的实证研究较少,笔者在以往研究的基础上,围绕"企业战略联盟关系资本与知识转移绩效"展开研究,深入剖析关系资本对知识转移绩效的影响机制。笔者主要关注如下问题：关系资本如何影响知识转移绩效？吸收能力是否在关系资本与知识转移绩效之间起中介作用？环境动态性是否对关系资本与知识转移绩效的关系起调节作用？

## 二、研究意义

随着经济全球化的发展和知识经济时代的到来，高技术企业在国家经济发展和获取可持续竞争优势中扮演着日益重要的角色，知识作为高技术企业的核心战略资源，在理论界和企业界得到了越来越广泛的关注与研究。近几年，知识、知识管理和高技术企业一直是国内外学术界研究的热点，同时，基于知识网络的知识转移也成为知识管理领域中的一个重要研究热点。在当今的时代背景下，研究战略联盟具有重要意义。

### （一）为企业进行知识转移提供理论指导

对关系资本与知识转移绩效的研究可以丰富知识管理理论、社会资本理论、动态能力理论等相关理论，可以为个体间、团队间和组织间的知识转移提供较为系统的理论指导。需要注意的是，对关系资本与知识转移绩效的研究大多集中在个体、团队上，或者集中在跨国母子企业和产学研上，基于关系资本视角对高技术企业战略联盟知识转移绩效的实证研究较少。因此，笔者结合战略联盟理论与社会资本理论分析关系资本对知识转移绩效的影响，从而为企业顺利进行知识转移提供理论指导，并进一步丰富和完善现有的社会资本理论、动态能力理论与知识管理理论等相关理论。

### （二）有利于指导高技术企业进行知识转移的实践活动

在知识经济背景下，某个国家或者地区的经济要想实现快速、稳定和持续的发展，就必须依靠高技术产业。高技术产业的发展虽然使我国的发展进入了一个新的阶段，但在发展过程中仍存在一些问题。例如，我国高技术企业的技术水平低、自主创新能力不够，不具备强大的国际竞争实力，导致我国高技术产业的竞争能力与水平不高。我国高技术产业已经置身于全球化、市场化和信息化的世界环境之中，知识资源已成为取得核心竞争优势的重要战略因素。因此，对知识的有效管理和合理利用是知识管理的重点。对高技术产业中的知识转移进行研究有助于我国高技术企业通过知识的传播与转移增加自身的知识存量，实现知识的应用与创新。此外，联盟企业之间的知识转移有助于企业实现知识的创新与应用。由于联盟内企业之间存在竞争关系，因此知识的转移，尤其是隐性知识的转移，可能会受到一定的限制和约束，这就需要联盟企业间的关系资本来降低这种风险。

进入知识经济时代以来，企业面临的环境瞬息万变，这导致企业掌握外部环境信息与知识的难度越来越大。对高技术企业来说，在快速变化的技术环境中，对知识的获取与吸收变得越来越困难。为应对动态复杂的竞争环境，高技术企业构建网络体系，以持续不断地获得所需资源，促进自身的发展。在这种新的社会经济背景下，对关系资本与知识转移绩效的研究对高技术企业具有较大的实践意义。分析高技术企业战略联盟关系资本与知识转移绩效的关系，深入探索关系资本对知识转移绩效的影响，提高联盟企业间的知识转移效率，增强联盟企业间的关系强度，提升知识转移的有效性，可以降低我国企业对国外先进技术的依赖性，为我国技术发展作贡献。

## 第二节 战略联盟相关内容介绍

### 一、战略联盟的概念界定

"战略联盟"这一概念自问世以来，受到了诸多关注。建立战略联盟的目的是在动态复杂的环境中抓住市场机遇，在全球范围内寻求技术、人力和信息等资源，不断提高自身资源利用和短缺资源补充的能力，从而获得更大的利益。战略联盟能够实现单一企业无法实现的目标，为企业提供更多资源与知识，为顾客提供更多价值，所以这样的组织形式迅速成为大多数企业寻求的组织形式。

Hopland 和 Nigel 提出战略联盟的概念之后，许多学者从不同的理论视角研究了战略联盟的成因、结构等。从资源整合的角度来讲，Teece（1992）提出，战略联盟是指为实现资源的共享与互补等目标，两个或两个以上独立企业进行的合作性活动，这些活动以承诺与信任为特征，具体形式包括排他性的购买协议、排他性的合作生产、技术成果的互换、合作协议、共同营销等。这与 Spender（1996）的观点不谋而合。Spender（1996）认为，战略联盟是指为巩固自身的竞争优势地位，两个或两个以上企业签订长期互惠协议，实现资源共享与互补的合作方式。Hitt 等（2000）更为直观地指出，战略联盟是两个或两个以上企业进行合作，经资源共享而提升企业的竞争地位与绩效的活动。Pyka 和 Windrum（2003）认为，战略联盟是两个或者两个以上企业为了实现共同的战略目标，在一段时间内为解决共同的问题而进行的合作或达成的某种合作协议。Porter（1985）则从战略管理的角度出发，认为战略联盟是企业间进行的长期合作，是超越了正常的市场交易但又未达到合并程度的长期合作。Yoshino 和 Rangan（1995）认为，战略联盟是两个或者更多企业通过提供相互能获得的技能、技术、产品等，形成一种特定的业务连接关系。

此外，也有学者从社会网络、组织性质等角度对战略联盟进行定义。Porter（1985）认为，战略联盟是介于市场交易与科层组织间的边际组织，可被视为不完全契约下的企业治理结构。Gulati（1998）从社会网络视角出发，认为战略联盟是由企业之间依据自身目的结成的一系列横向与纵向交织的社会网络，这种社会网络的形成基础是企业社会存在的客观性和融入性的要求，企业潜在地希望进入一种协同关系，以形成某种排他性的进入壁垒。著名经济学家 Williamson（1991）提出，战略联盟是一种过渡性的治理结构，当目的达成或

5

合约到期后联盟即解散。我国著名经济学家张维迎将战略联盟定义为企业之间在研发、制造、销售等方面相对稳定的长期的契约关系。

在不同的年代，战略联盟有着一些本质的差异：20世纪70年代和20世纪80年代的战略联盟主要是股权式的生产联盟；20世纪90年代的战略联盟主要是契约型的技术联盟；21世纪的战略联盟主要是社会网络联盟，其更多的是一种组织间的长期合作关系。

## 二、战略联盟的特点

战略联盟作为介于市场交易与科层组织间的组织形式，与并购等形式相比，有自身的特点。

### 1. 边界具有模糊性

与传统的企业结构相比，战略联盟一般并不具备明确的边界，也不具备法人资格。战略联盟是在战略目标与共同利益的驱使下，由两个或两个以上企业联结在一起而形成的战略共同体。在战略联盟中，伙伴企业有可能是竞争关系，有可能是供应链中的上下游企业关系，也有可能不存在任何关系。此外，还有些战略联盟是企业基于一定的契约联结起来的，旨在优化配置企业所拥有的各种资源。因此，就战略联盟而言，企业的加盟与退出不受空间结构与组织结构的限制，企业间的界限并不明显。

### 2. 关系具有松散性

战略联盟是企业与伙伴企业通过签订契约等形式而形成的一种合作活动。战略联盟不是采用行政方式，由市场进行协调的方式解决问题，而是主要由联盟企业通过协商、讨论等方式解决问题。一般来说，企业加入战略联盟主要是为达到一定的目的，如获取伙伴企业的资源技术等。因此，战略联盟中企业之间的关系并不牢固，战略联盟的存续时间较短，战略联盟中的企业在一定时期内有随时解除合作的可能，伙伴企业间的关系十分松散。

### 3.合作具有灵活性

战略联盟是企业为了占领市场、获取资源等建立的，它不是一个独立的法人公司，伙伴企业间的关系也不正式。战略联盟是企业为适应外部环境变化而构建的，当外部环境出现机会时，它会发挥作用，而当它不能适应外界环境的变化时，就会迅速解体。在战略联盟中，伙伴企业间的合作关系并不覆盖所有领域，而仅限于特定的某一个或者某几个领域，在其他领域内它们之间有可能是竞争关系，而且伙伴企业间的关系是动态的，是不断发展变化的，不是一成不变的。因此，战略联盟的存续时间是灵活变动的，有长有短。

### 4.运作具有高效性

在建立战略联盟时，企业一般将其核心资源投入联盟，以减少成本，降低风险，提高自身的核心竞争力，有效降低伙伴企业进行重复研究的可能性。进入知识经济时代和大数据时代后，随着计算机与通信技术的快速发展，战略联盟主要依靠成员企业的核心资源或竞争优势开发新技术、新产品，从而占领更多的市场。战略联盟的整体优势价值大于各成员企业优势价值之和，可以实现单个成员企业无法实现的目标。

## 三、企业加入战略联盟的动机

传统的市场竞争采取的多是零和博弈战略。战略联盟的出现使企业间从竞争关系转变为合作关系，使企业在竞争中共享资源、相互促进和共同发展。战略联盟能使企业从长远的发展角度出发思考问题，从而在与伙伴企业的合作中获得竞争需要的一些自身缺乏的资源和能力，包括稀缺资源、常规性资源、市场开发能力、生产能力、规避风险能力等。

随着对战略联盟的深入研究，一些学者已经开始关注企业加入战略联盟的动机，现有的研究主要包括3个方面的内容：对联盟动机的总体考察、对技术动机的考察和对市场动机的考察。对企业加入战略联盟的动机的研究汇总如

表 1-1 所示。

**表 1-1 对企业加入战略联盟的动机的研究**

| 联盟动机 | 主要内容 | 主要研究人员 | 基础理论 |
| --- | --- | --- | --- |
| 总体考察 | 基础研究、应用研究与技术发展有关的动机；涉及创新过程的动机；有关市场获取、机会搜寻的动机 | Hagedoorn（1993）；Mowery 等（1998）；Moitti 和 Sachwald（2003）；Narula 和 Santangelo（2009）；等等 | 资源观、交易成本理论、组织学习理论等 |
| 技术动机 | 学习技术与获取技术资源的动机；形成与强化技术优势的动机 | Doz 和 Hamel（1998）；Das 和 Teng（2000）；Ahuja（2000）；Miotti 和 Sachwald（2003）；Lin 等（2012）；Vanhaverbeke 等（2012）；等等 | |
| 市场动机 | 进入外部市场或新市场的动机；实现规模经济的动机；实现产品、技术的全球化和国际化的动机 | Hagedoorn（1993）；Gallie 和 Roux（2008）；Franco 和 Gussoni（2010）；Duysters 和 Lokshin（2011）；等等 | |

注：资料来自姜滨滨的《战略联盟组织形式、动机及其效应的研究述评与展望》一文。

企业加入战略联盟的主要动机如下：

1. 资源互补

在市场中，任何一家企业所拥有的资源无论是在数量、质量上，还是在种类上，都是有限的。在面对动态的、不确定的市场环境时，资源对企业战略目标的实现起着关键作用。因此，战略联盟中的企业为了实现共同的发展目标，用各自的资源优势弥补各方的劣势，从而达到 1＋1＞2 的倍乘效应。

2. 避免无谓的竞争

传统的竞争方式是竞争各方想尽办法占领有限的市场空间。为了避免在竞争中相互伤害，造成严重的损失，实现从"双输"到"双赢"的飞跃，避免无谓的竞争和资源的浪费，企业倾向于加入战略联盟。

### 3. 提高进入市场的能力

随着经济一体化的快速发展，企业进入国际市场参与国际竞争是必然的发展趋势。但是，不同国家和地区的市场准入标准不一致为企业进入国际市场设置了障碍。若企业能够通过加入战略联盟的方式，与不同国家和地区的企业合作，则可以避免各种贸易和非贸易壁垒，提高进入市场的能力。

### 4. 强化竞争力

任何一家企业在面对激烈的市场竞争和众多的竞争对手时，竞争能力都是有限的。企业在竞争中不仅要采取进攻战略，有时也要采取必要的防御战略。战略联盟不仅可以使企业在竞争中实现进攻的目的，也可以使企业通过合作实现防御的目的，从而增强企业的整体竞争力。

### 5. 降低经营风险

由于外部环境因素具有不确定性，企业面临的经营风险越来越大。战略联盟可以减少外部环境因素带来的经营风险，使企业经营决策的失误率大大降低。通过联盟的方式，企业可以充分发挥优势，减少开发风险，进而降低经营风险。

### 6. 实现规模经济

美国著名管理学家 Porter 认为，规模经济可以在价值链的任何环节实现。通过战略联盟创造"合作互利"的优势是每一家企业努力追求的目标。

### 7. 寻求有利于发展的战略地位

企业加入联盟战略的目的取决于企业的战略地位和企业选择的战略模式。如果合作业务在企业总战略中处于核心位置，企业在该领域享有相对领先的地位，则该企业加入联盟的动机是防御型的；如果合作业务是企业的核心业务，但该企业在联盟中是"追随者"，则该企业进入联盟的动机是为了追赶"领导者"，获取"领导者"的先进技术；如果合作业务是企业相对边缘的业务，而该企业又是该领域中的"领导者"，则该公司加入联盟的目的是保持其竞争地位。总之，企业在选择联盟方式时会从长期发展战略地位的角度来考虑。

## 四、战略联盟的分类

为了能更深入地了解战略联盟,国内外学者根据不同的划分标准对战略联盟进行了划分。笔者通过文献梳理发现较典型的分类情况如下:

### (一)按合作领域分类

根据合作领域的不同,Glaister 和 Buckley(1996)将战略联盟划分为研发联盟、生产联盟和营销联盟。其中,研发联盟是指在技术开发领域中的合作,以共同研究、开发新技术、新材料等为目的的战略联盟。生产联盟是指通过协议,共同生产某种产品,以实现单个企业无法实现的规模经济的战略联盟。营销联盟是指以联合销售为目标建立的战略联盟。

### (二)按企业价值链分类

根据联盟合作内容在企业价值链中位置的不同,Porter(1996)将战略联盟划分为横向联盟与纵向联盟。横向联盟是指在价值链中从事竞争性活动的企业之间通过横向链接方式,创造新价值并获取竞争优势的战略联盟。纵向联盟是指在价值链中从事互补性活动的企业之间通过纵向链接方式,创造新价值和获取竞争优势的战略联盟。Rothaermel 和 Deeds(2006)进一步将战略联盟划分为横向联盟、上游联盟与下游联盟。横向联盟是指与价值链中同一位置的企业形成的战略联盟,上游联盟是指与价值链上游的企业建立的战略联盟,下游联盟则是指与价值链下游的企业建立的战略联盟。

### (三)按联盟成员之间的连接纽带分类

根据联盟中企业连接纽带的不同,Simonin(1997)将战略联盟分为契约式联盟与股权式联盟。契约式联盟是指根据合约等建立的战略联盟。股权式联盟是指伙伴企业共同出资而建立的产权共享的战略联盟。Mowla(2012)将战略联盟划分为独立经营的合资企业联盟、少量股权投资联盟和契约式协议联盟。

### （四）按伙伴企业间的竞争程度分类

根据伙伴企业间的竞争程度，Yoshino 和 Rangan（1995）将战略联盟划分为前竞争联盟、后竞争联盟、非竞争联盟和竞争联盟。前竞争联盟是指处在不相关产业内的企业结成的战略联盟；后竞争联盟是指产业内形成垂直价值链关系的企业结成的战略联盟；非竞争联盟是指产业内非竞争关系的企业结成的战略联盟；竞争联盟是指最后可能成为竞争对手的企业结成的战略联盟。根据对伙伴企业资源的依赖程度等，龙勇和付建伟（2011）进一步将竞争性战略联盟划分为对称型竞争战略联盟与非对称型竞争战略联盟。

### （五）按合作对象分类

根据合作对象的不同，战略联盟可以分为两种：一种是企业与买方或卖方结成的战略联盟；另一种是企业与竞争对手、科研机构、政府部门和配套产品生产商等结成的战略联盟。企业和买方结成的战略联盟也叫"产销联盟"，这种联盟模式不仅有利于企业及时、准确地捕捉市场信息，还能帮助企业降低市场成本，是一种上游联盟模式或前向联盟模式，适用于以零部件生产为主或者以批发零售业为主的企业；企业与卖方结成的战略联盟也称为"供应联盟"，这种联盟模式不仅可以协调和稳固企业与供应商之间的专业化协作关系，还可以稳定原材料供应渠道，降低供应成本，提高劳动生产率，对原材料来源比较单一的大型企业尤为重要，是一种下游联盟模式或后向联盟模式。企业与竞争对手结成的联盟不仅可以使相关企业在更大的空间范围内建立协作分工关系，实现规模经济，产生规模优势，还可以使企业通过取长补短、减少某些重复的投入和研究，提高经济效率；企业与科研机构结成的联盟一方面可以帮助企业将科研成果迅速转化为生产力，从而提高企业的技术水平与发展能力，另一方面可以使科研机构按照企业的要求，及时开发适销对路的新产品；企业与政府部门结成的联盟是战略联盟的一种新模式，一方面，与政府部门联盟是企业缩短技术开发周期的一条有效途径,另一方面,与政府部门联盟企业还能得到大量的人力、财力支援。

### (六) 按企业在联盟中的地位分类

根据企业在联盟中地位的不同,战略联盟可分为主导型联盟和平行型联盟。主导型联盟是指以某个核心企业为主而建立起来的战略联盟;平行型联盟是指两个或两个以上拥有不同技术或资源的企业建立起来的战略联盟。

### (七) 按企业所在地域分类

根据企业所在地域的不同,战略联盟可分为国内战略联盟与国际战略联盟(跨国战略联盟)。国内战略联盟是企业为了扩大在本国市场上的占有率,加快对新产品的开发,提高自己的技术水平和利润,与本国的同行业竞争对手或产品供应商、销售商结成的一种战略联盟;国际战略联盟是企业与国外的竞争对手或供销商以互相交换进入对方市场的机会或共享资本、信息、技术和利润,以及共同分担风险和成本为目的而结成的战略联盟。

## 五、战略联盟的产生背景

战略联盟是 20 世纪 80 年代末出现的,它的出现与环境变化密切相关。在苏联解体、东欧剧变和冷战结束后,经济力量与军事力量处于同样重要的地位,国际性、区域性的合作团体纷纷出现。同时,随着科技和国际市场一体化的快速发展,为增强本国的国际竞争力,各国纷纷建立国家间的战略合作关系。

在 20 世纪 60 年代以前,成本是企业主要的竞争优势;在 20 世纪 70 年代,质量是企业主要的竞争优势;20 世纪 80 年代以后,交货时间是企业主要的竞争优势。在科技信息技术飞速发展,全球化、一体化加速发展的形势下,企业传统内部资源的优势,如低廉的资源成本和劳动力成本等,已很难保证企业在激烈的竞争中取得胜利。生活水平的提高和购买力市场的巨大变化使消费者的需求日益呈现出多样化、个性化、定制化特征，这也对企业提出了更高的要求。为满足具有多样化、个性化、定制化特征的消费者需求，企业需要具备相应的市场应变能力与生产柔性。值得注意的是，企业仅靠某一产品或技术的优势很难在层出不穷的技术与产品中脱颖而出，仅仅依靠自身的优势资源很难应对产品生命周期越来越短的市场现状和开发新产品的高风险。越来越多的企业发现，仅靠自身的力量来获取和发展所需的知识与技能变得越来越昂贵和困难。也就是说，传统的企业观念已暴露出其局限性，传统的"你赢我输"或"你输我赢"的竞争观念不再适用于现代的竞争，零和博弈不再是企业的经营之道，取而代之的是双方共赢、合作博弈的观念。因此，一个企业只有与其他企业进行合作，才有可能在竞争中取得胜利。

战略联盟是 20 世纪 80 年代末产生的一种新的竞争方式，指的是同产业的或不同产业的、彼此之间是供应关系或竞争关系的企业在某一个或整个市场活动中携起手来，以团队的力量参与到竞争中的竞争方式。战略联盟是顺应时代要求产生的企业管理战略的创新，是企业从"你死我活"的竞争转向"合作共赢"的一种形式，对企业和社会来说是一种进步。

战略联盟虽然促进了企业间的合作关系，但并未消除竞争，而是使竞争更加激烈。实际上，激烈的竞争能促进合作，合作又能加剧竞争的程度，即合作与竞争之间并不冲突，而是相互影响和相互促进的。因此，战略联盟的出现促使一种新的竞争模式产生，即竞争产生在企业结盟后的企业群之间，战略联盟中的企业利用合作关系获得竞争优势，与战略联盟外的企业进行竞争。在这种情况下，战略联盟虽然加剧了竞争的程度，但并未削弱企业合作的信念。经济全球化使各国的内部市场与外部市场之间，以及企业之间的边界变得日益模糊，企业要面对的是全球市场。在这种情况下，加入战略联盟，尤其是跨国战略联盟，是企业的理性选择。企业只有从全球化的角度出发，充分、合理地利用全球资源，并与其他企业进行合作，才能实现竞争胜利的目标。

除了经济全球化，科学信息技术的飞速发展也促进了战略联盟的产生。

科学信息技术的发展为战略联盟的构建提供了充分的技术条件，科学信息技术和通信技术的普及，缩短了企业之间在空间与时间上的距离，使企业间的合作成为可能。科学信息技术的发展还要求企业改造升级研发系统、生产系统等，缩短产品的开发设计周期，而系统的改造与产品开发设计周期的缩短需要大量的人力和财力支持。这些都是促进企业在研发、生产、市场等环节中合作的因素。尽管全球化与知识化的快速发展会使高技术开发的成本变得昂贵，但战略联盟在获取知识与技术以及分担风险等方面具有强大的吸引力，所以其发展非常迅猛。

## 第三节  战略联盟研究的理论依据

### 一、战略联盟理论

"战略联盟"这一概念自问世以来就一直受到企业界和学术界的关注。目前，在战略联盟的相关理论中，最为核心的理论是关于战略联盟动机的理论。战略联盟的动机理论主要包括交易成本理论、企业资源理论、社会网络理论、价值链理论和组织学习理论等。

#### （一）交易成本理论

Coase 在 1937 年发表的论文《企业性质》中首次提出了"交易成本"这一概念。他认为，交易成本存在于市场运行中，主要包括两部分费用：一是获取与处理市场信息的费用；二是谈判与监督的费用。他进一步提出，企业是市场的代替物，企业存在的主要目的之一是节约交易成本。从此，交易成本成为经济学的分析范式，广泛应用于经济学和管理学领域中。此后，一些经济学家在 Coase 的研究基础上完善并发展了交易成本的概念，创立了新制度经济学这一当代经济学的新分支。他们认为，交易成本不仅包括 Coase 所定义的市场交易成本，还包括所有人与人打交道的成本。市场交易是最常见的交易方式，但市场交易在某些情况下可能会产生高昂的交易成本，这会导致"市场失效"。虽然企业可通过内部命令将市场内部化，但还是会产生如管理协调成本等其他形式的交易成本，这就决定了企业的边界，即企业的边界取决于市场的边际交易成本与企业的组织边际成本。企业边界的存在限制了市场或者企业自身的无限扩大，也为战略联盟等中间组织的产生创造了条件。

交易成本理论从经济学的角度解释战略联盟的成因。从交易成本理论来看，战略联盟是一种中间组织，介于企业与市场之间，是在特定条件下存在的一种具有自身优势的治理结构形式。在明确的市场交易和企业内部化都无法将交易费用最小化的情况下，战略联盟有可能提供一种有效的替代方式。Gulati（1995）认为，当某项交易的成本处于中等水平，没必要采取垂直一体化形式时，一般会采用战略联盟这种形式。此外，联盟也是资源配置的一种优化机制，即联盟的目的是追求更高的资源配置率。从单个企业来看，战略联盟的组建主要为了实现成本费用的最小化；从交易过程中的不确定因素来看，战略联盟的组建主要是为了抵消外部市场环境的不确定性，减少由此引起的交易费用；从资产专用性来看，战略联盟中企业投入资产的专用性越高，企业间合作关系的稳定性就越强。战略联盟可以促进企业间的相互学习，提高其对外部环境的识别能力，从而减少企业间产生的交易费用。同时，联盟企业间的长期合作可以在一定程度上回避或降低机会主义行为出现的可能性，实现最低水平的交易费用。总而言之，企业加入战略联盟旨在通过长期稳定的合作交易关系，减少交易成本与市场风险。

有些学者对战略联盟的成因持不同的意见。这些学者认为，交易成本理论将战略联盟的成因限制在最大收益和最小成本的范式中，不能适应联盟动机的动态变化，战略联盟的成因还应包含资源的互补、法律规范和企业文化等内容。

## （二）企业资源理论

"资源"是企业所拥有和控制的资产、能力、知识等的总称，属于经济学研究的重要范畴。学者早期对资源的研究主要集中在宏观层面上。Wernerfelt 等学者从 20 世纪 80 年代中期开始对企业资源进行系统的研究，界定了企业资源的内容，并创立了企业资源理论。企业资源理论认为，企业资源不仅应包括企业的有形资产，还应包括企业获取竞争优势的无形资产。企业资源理论还提出，有价值的企业资源是稀缺的，难以模仿、不可替代、稀有、有价值的资源会成为企业的竞争优势。企业所拥有的资源是战略联盟形成的基础，企业加入战略联盟是为了获取不同种类的资源，使自身可支配的资源从内部扩展到外部，在更大范围内进行资源的合理配置，从而实现优化配置资源、使资源的价值最大化的目的。企业资源理论还认为，资源的特征决定了战略联盟的类型，不同资源属性的企业结成的战略联盟也不同。若企业处于相对弱的战略地位，则需要资源；若企业处于相对强的战略地位，则拥有有价值的资源。

## （三）社会网络理论

社会网络理论认为，落在社会关系网中的企业与其他网络结点上的企业之间会形成直接或间接的资源关系，而企业的各项能力（如创新能力等）均受这些资源关系的影响。因此，企业所处的社会网络与网络特性均会对企业的绩效产生重大影响。战略联盟可以为企业竞争提供有利的社会环境。社会网络环境有助于联盟企业之间的相互协调，也有利于促进网络结点企业之间的交流与沟通，进而不断提高企业应对不断变化的技术与市场环境的能力。企业所具有的社会网络有利于其进行资源互补伙伴企业的选择。

社会网络理论还提出，战略联盟是伙伴企业间基于持续交易的一种协议，表示一种投资在特定的专业化相关资产上的承诺。研究发现，企业原先的战略联盟越多，在社会网络中就越接近中心位置，也就越容易建立新的战略联盟关系。

## （四）价值链理论

Porter 在《竞争优势》一书中指出，企业是设计、生产、管理、运送和销售等的集合体，其价值的创造过程可分解为一系列互不相同但又相互联系的增值活动，其总和构成价值链，价值链中的每个环节都对应着相应的经营管理活动。一家企业不可能在价值链的每个环节上都处于优势地位，企业唯有在处于相对优势地位的环节上发展核心能力，才能获取最大的整体利益。

价值链理论为竞争优势的来源与获取提供了理论基础。价值链理论认为，在价值链中拥有不同比较优势的企业可通过优化协调内部活动或者整合价值链获取竞争优势。随着社会分工的深入发展，企业应专注于发展自身的优势资源和价值链中优势环节，并与其他企业在其他环节上展开长期合作，从而形成具有竞争优势的价值链。价值链理论还解释了战略联盟的成因，认为战略联盟是两个或者两个以上企业通过价值链中某一项或几项活动的共享与协调，达到扩展价值链并增强企业竞争力目标的活动。

## （五）组织学习理论

进入知识经济时代后，关于组织学习的相关理论受到大量学者的关注。1978 年，Argyris 等人在《组织学习：一种行为透视理论》一书中正式提出了"组织学习"这一概念；1990 年，Senge 在《第五项修炼：学习型组织的艺术与实务》一书中进一步发展了组织学习理论。Senge 认为，组织学习就是实现共同目标、发展组织成员整体协调能力的过程。相关研究表明，企业在建立战略联盟时主要考虑伙伴企业的知识学习能力。企业有多种不同的学习途径，而建立战略联盟是其中比较有效的一种。企业通过建立战略联盟，经联盟中的"从相互作用中学习"与"产业间外溢"等渠道，不断加强自身的竞争优势，从而实现提高整体经营效率的目标。因此，战略联盟逐渐成为企业间转移新知识与新技术的有效途径。

Hamel（1991）、Kogut 和 Zander（1993）、Mowery 和 Silverman（1996）的研究表明，企业加入战略联盟是为了获取学习的机会；Kale（2000）认为，

企业构建战略联盟主要是为了向伙伴企业学习知识与技能；Ainuddin（2007）提出，战略联盟不仅能促进企业之间知识的转移，也能促进技术的进步，还能促进企业的成长；Mowla（2012）认为，企业加入战略联盟是为了向伙伴企业学习新技能或强化自身的技能。

组织学习理论认为，战略联盟是实现知识转移的有效途径，即企业可通过战略联盟创造一个便于知识转移的动态环境，也可通过人员交流、技术分享等途径将知识转移给伙伴企业，进而提升企业的核心能力，达到合作目的。所以，组织学习不仅是战略联盟产生的重要动因，也是战略联盟取得成功的重要因素。组织学习理论还认为，企业应通过建立战略联盟获取核心能力和适应不断变化的外部环境。

## 二、社会资本理论

随着战略联盟的快速发展，联盟失败率高的问题导致企业之间的关系受到越来越多的关注。如何运用企业间的关系来构建持续竞争优势和创造绩效成为管理领域中学者必须关注的课题，也促使社会资本理论这一新的理论诞生。社会资本理论主要关注组织内部及组织之间造成绩效差异的资源流动，这有助于描述企业的关系特征，也为剖析通过社会网络获取企业竞争优势的内在机理提供了依据。随着社会的发展，社会资本理论的重要性日益凸显。

Hanifan（1916）首次在《乡村学校社区中心》和《社群的中心》中使用了"社会资本"这一词语，将其用于说明社会交往对社群社会和教育的重要性。之后，经过 Loury（1976）、Coleman（1990）等学者的进一步拓展，社会资本理论成为经济学、社会学、管理学等领域的基础理论。

社会资本理论既与社会学有关，又与经济学有关，所以在社会学与经济学的相关理论中得到了延伸与发展。20 世纪 80 年代的《社会科学研究》一文首次提出了"社会资本"的概念，认为社会资本是个人或组织借助与网络中其他组织的关系而获取的潜在或实际资源。此文还提出，属于经济学范畴的"资本"

有三种，即社会资本、经济资本与文化资本，这三种资本能相互转化，其中经济资本是最重要的资本形式，社会资本与文化资本是在经济资本的基础上形成的。Coleman（1990）从功能的角度指出，社会资本并不是一个单一的实体，而是由多种不同的实体构成。

在经济领域范畴，经济学家 Loury（1976）在其著作《种族收入差别的动力学理论》中，首次将社会资本引入经济学的相关研究。Loury 在对比分析了不同群体收入与就业机会的差异后指出，社会资本决定了处在不同地位的群体的收入与就业机会。Fukuyama（1998）等学者在创新领域、经济制度领域、国家与区域发展领域使用了社会资本理论。

目前，学者主要从宏观层面、中观层面与微观层面上对社会资本进行研究。在宏观层面上，学者关注的是宏观环境中的某个行动群体（如国家、社会等）占有社会资本的情况；在中观层面上，社会资本以非正式制度、组织惯例、习俗、规则等形式存在，强调个人、企业、社区、团体等因其在社会结构中所处的特定位置引起的对资源的可获得性；在微观层面上，学者关注的是微观环境中的个体融入网络的结果，主要涉及资源的可获得性与使用性。

随着对社会资本研究的不断深入，学者开始关注社会资本的构造。目前，从"维度结构"入手研究社会资本的学者较多。在相关研究中，Nahapiet 和 Ghoshal（1998）将社会资本划分为结构维度、关系维度与认知维度。Tsai 和 Ghoshal（1998）对这一观点表示支持。此后，国内外学者基本上沿用了这种划分维度的分析框架。

Granovetter（1992）提出了社会资本理论的核心观点，即社会成员的善意是一种有价值的资源。当社会结构中的成员利用善意与社会资源获取所需的资源时，社会资本便产生了。社会资本是以个人、组织与社会网络形式存在的资源集合，而社会网络不仅有利于企业间信息和知识的分享，而且对社会网络中的所有成员也具有同样的社会价值。作为社会网络利益的表达方式之一，社会资本可帮助企业实现知识共享和相互协作的目标。

具备工具效应的社会资本是一种生产性资本。社会资本不仅具有提高企业的生产能力和降低成本的作用，也具有降低交易费用、消除或者减少不确定性的作用。嵌入社会网络的社会资本能帮助企业获取市场资源，促进企业间的沟通，为企业间的交流提供便利，从而实现企业间资源与知识的交换与共享。此外，社会资本可以克服由机会主义或经理人的不协调导致的市场失灵。因为良好的社会资本能在合作网络中建立信任机制，所以企业可以通过沟通、信任与共享价值观等建立社会关系，以分享知识并进行合作。

## 三、动态能力理论

动态能力理论是由资源基础理论演化而来的。资源基础理论认为，相同产业中的企业产生不同绩效的根源就是资源与能力的异质性。有价值、难以模仿、无法替代和稀缺的资源与能力决定着企业的竞争优势。正如 Barney（1991）所说，资源基础理论有助于打开企业的"黑箱"，凸显企业内部资源或能力的重要性。

但是，资源基础理论只能解释静态环境中保持竞争优势的问题，而无法解释动态环境中的问题。Barton（1992）认为，企业核心能力存在"惯性陷阱"或者"核心刚性"，这导致其无法适应动态变化的环境，不能为企业带来持续的竞争优势。因此，Teece（1997）提出了动态能力理论，并建立了相应的分析框架。动态能力理论源自以往的独特胜任力、核心胜任力、组织管理和建构知识等理论。动态能力是动态性与能力的结合，其中动态性指竞争能力与环境变化保持一致，能力指适应环境变化的能力。动态能力最主要的内容是获取、感知和重构能力。Winter（2003）等国内外学者虽然从不同的角度来定义动态能力，但这些学者都强调动态能力是一种在不断变化的竞争环境中有助于企业获取竞争优势的综合能力。随着对动态能力研究的不断深入，有学者认为动态能力可分为感知能力、学习能力、重构能力与整合能力四类，也有学者将动态能力划分为感知能力、整合能力与吸收能力三类。

自"动态能力"这一概念被提出后，动态能力理论的相关研究呈现多维度、多角度的发展趋势。各种研究主要将注意力集中在管理组织外部动态环境、重新整合内外部各种资源等方面，认为动态能力就是组织在发展过程中逐步形成的惯性特征。Constance（1997）认为，动态能力理论是对传统的资源理论和核心能力理论的延伸，包含知识管理理论和演化经济学等内容。随着时代的发展，企业对信息与知识的需求越来越高，如何获取、消化和应用外部资源，使其转化为内部资源是企业需要关注的重点。

动态能力是一个多维度的概念。笔者通过对现有文献的整理与聚类分析发现，动态能力有四个理论维度：市场导向的感知能力、组织学习的吸收能力、社会网络的关系能力与沟通协调的整合能力。作为动态能力的首要构成要素和企业成功的关键之一，市场导向的感知能力是组织各个部门积极参与的能力，也是感知外部环境与顾客需求变化的能力。组织学习的吸收能力被视为企业获取竞争优势的关键因素，是获取、消化、转化与运用知识并产生新知识的能力，也是企业提升竞争优势与在竞争中获得胜利的关键能力。社会网络的关系能力是企业以关系等无形资源获取收益或者创造价值的能力，也是在高速变化的环境中，企业基于自身资源，为实现自身目标而获取技术和知识等资源的一种能力，这种能力主要关注社会网络中关系成员间的关系质量、互动强度、互动频率等。沟通协调的整合能力对企业具有很大影响，进入知识经济时代后，它对企业的影响变得更大。

动态能力理论认为，提升企业知识能力是企业成功的关键，同时，企业也要对资源或能力进行调整与整合，以适应不断变化的内部活动与外部环境。企业可通过获取难以模仿的动态能力，取得持续竞争优势。

## 四、知识管理理论

随着企业能力基础观的发展，基于知识的企业观应运而生。Nelson 和 Winter（1982）认为，企业之所以存在，是因为它能创造生产性资源、经济租金等。知识是企业的战略资源，也是竞争优势的来源；企业是集生成、编码、储存、分配与应用知识为一体的社会集合体。Drucker 在《21 世纪的管理挑战》中指出，知识工作者与知识工作者的生产力将是 21 世纪企业的最宝贵资产。野中郁次郎在《知识创造企业》中提出，知识创造转换模式已成为知识管理研究领域的经典基础理论。Sveiby 最早使用了"知识管理"这一词语，认为知识经济时代重要的企业形式为知识型组织。Sveiby 的理论着眼于帮助企业家有效地认识和管理企业的核心资产，从而创造更大的价值。继 Sveiby 之后，Kahneman 也提出了知识管理的概念，他认为，知识管理是将企业可得到的各种信息转化为知识，并将知识与人联系起来的过程。此外，还有一些学者认为，知识管理是运用集体智慧来提高企业的应变能力与创新能力，为企业实现显性知识和隐性知识的共享提供新途径。

为了在不断变化的市场环境中获得持续的竞争优势，实现自身的战略目标，企业必须提高自身的应变能力和创新能力。由于知识本身具有隐含性、公共性等特征，因此知识管理重点关注对企业内部关键知识的开发与系统化管理。在知识管理过程中，显性知识和隐性知识可以相互转化，个人知识可以上升为企业知识，企业知识（无论是显性知识还是隐性知识）的共享是知识管理的重点。知识管理理论把知识看作一项重要的战略性资源，一方面用战略的眼光经营、管理知识，从而利用企业的知识资产创造价值；另一方面从知识的视角来审视企业的战略位势，发现知识差距与能力差距，制定相应知识战略，使企业获得持续竞争优势。

企业知识理论认为，企业生产的关键投入与最重要的价值来源就是知识。对于高技术企业来说，知识是其核心力量，也是其最重要的资源之一。在知识转移过程中，知识可分为显性知识与隐性知识，显性知识比较容易转移，隐性知识由于不像显性知识那般可用语言表述，因此转移较困难，转移过程较缓慢，且转移成本较昂贵。毋庸置疑的是，企业的成败取决于知识拥有者及其思想。

## 第四节 战略联盟的相关研究

在知识经济时代，战略联盟是企业、政府采取的最普遍的组织形式之一。供应链上下游间的战略合作关系、政府与企业间的战略伙伴关系以及媒体与企业间的合作伙伴关系等都体现了战略联盟的重要性。战略联盟的形成是战略缺口导致的，如资源、竞争力、讨价还价能力等的不足。因此，战略联盟能够帮助企业获取所需资源，实现规模经济，降低成本与风险，快速占有市场。但相应地，战略联盟也会给企业带来一定的风险，如使企业失去独立决策的能力，使企业管理更加复杂等，为企业带来学习障碍等。

越来越多联盟失败的案例引起了国内外学者对战略联盟的兴趣与担忧。近30年来，许多学者从理论、方法论等角度深入挖掘与战略联盟相关的课题。例如，早期的学者重点关注联盟中的伙伴选择、联盟动机、谈判和合同等事项；之后，学者逐渐开始研究联盟中的有效管理、跨文化管理与公司业绩等事项；最近，学者逐渐开始研究联盟中的时间尺度、信任与控制、知识管理等事项。Gomes等学者（2014）搜集并整理了1990—2012年在重点期刊《管理学会杂志》《战略管理杂志》等24种领导管理类期刊上发表的805篇有关战略联盟的文献（其中1990—1997年有174篇，1998—2005年有335篇，2006—2012年有296篇），并对这些文献的研究设计、研究方法与专题领域进行了统计和分析。

关于研究设计的统计结果显示，研究设计在本质上逐渐变得更加系统化。学者较少使用纵向设计是由于时间和资源的限制，然而通过案例研究和纵向设计，学者能对战略联盟有更深入的认知。

关于研究方法的统计结果显示，使用样本的大小、高响应率和概率抽样等接受了系统的改进（这能够帮助企业获得有代表性的、可靠的、有价值的有关战略联盟问题的信息），但在使用复杂统计方法及为适应个别国家的情况而修改测量量表方面仍有可以提升的空间。

关于专题领域的统计结果表明，学者对战略联盟的各个方面都产生了浓厚的兴趣。学者常常关注战略联盟的特定（具体）方面，如联盟管理、联盟的大小、联盟的设计、联盟基本理论、联盟类型的选择和伙伴选择、内外部合作关系、董事对国际合资企业的作用与影响、知识管理、联盟过程管理和联盟结果、联盟组合、联盟的时间维度等。与其他方面相比，与联盟管理、联盟的大小和联盟的设计相关的文献较多。

领导期刊对联盟管理，如信任、控制和信心方面的贡献，随着时间的推移，变得越来越显著。此外，在协议前和后阶段，谈判一直被研究，并在战略联盟的构建中发挥着关键作用。同样，组织公平也一直被研究，主要是因为这方面的缺失会导致联盟关系的低承诺和低绩效。其他新出现的主题，如领导力与决策制定和人力资源管理也需要学者更加关注。

国内学者左志刚（2015）根据 Pro Quest 平台提供的国外领导管理类期刊上的文献，运用 meta 方法进行了统计与分析，统计结果如表 1-2 所示。

由表 1-2 可知，联盟前研究所占比重早期甚至超过了 50%，这可能是因为受到当时的研究条件和素材，以及联盟实践的多样性与复杂性的限制，相关研究主要集中在对联盟现象作出合理的解释方面。随着时间的推移，联盟前研究所占比重呈现出下降的趋势，这反映了研究内容的不断深入。从研究主题来看，联盟前研究主要包括并购动机、外包动机、供应链协作动机、市场拓展动机、研发动机、特许经营动机和其他动机，其中研发动机、市场拓展动机和并购动机的相关研究占较大比重。从整体来看，联盟中研究所占比重较小，这可能是因为伙伴与契约选择问题的实践性较强，理论归纳也较为困难。但随着研究的不断深入，联盟中研究所占比重略有上升。具体来说，学者对契约选择和社会网络影响的研究增多，而对伙伴选择问题的研究减少。联盟后研究主要集中在联盟管理与控制上。联盟管理与控制是联盟实践中的重要部分，因此这类文献的增加较为明显，内容也非常丰富，主要包括信任、风险、控制、文化、人力资源等主题，其中对知识管理与学习的研究较多。

表 1-2　联盟相关研究的内容结构

| 内容分类 | 1988—1996年<br>（583篇） | | 1997—2005年<br>（1192篇） | | 2006—2014年<br>（1414篇） | |
| --- | --- | --- | --- | --- | --- | --- |
| ①联盟前研究 | 334 | 57.3% | 631 | 52.9% | 594 | 42.0% |
| 并购动机 | 33 | 5.7% | 66 | 5.5% | 48 | 3.4% |
| 外包动机 | 12 | 2.1% | 25 | 2.1% | 22 | 1.6% |
| 供应链协作动机 | 7 | 1.2% | 46 | 3.9% | 68 | 4.8% |
| 市场拓展动机 | 122 | 20.9% | 162 | 13.6% | 166 | 11.7% |
| 研发动机 | 88 | 15.1% | 154 | 12.9% | 206 | 14.6% |
| 特许经营动机 | 2 | 0.3% | 9 | 0.8% | 9 | 0.6% |
| 其他动机 | 1 | 0.2% | 6 | 0.5% | 4 | 0.3% |
| ②联盟中研究 | 132 | 22.6% | 270 | 22.7% | 388 | 27.4% |
| 伙伴选择 | 56 | 9.6% | 96 | 8.1% | 84 | 5.9% |
| 形式（契约）选择 | 26 | 4.5% | 57 | 4.8% | 101 | 7.1% |
| 社会网络的影响 | 30 | 5.1% | 70 | 5.9% | 104 | 7.4% |
| 其他联盟形式问题 | 17 | 2.9% | 28 | 2.3% | 62 | 4.4% |
| ③联盟后研究 | 117 | 20.0% | 291 | 24.4% | 432 | 30.6% |
| 管理与控制 | 42 | 7.2% | 118 | 9.9% | 150 | 10.6% |
| 绩效评价与决定 | 20 | 3.4% | 78 | 6.5% | 153 | 10.8% |
| 知识管理与组织学习 | 61 | 10.5% | 126 | 10.6% | 186 | 13.2% |

注：资料来自左志刚的《国外企业战略联盟研究的整体性分析：结构趋势与整合成果》一文。

随着战略联盟的不断发展，联盟的绩效评价与决定、知识管理与组织学习等在战略联盟的稳定发展中起着非常重要的作用，尤其是进入知识经济时代，知识管理与组织学习的重要性越发显著。知识是企业的核心资源，有效利用知识产生高效益是战略联盟中的企业追求的目标。

## 第五节　战略联盟与知识管理

近年来,发达国家的战略联盟从产品联盟逐步发展为知识联盟。随着科学技术、信息技术的迅猛发展,企业研发的难度变得越来越大。因此,现代企业间的战略联盟主要表现为以技术开发和研究成果共享为特征的知识联盟,联盟企业通过合作关系获取知识、技术、管理经验等,保持创新能力与技术领先的地位。

知识并不像传统的资本、人力、土地等资源那样具有规模递减效应。知识已是企业必不可少的重要资源,它不仅能帮助企业开发新技术和新产品、提高竞争力,还能帮助企业提高员工的工作水平与效率。进入大数据时代后,数据以指数形式增长,由此产生的大量信息成为企业的重要知识资源。知识资源的有效利用有助于提高企业的创新能力和核心竞争力,获取联盟成员所拥有的知识资源是企业加入战略联盟的主要原因及动力,而充分、合理地将获取的知识资源应用于企业内部,进而丰富自身的知识资源、提高自身的能力,是企业知识转移绩效水平的体现。

在企业的研究与开发中,知识管理非常重要。知识管理主要包括知识创造、知识转移和知识应用三个过程。从目前的研究来看,国内外学者主要侧重于分析知识转移过程。知识转移是国内外企业内部或者企业之间跨越边界的知识共享。知识以不同的方式在不同的企业之间传播,而知识转移的能力对企业的生存和发展至关重要。知识转移的目的是吸收新知识,并将新知识广泛应用在企业的经营管理之中,从而使企业获取竞争优势。诸多研究证明,能够实现有效的知识转移的企业更有生命力与生产力。企业只有持续不断地将新知识转移或传播至整个企业当中,并迅速开发新技术、新产品和新服务,才能在市场竞争中取得成功。知识转移通过一系列机制来实现,如培训、交流、与供应商及客户的交互作用等,其中联盟企业间的知识转移是目前的研究热点。

## 一、知识成为企业重要的战略资源

作为重要的战略资源,知识能使企业在激烈的竞争中得以生存并持续发展。知识竞争已成为现代企业竞争的主要形式,企业的核心竞争力主要取决于该企业获取、应用及创造相关知识并对知识进行更新的能力,以及研究、开发符合市场需求的产品或服务的能力。因此,知识是企业非常重要的资源。

随着市场竞争的日益激烈,产品生命周期逐渐缩短,科技发展速度越来越快,任何一家企业都无法做到对知识资源的"自给自足",即企业在知识资源方面受到一定的限制,无法拥有市场及技术需要的所有专业知识。因此,知识转移成为企业获取竞争优势的重要基础,通过各种有效途径获取所需的外部知识成为每一家企业的必然选择。若一家企业想要在市场中保持竞争优势,就需要根据外部动态环境的复杂变化不断地获取、创造和应用新知识。

## 二、知识转移成为战略联盟中企业竞争优势的重要来源

进入知识经济时代以来,全球范围内的知识经济逐渐兴起,知识管理也日益成为学术界和企业管理领域的研究热点。作为一种重要的生产要素和战略资源,知识在企业成长与发展中的作用和地位已得到广泛的认可。进入大数据时代后,企业知识密集程度不断提高,企业管理活动出现新的发展趋势,越来越多的企业从外部获取知识、技术等资源,以增加自身的知识、技术存量。知识转移是知识管理过程中的重要环节,企业间的知识转移会直接影响企业的知识存量与竞争能力。

企业是知识的集合体,而知识是企业价值的来源。知识的获取、消化、使用和创造是企业进行知识转移的基本条件,而知识转移是企业竞争优势的源泉。因此,深入研究如何有效地获取、吸收和应用外部新知识对增加企业的知

识存量有重要意义。同时，企业应不断提高自身的能力，如学习能力、创新能力、吸收能力等，加强对知识的应用，加快外部知识转化为内部知识的速度，以提高知识的利用率，提高对外部环境变化的洞察与适应能力。需要注意的是，企业创新能力的大小并不取决于企业所拥有的静态知识存量，而取决于企业获取、吸收、转移和创造知识的能力。如今，无论什么类型的企业或集团，知识的获取、转移、共享和利用都已成为其保持竞争优势的关键。传统资源（如资本、劳动力等）都具备经济学属性，但知识资源并不具备该属性，因为知识在转移、共享的过程中更加能够体现自身的价值，因此知识是一种特殊资源，知识转移对企业而言非常重要。

## 三、战略联盟是企业实现知识转移的有效途径之一

企业之所以倾向于构建各种结构的战略联盟，是因为战略联盟不仅能使企业从不同伙伴企业中获取互补性资源，还能为企业与伙伴企业之间进行知识的转移与共享提供平台，使企业投入联盟中的知识或技能能够顺利被获取。面对消费者的多样化、个性化需求和计算机技术的快速发展，企业对信息数据和知识的需求（尤其是对消费者信息和隐性知识的需求）越来越大。但在大数据环境下，企业自身资源有限，于是战略联盟成为这些信息与知识的传播渠道。就目前的情况而言，形式灵活的战略联盟便于隐性知识的转移，因此战略联盟是联盟企业获取新信息与知识等资源的最佳途径之一。战略联盟通过吸收、共享和转移知识等，实现知识的创新与增值以及联盟的协同效应，满足企业自身利益的最大化需求。

战略联盟作为企业获取外部知识（尤其是隐性知识）的重要途径之一，为企业获取并吸收信息与知识提供了一个非常好的平台，受到越来越多企业的青睐。例如，韩国的三星公司与日本的东芝公司、富士通株式会社等 17 家企业在技术上结成联盟，该联盟为联盟内企业交流信息与知识、共享知识等活动提

供了稳定的条件。

## 第六节 关系资本、知识转移、知识转移绩效与吸收能力

### 一、关系资本

#### （一）关系资本的内涵

关系资本的思想可追溯到1974年。美国法学家Macaulay在关系契约理论中提出了"关系性规则"的概念，他认为，现实中的任何交易都是在复杂关系情境下发生和完成的，想要理解交易行为，则需对其所拥有的关系有充分的理解与认识；由社会规则与社会过程构成的关系性规则可以保证交易的顺利进行，并有利于降低交易风险与成本。从关系观的角度来看，Bruce（1998）在其著作《关系经济中的策略和企业价值》中提出了一系列有价值的关系形式，如买卖双方的市场关系、政企关系、企业间的竞合关系等，这些关系都具有一定的资本价值和利用价值，可以为企业的发展提供稀缺资源。因此，关系被视为实现个人、团队、集体甚至企业集团目标的重要资源。

目前，国内外学者对关系资本的研究逐渐成熟，多数学者主要从社会资本的关系维度入手研究关系资本。20世纪90年代以来，社会资本成为众多学者关注的焦点，成为经济学、管理学、社会学等领域关注的重要概念和分析问题的逻辑起点。社会资本是由个人或者组织构成的关系网中蕴含的可挖掘的、可用的和实际或潜在的资源集合体，包括认知维度、结构维度与关系维度。国内

外学者从不同角度定义了社会资本,主要观点如表1-3所示。

表1-3 社会资本定义汇总

| 代表学者（时间） | 定义 |
| --- | --- |
| Bourdieu（1986） | 社会资本是指实际或者潜在的资源集合体。这些资源同某种持久性的体制化网络占有有分不开的关系 |
| Burt（1992） | 社会资本由企业内和企业间的关系网络构成,是决定企业能否成功的关键因素 |
| Nahapiet 和 Ghoshal（1998） | 社会资本是指能够嵌入企业社会关系网络,被企业利用的所有资源的集合 |
| Leender 和 Gabbay（1999） | 社会资本是指企业通过社会关系网络获得的能够对企业目标实现起促进作用的资源 |
| Lean 和 Buren（1999） | 社会资本是指反映企业内部社会关系特征的资源 |
| Araujl 和 Easton（1999） | 社会资本是指企业的一项能够促进企业内外部合作的经济资源 |
| Yli-Renko 等（2002） | 社会资本是指企业的一种获取外部资源的能力 |
| Andrew 和 Nielsen（2009） | 社会资本是指嵌入组织成员内部关系网络以及外部网络的无形资源 |
| 林南（1999） | 社会资本是指为在目的性行动中被获取或者被动员的、嵌入社会结构的资源,由资源、社会结构和行动等三个部分组成 |
| 边燕杰和丘海雄（2000） | 社会资本是指企业与纵向、横向和社会经济领域发生联系而摄取稀缺资源的能力 |
| 周小虎（2002） | 社会资本是指嵌入企业网络的、企业可控的、能够助力企业实现目标的资源的集合 |
| 鲍盛祥（2005） | 社会资本是指嵌入企业与外部实体构建的社会关系网络的资源,包括一切有利于企业实现特定目标的资源 |
| 刘林平（2006） | 社会资本是指能够有效使用社会网络的资源 |
| 刘松博（2008） | 社会资本是指一个企业所拥有的有价值的、内部和外部的非正式关系的总和 |
| 王俊杰（2009） | 社会资本是指建立在信任、规范和网络基础上,嵌入稳定的社会关系网络,能够促进企业目标达成的各种实际或者潜在资源的集合 |

Nahapiet 和 Ghoshal（1998）将企业社会资本分为结构性、关系性和认知性三个维度，并指出关系性社会资本是人们在关系网中建立起来的与其他企业的关系以及靠这种关系获取的各类资源。不少学者已经开始关注社会资本中关系维度在企业合作中的重要性。关系资本是一种企业无法独立创造的无形资本，产生于企业间的互动之上，其互动基础在于合作伙伴彼此间的信任，企业间的互动能促进信息或者知识的双向交换。关系资本是在个人或组织之间存在相似文化的基础上建立起来的，是权利、市场和合作关系的综合。国内外学者从不同的角度解释了关系资本的含义，具体如表1-4所示。

表1-4 关系资本定义汇总

| 代表性学者（时间） | 定义 |
| --- | --- |
| Dyer 和 Singh（1998） | 关系资本的核心是指伙伴之间存在彼此尊重与信任的关系 |
| Kale（2000） | 关系资本是在联盟合作伙伴之间的紧密互动下，彼此信任和尊重以及产生伙伴间友谊的程度 |
| Cousins 等（2006） | 供应链关系资本是一种在供应链中伙伴之间建立的互相信任、互相尊重的互动关系 |
| Clercp 和 Sapienza（2006） | 关系资本是一定程度上的交换，而这种交换涉及社会交往、信任及共同的目标或准则 |
| 陈菲琼（2003） | 关系资本是指联盟企业之间个体层次上的互相尊重、彼此信任的关系 |
| 宝贡敏和王庆喜（2004） | 关系资本应包括个人层面和组织层面，是指个人之间或组织之间的互相友好、互相信任的独特关系资源 |
| 林莉和周鹏飞（2004） | 关系资本是指建立在个人层次上的彼此尊重、互相信任、友好等独特性关系资源 |
| 薛卫等（2010） | 关系资本是指通过有效合作形成的彼此尊重、相互信任、共同行动的合作关系 |
| 刘衡等（2010） | 关系资本是指组织间的资源要素 |

从表1-4可以看出，虽然学者在界定关系资本时采用的说法不同，但在内涵上有共同之处，即关系资本体现出特殊的资本形态，有助于提高个人、团队

31

和组织实现目标的能力。

## （二）关系资本的构成要素

关于关系资本的构成要素，有两个理论受到了学术界的认同。

### 1.二要素理论

在 Cullen 等（2000）提出的理论中，关系资本的二要素是指信任与承诺。信任是关系资本中最为关键的要素，信任会对联盟的战略灵活性产生正向影响，可以有效降低谈判成本、缓解成员间的冲突。承诺是指与伙伴企业的合作关系能够持续下去的善意，一般包括感性和理性两个方面。感性方面的承诺称为"态度承诺"，是承诺的一个方面，是指合作一方高度认同与另一方之间的合作关系，且作出努力以便继续这种合作关系；理性方面的承诺称为"可计量承诺"，是承诺的另一个方面，企业在合作中认为自身收益大于成本时，这种合作关系就会得到维持。承诺是合作双方彼此依赖的重要因素之一。单方面的承诺能帮助企业发现伙伴企业的机会主义行为，企业间的承诺能帮助联盟企业维持并发展合作关系，是联盟企业获取长期收益的一种保障。Wu 和 Cavusgil（2006）也指出，企业间的承诺是合作各方希望持续并发展彼此间合作关系的一种行动表现。

### 2.三要素理论

Blatt（2009）在 Cullen 等（2000）的研究基础上，提出了关系资本三要素理论。关系资本三要素是指信任、认同与义务。其中，信任有助于企业降低伙伴企业机会主义行为产生的可能性；认同有助于合资企业的成功；义务有助于企业可预见能力的提升，可以加速实现合作伙伴间的协调。

许多学者针对具体的问题与对象，对上述两个理论进行了扩展。Sambasivan 等（2011）在研究供应链联盟绩效时提出，作为调节变量的关系资本应主要由信任、承诺和沟通构成；Cousins 等（2006）也以供应链联盟为研究对象，提出关系资本是指供应链联盟中企业间的基于彼此尊重和信任的互动关系；Collins 和 Hitt（2006）、Carmeli 和 Azeroual（2009）、Liu 等（2009）研究关系资本对联盟绩效的影响时提出，关系资本的核心内容主要包括信任、透明度与共同行动等；Hammervoll（2011）围绕供应链联盟研究金融资本、关系资本与心理承诺的影响时指出，金融资本与心理承诺应被包含在关系资本中；薛卫等（2010）在对关系资本与研发联盟绩效之间的关系进行实证分析时，将研发联盟关系资本划分为信任、透明度与共同行动等三个维度；董俊武和陈震红（2003）将信任、友好、承诺等伙伴企业专有的关系资源界定为联盟关系资本；曾德明等（2011）在研究联盟企业关系资本与创新能力的关系时提出，联盟成员间的信任、承诺和有效的冲突管理是关系资本的三个维度。

### （三）关系资本的作用

关于战略联盟中关系资本的作用，不同学者提出了不同的见解。Kanter（1994）指出，联盟成功的关键因素之一是信任；Gulati 和 Gargiulo（1999）发现，关系资本能为企业提供了解合作伙伴的可靠性与竞争力的渠道；宝贡敏与王庆喜（2004）认为，战略联盟关系资本能够实现联盟潜在价值向现实价值的转化。

针对联盟的不同结构类型，关系资本对联盟绩效的作用也不同。对于合资型联盟结构，Luo 等（2004）发现关系资本会对联盟企业的绩效产生正向影响；Roy（2005）通过实证分析发现，关系资本对企业绩效有重大影响。在供应链联盟结构中，Cousins 等（2006）在创造供应链关系资本时发现，供应链关系资本能够促进信息的传递与分享，同时还能降低成本，增强供应链的灵活性；Zornoza 等（2009）分析了虚拟团队中的关系资本，探讨了关系资本中的信任在虚拟团队中的作用，发现关系资本对虚拟团队的有效组建与成功运营等有重大影响。

多数研究已证明，企业的关系资本对企业的发展具有积极作用。首先，关系资本有助于企业获取信息和关键资源。在知识经济时代，企业需要筛选出优质信息，剔除冗余虚假信息，其中显性知识虽然容易获取，但价值并不高，隐性知识虽然价值高，但比较难获取。通过嵌入关系网络成为"局内人"，建立良好的合作关系，构建伙伴间信息共享机制，可以帮助企业拓宽信息来源渠道，从而获得更多优质的信息；通过联盟关系增加双方的关系强度，可以帮助企业获取亟需的关键资源，为企业的发展打好基础。其次，关系资本能促进企业创新。在当今竞争激烈的市场环境中，企业只有不断地进行创新，才能保持其竞争优势。企业间的关系资本在产生与维护过程中，能够促进企业之间的交流与互动，加深企业之间的信任和友谊，进而使不同企业在共享信息、知识的过程中相互碰撞，产生新知识与新创意，从而提高创新水平。再次，关系资本有助于防范机会主义行为。关系资本是关系性资源，这种资源是依靠成员间的高度信任来维系的。由于关系企业一般共存于同一个关系网络中，因此任何恶意违约的行为都会毫无保留地暴露在其他成员面前，会使其失去整个网络带来的发展机遇。这样的代价非常昂贵，因此关系企业不会轻易采取机会主义行为。最后，关系资本可以帮助企业挖掘机遇。关系网络中各个企业间的互动、分享过程能够促进网络资源的再配置。在资源的再配置过程中，企业可以根据目标获取所需的资源，如市场信息、风险信息等。在与网络中的其他企业进行交易和合作的过程中，企业可以接触到更多的市场、政策、产业发展等方面的信息，企业从中挖掘发展机遇的可能性也将提高。

### （四）关系资本在联盟知识转移中的相关研究

关系资本便于联盟企业间的知识转移。良好的关系资本产生于联盟企业在合作中的紧密互动，良好的联盟环境有利于知识的交换和转移。知识短缺是企业进行知识转移的先决条件，在缺乏相关知识时，企业一般选择从外部了解企业自身所需的知识存在于合作方的哪个部门，由谁掌握着。虽然专业技能或隐性知识是黏性的、复杂的、难以编码的，但企业之间的紧密联系是传递专业技能或隐性知识的有效机制。

联盟企业间的关系资本越大，学习程度就越高。但是，联盟企业可能存在机会主义行为，这会导致合作伙伴之间并不愿意共享信息和专业技能。联盟企业间的相互信任与惩罚机制可以降低彼此对机会主义行为的担忧，加快信息、专业技能和知识的流动，从而使联盟企业之间变得更加透明。

高技术企业被视为稀缺资源和核心能力的集合体。在企业合作的过程中，关系资本可以加深双方的合作程度，以实现知识资源的流动和能力的渗透，帮助企业获取外部知识。关系资本可以为高技术企业间的知识转移提供保障和平台，同时，它也限制联盟企业间的机会主义行为，降低不确定性和风险所导致的不良影响，促进联盟企业对差异性知识的获取。

面对竞争激烈的市场与技术快速更新变化的外部动荡环境，高技术企业已认识到知识资源的重要性，并陆续加入战略联盟，以便获取有价值的知识。高技术企业的利润主要来自实时更新并升级的产品与服务，而产品与服务的更新升级与对知识的有效获取、利用程度以及创新有密切关系。知识的有效转移使企业能够获得外部有效资源，增强自身竞争优势。关系资本能促进信息、知识在战略联盟中的有效转移，降低战略联盟创新成本，增加成员企业自身的存量，促进转移绩效的提升。所以，研究战略联盟关系资本如何作用于知识转移绩效有重要意义。

有关战略联盟关系资本和知识转移绩效的研究很多，如关系资本在联盟中的应用、关系资本对知识转移的作用及知识转移绩效的影响因素等，但研究较零散，有如下局限性：

1.知识转移绩效的相关研究主要集中在跨国母子企业与产学研上

美国创新管理学者 Teece（1977）是最早提出知识转移思想的人，他认为，企业通过在国际上转移技术知识能积累大量可以跨国界应用的知识。从此以后，知识转移受到学术界（尤其是知识管理领域）的高度关注。在跨国企业间的知识转移中，知识的类型是影响跨国知识转移有效性的最重要因素，文化形式及参与转移的双方认知水平的差异也是影响知识转移有效性的因素。

有学者通过梳理现有文献发现，关于企业之间知识转移的相关研究主要集中在影响知识转移的因素（Zander and Kogut, 1995; Szulanski, 1996; Tsang and Eric, 1999; Hakanson and Nobel, 2001；王清晓等，2006；关涛等，2009；徐笑君，2010）、转移阶段（Holden and Harald, 2004; Zheng and Jaideep, 2009；关涛，2005）、转移模式（Nonaka and Takeuchi, 1995; Giuliani, 2008; Bernard, 2009）等领域。有学者从产学研知识转移相关文献中发现，粘滞知识（王毅等，2001）、社会资本（刘芳，2012）、契约与信任（刁丽琳等，2015）等对知识转移绩效产生了重大影响。吴洁（2007）和徐国东等（2008）在产学研相关研究中发现，能力、合作经验、企业特征、距离等因素对产学研合作中知识转移绩效产生了影响。

2. 研究焦点是知识转移主体的属性与知识的属性

传统的组织间知识转移理论主要从知识转移主体的属性与知识的属性角度研究知识转移绩效的影响因素。知识转移主体的属性包括知识转移主体的默会能力（Buckley and Carter, 2004）、企业的学习能力（Li and Luo, 2011）、企业的转移意愿（奚雷等，2006）和企业的吸收能力（Szulanski, 1996; Kostopoulos et al., 2011）等；知识的属性包括知识的内隐性（Argote and Ingram, 2000）、知识的默会性（Foss, 2004）、知识的复杂性与无编码性（Grant, 1996）、知识的惰性（Kogut and Zander, 1992）、知识的内部黏性（Szulanski, 1996）、知识因果关系的模糊性（Simonin, 1999）和知识的专有性与复杂性（Simonin, 2004）等。Cummings 和 Teng（2003）、Simonin（2004）、Kogut 和 Zander（1992）等学者认为，影响知识转移绩效的因素有知识的特性（默会性、复杂性、嵌入性等）、知识源相关因素（转移能力、知识存量、知识结构等）、知识接收方相关因素（接受动机、组织文化、吸收能力等）、渠道平台因素（网络软件、制度等）和转移情境因素（知识距离、物理距离等）等。

## 二、知识转移

### （一）知识转移的概念

Teece（1977）在《跨国公司的技术转移：转让技术知识资源的成本》一文中首次提出"技术转移"的概念。该文指出，国际范围内的技术转移为企业提供跨国界的应用知识，从而缩小不同国家、地区之间的技术差异。知识转移被认为是由技术转移的概念演化而成的，并逐渐受到学者和企业家的高度关注。

笔者通过梳理现有文献发现，国内外学者主要从过程角度对知识转移进行定义。Davenport 和 Prusak（1998）在《工作知识：企业如何管理已知知识》一文中提出，知识转移是知识的输出过程与吸收过程的统一体。Nonaka（1994）在知识创造的动态理论研究中提出，知识转移是知识在不同单元之间传递的过程。Hendriks（1999）指出，知识供给者与接收者之间的沟通过程就是知识转移。Zander（1991）在相关研究中提出，知识转移是在知识从传递方转移到接收方的基础上，接收方获取、积累、内化、运用新知识的过程。Arogote 和 Ingram（2000）在知识转移与竞争优势关系研究中提出，知识转移是一个具备知识与经验的个体或组织影响另一个个体或组织的渠道。Gorgoglione 和 Garavelli 等（2000）在知识转移管理中提出，知识转移就是一个编码和翻译知识的认知过程；张莉等（2005）在研究知识转移时提出，知识转移是指为缩短"知识差距"，通过知识提供方与接收方之间的相互作用及各种渠道，使接收方获得、吸收和应用必要的知识的过程。Szulanski（1996）在探索阻碍知识转移的因素时提出，知识转移是指知识提供方与知识接收方之间的交流过程，主要包含知识在组织间的转移与知识在组织内的转移。李纲和刘益（2007）在梳理国内外知识转移相关研究的基础上提出，知识转移是指通过不同渠道对现有知识进行有效利用的过程。顾新和吴绍波等（2009）在分析知识链中信任与冲突的协调时提出，知识转移是指知识链的知识协同表现为组织之间的知识流动。左美云（2006）在进行基于知识势能的高低的研究时提出，知识转移是知识从高知识势能主体流向低知识势能主体的过程。魏江等（2006）提出，知识转移存在于个体、团队和组织之中。

  对于知识转移的概念，虽然国内外学者的表述不尽相同，但总体来说，是从以下两个角度展开的：一个是参与主体的角度，主要涉及知识的提供方与接收方，知识提供方基于某种目的向知识接收方传递知识；另一个是知识转移过程的角度，知识转移并非单纯的知识单向流向，而是涵盖知识的传递与吸收等多个环节。此外，从知识转移的层次角度来看，知识转移可以在个体之间、团体之间与组织之间发生。因此，战略联盟中高技术企业之间的知识转移指的是知识由知识源企业向接收企业传递，并由知识接收企业加以整合、吸收、应用的过程。

## （二）知识转移的过程

一般来讲，知识转移的过程包括两个阶段：第一阶段是提供方向接收方传递知识，第二阶段是接收方对收到的知识进行吸收与转化，将其变成自身的知识。因此，Davenport 和 Prusak（1998）这样表示知识转移的过程：转移＝传递＋吸收和转化。

在知识转移过程的各种模型中，影响力较大的是日本的野中郁次郎提出的知识螺旋模型。此模型涉及个人层面、团队层面、组织层面和组织间层面，被广泛应用于知识管理的相关研究中，但并未全面完整地反映知识在组织间的转移过程。知识螺旋模型如图 1-1 所示。

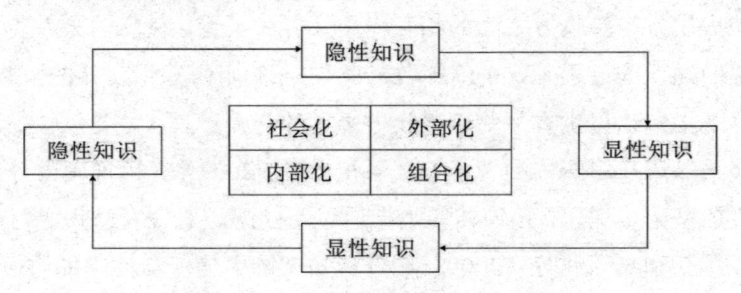

**图 1-1　知识螺旋模型**

Gilbert 和 Cordey-hayes（1996）在分析知识转移过程与技术创新时提出，知识的转移过程包括五个阶段，即知识的获取、沟通、应用、接受和同化。知识转移五阶段模型如图 1-2 所示。

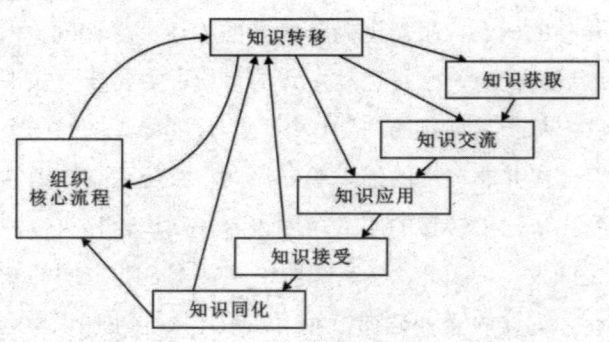

**图 1-2　知识转移五阶段模型**

Kwan 和 Cheung（2006）提出了知识转移四阶段模型，该模型获得了学术界的认同。他们认为，完整的知识转移过程包括四个阶段：动机的形成、目标的匹配、转移的实施与成果的保持。其中，动机的形成是指企业通过对自身的审查发现知识缺口，并积极寻找合适的知识转移合作方；目标的匹配主要是完成对双方知识供需的协调，从而建立知识转移方与接收方之间的关系；转移的实施以建立双方的转移联结开始，以知识接收方顺利应用新知识终结；最后，知识接收方将转移而来的知识纳入资料库以便日后及时使用，保持知识转移的成果。该模型如图 1-3 所示。

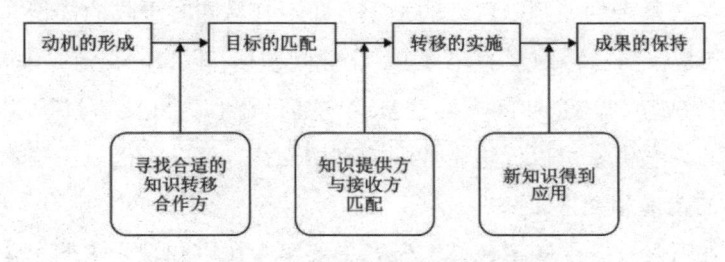

图 1-3　知识转移四阶段模型

我国的学者张睿和于渤（2009）提出，知识转移由初始因素、知识转移准备、知识转移实施和知识转移效果四个部分构成。其中，初始因素包括信息对称、知识源知识转移能力和知识接收方吸收能力，这些因素相互作用，推动知识转移进入知识转移准备环节；知识转移准备环节包括知识识别与转移投入；吸收方确认知识价值后，进行大规模的投入活动，促使知识转移进入知识转移实施环节；最后是产生知识转移效果的环节。具体过程如图 1-4 所示。

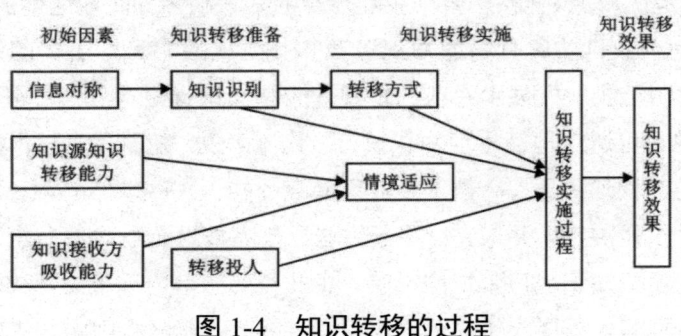

图 1-4　知识转移的过程

## （三）战略联盟与知识转移

企业构建战略联盟旨在获取并共享知识资源等，向伙伴企业学习技术及能力，同时保护自身的核心资源免受伙伴企业机会主义行为的影响。在战略联盟中，企业间以互相信任、交流为基础形成的关系资本为互相学习和传递技术、知识创造了条件，还为抑制联盟企业的机会主义行为和技术知识的泄露奠定了基础。

战略联盟中转移的知识主要有两种，一种是容易吸收和整理的知识，另一种是无形的、复杂的、难以整理的知识，即不容易即时吸收的知识。在知识转移中，尤其是在第二种知识的转移中，企业间密切、频繁的交流是非常重要的。知识转移的成功率与企业间循环往复的交易过程和人际交流过程有密切的联系。深厚的关系资本可以促进企业间的密切交往，有助于信息、技术和知识在联盟内部的传递和交换。

目前，国内外关于知识转移的研究主要集中在以知识为主的企业上，也就是说，目前知识转移的研究对象主要是知识密集型企业。与其他行业相比，如今发展迅猛的航空航天、生物科技等行业的技术与知识的传播和转移更加频繁。高技术企业可以很好地实现知识的转移与创新，这正是该类企业获得竞争优势和市场领先地位的根本原因之一。

高技术产业是知识转移最频繁的产业之一，这是因为高技术企业自身掌握的知识资源存在异质性、专有性和内隐性等特征，使企业之间存在较为明显的差异。也就是说，知识转移产生于企业自身的知识缺口和企业之间的知识势差。知识缺口是企业目前所具备的知识资源和其实现战略目标所需的知识资源之间的差距。由于企业发展中存在的短视效应和知识资源本身的特征等，企业在发展过程中不可避免地会出现知识缺口。具体来说，随着信息技术的快速发展和知识资源的快速更新，高技术企业所储存的知识往往非常有限，而且许多知识资源还处于发展期，并未完全更新，这导致高技术企业内部产生了较多的知识缺口。为避免知识缺口带来的影响，企业需要打破内部束缚，加强与合作伙伴间的紧密联系，拓展合作的范围与空间，借助联盟网络中的知识转移活动来弥补其局限性。知识势差产生于知识资源在不同企业之间的非均衡分布。一般而言，有些企业在技术先进性方面存在相对优势，掌握着比较前沿的、高端的和广泛的知识，而有些企业对相关知识掌握得较少。知识势差的产生促进了企业间的知识转移，而知识转移增加了联盟内的知识存量。高技术企业在自身的知识存量、学习能力和技术创新能力等方面具有相对优势，同时，网络等通信技术手段使联盟企业间的知识层次变得更加丰富。

高技术企业是知识密集型企业，因此知识的有效应用关系到高技术企业的发展，知识转移在高技术企业战略联盟中的作用越来越重要。面对技术快速升级和更替的现状，高技术企业必须不断进行创新才能够生存、成长和发展。知识获取与转移是高技术企业创新的前提和基础，也是高技术企业保持竞争优势和获取创新绩效的重要保障。在现在的市场环境下，快速获取、整合外部知识，发挥知识的功能，提升知识的经济价值成为推动高技术企业经济发展的关键力量。

## 三、知识转移绩效

### （一）知识转移绩效的内涵

知识转移的主要目的是将使知识成功地从提供方企业流向接收方企业，使接收方企业在成功获取知识的基础上，将知识成功转化并运用于实践，从而形成企业的内部知识。由于知识本身的特性以及转移过程的动态性与复杂性，衡量知识转移的绩效是比较困难的。笔者通过梳理研究成果发现，用某一时段内成功转移的知识数量和质量来衡量知识转移绩效是最基本、最通用的方法之一。此外，有些学者从成本和收益的角度衡量知识转移绩效，即采用财务指标来衡量知识转移绩效。Gupta 和 Govindarajan（2000）在研究跨国公司的知识流动时提出，知识转移绩效是指组织间通过转移知识的活动而获得有关技术、市场营销和管理等方面知识的量。陈明和周健明（2009）在研究文化、知识整合机制与知识转移的关系时，将知识转移绩效定义为"知识转移到接收方企业后，对接收方企业的技术突破、创新绩效等方面产生的效果"。易加斌（2012）认为，跨国公司内部知识转移绩效是指跨国企业内部母子公司之间在传递知识的过程中形成的对价值创造和竞争力提升的满意程度和绩效水平程度。周密等（2007）认为，企业之间进行知识转移是为了将知识成功地转移给接收者，知识接收者接收知识并将其应用到实践中。Hakanson 和 Nobel（1993）认为，知识转移绩效是指单位时间内知识在企业间所转移的数量。Kim 和 Nelson（2000）认为，知识转移绩效是指知识被接收方再次加工创新的程度。Pinto 和 Mantel（1990）认为，知识转移绩效是能够在预算之内及时满足接收方需求的程度。

综上所述，知识转移绩效是一定时间内企业之间所发生的知识转移数量、转移产生的成本、接收方企业的满意度、知识再创造的程度和知识的内化程度。

### （二）知识转移绩效的评价

任荣（2005）在构建知识转移绩效的评价指标时，采用了投资成本与员工能力的变化这两个维度。肖久灵（2007）在评价外国企业的知识转移绩效时，采用了员工层面、技术创新层面、组织层面和利益相关者层面四个维度。曹竹（2008）主要围绕合资制造企业研究了影响知识转移绩效的因素，并构建了基于知识需求方、知识提供方、人际沟通措施水平、知识情景和编码化措施水平的知识转移绩效评价指标体系。李楠和严素梅（2009）在评价科技型服务企业的知识转移绩效时提出，应从转移成本与频率、知识的使用效果与再创程度以及受体的投入程度等方面入手对科技型服务企业的知识转移绩效进行评价。

### （三）知识转移绩效的衡量指标

有效的知识转移能够帮助企业获得可持续的竞争优势。目前，国内外学者基于概念模型、理论，分析并验证了各种因素对知识转移绩效的影响。Teece（1977）在衡量知识转移绩效时提出，转移成本决定着知识转移绩效的产生与形成，即转移成本为知识转移绩效的衡量指标。Meyer 等（1977）在研究中提出，知识转移涵盖知识的内化性与可接受性，反映了知识的所有权。Winter

（1995）认为，评价或衡量知识转移绩效时，应该重点考虑知识接收方对知识传递方的知识源复制程度，以及知识嵌入网络在接收方的复制程度。Szulanski（1996）在探索内部黏性与转移研究中提出，应将知识接收方对知识转移的满意度作为指标来衡量知识转移绩效。此外，一些研究表明，企业对转移过程、转移内容以及转移所产生的成本越满意，知识转移绩效就越能提高。Kostova（1999）从情境视角研究跨国知识转移时提出，在衡量知识转移绩效时，应考虑知识接收方对知识转移的承诺度，承诺度越高，知识转移绩效就越好。Hakanson 等（2000）提出，知识转移绩效可通过一定时间内转移的知识数量和质量来衡量。Subramaniam 和 Venkatraman（2001）提出，在衡量知识转移绩效时，可采用新产品开发能力这一指标。

国内外学者还对不同层面的知识转移绩效进行了研究。Teece（1977）、Meyer 和 Rowan（1977）、Winter（1995）、Hakanson 和 Nobel（2000）等学者从个体层面研究知识转移绩效；Simonin（1997）、Subramaniam 和 Venkatrman（2001）等学者则从组织层面研究知识转移绩效。从知识转移双方的角度来看，Hansen（1999）用知识转移的主体完成其预定目标所用时间和知识接收方所接收的知识量来衡量知识转移绩效；而 Reagans 和 McEvily（2003）认为，应以知识发送方所发送知识的难易程度来衡量知识转移绩效。从知识转移的程度与范围来看，刘益等（2007）认为知识转移绩效是指转移的知识量，并以转移范围的大小和知识的丰富度来衡量知识转移绩效；曾凯和彭伟（2010）认为，知识转移效果包括知识获取范围、知识深度和知识宽度；唐方成（2006）等在相关研究中以网络中接收者的状态改变总量来衡量知识转移绩效。知识转移绩效的衡量指标汇总如表 1-5 所示。

表 1-5　知识转移绩效的衡量指标汇总

| 学者（时间） | 知识转移绩效衡量指标 |
| --- | --- |
| Teece（1977） | 转移成本的高低 |
| Mansfield（1982） | 技术实用化是否成功；经济效益是否达成；产品开发技能是否具备 |

续表

| 学者（时间） | 知识转移绩效衡量指标 |
|---|---|
| Leonard-Barton（1995） | 效率的影响；技术转移过程的平顺度；目标的执行程度 |
| Nelson 和 Cooprider（1996） | 知识在接收方环境中进行再创造的程度 |
| Kotler（1996） | 整体绩效；转移过程满意度；接收方满意度 |
| Szulanski（1996） | 在既定的时间与预算下，知识接收方的满意程度 |
| Hakanson 和 Nobel（1998） | 某一时段内成功转移的知识数量 |
| Kostova（1999） | 接收方在知识中投入自己的想法；专有知识的数量；运用知识的次数；投入其中的时间、努力、精力和注意力 |
| Simonin（1999） | 从技术知识提供方学得的技术知识的总量；不再需要依赖技术知识提供方，独立运用技术知识的能力；知识转移后新产品的开发速度 |
| Kim 和 Nelson（2000） | 知识接收方在吸收新知识后创造知识的程度 |
| 杨君琦（2000） | 转移过程的满意度，即目标达成和合作关系的和谐程度；急速能力的提高程度，即人员素质的提高、新产品开发和新技术的应用的程度；获利能力的提升程度，即降低成本、提高生产效率和增加获利的程度等 |
| 唐方成等（2006） | 所获知识的主体范围；知识的丰富度 |
| 曾凯和彭伟（2010） | 知识获取范围；知识深度；知识宽度 |
| 周密等（2007） | 知识受体对知识转移过程的满意度；参与度；所有权 |

## （四）知识转移绩效的影响因素

学者对知识管理活动的研究主要集中在知识转移，尤其是知识转移绩效的影响因素上。Cummings 和 Teng（2003）在分析知识转移绩效的影响因素时指出，知识的嵌入性对知识转移绩效有很大影响。Simonin（1996）指出，知识的因果模糊性会显著影响联盟企业间的知识转移绩效。常荔、邹珊刚和李顺才（2001）指出，影响知识转移绩效的因素主要包括知识本身的属性、知识提供方的转移能力、知识接收方的学习能力和消化吸收能力、知识转移双方存在的差异性与互补性知识以及社会环境因素等。Simonin（2004）围绕147家跨国企业进行了实证研究，结果显示，影响跨国企业的知识转移绩效的因素有企业的学习意愿与能力以及知识模糊性。Lockett 和 Wright（2005）、Dectera 等（2007）的研究表明，产学研中知识提供方的能力对知识转移绩效有显著的影响。叶飞等（2009）指出，正向影响知识转移绩效的因素有大学科研院所的合作经验、企业学习能力、企业吸收能力。孙卫等（2012）研究产学研联盟中影响知识转移绩效的因素时发现，组织学习能力、自组织性和成员互动性与知识转移绩效存在显著的正相关关系，而知识输出能力对知识转移绩效的影响并不显著。

综上所述，在影响知识转移绩效的因素中，有些与知识提供方的能力有关，有些与知识接收方的能力有关，还有些与知识提供方与接收方之间的关系有关。在知识提供方的能力方面，学者并未达成共识。Ankrah 等（2013）认为，知识提供方对知识转移管理的介入越少越好，这样可以充分尊重知识接收方的自主权，而 Mu 等（2010）则认为，知识提供方的参与越多越好，这样可以保障知识被快速、准确地应用到实践中。Frost 等（2002）认同 Ankrah 的观点，认为对于较简单的知识等，知识提供方只负责提供就好，对知识的消化、吸收等应由知识接收方独立完成。Park（2011）则比较认同 Mu 的观点，认为知识提供方如果能主导知识接收方对新知识的应用过程，使知识接收方按照知识提供方的思路对新知识进行应用，可以最大限度地保留被转移知识的原有功能。也有些学者，如 Gupta 和 Govindarajan（2000）、Szulanski（1996）和 Lane（2001）等，认为知识接收方适当参与知识转移管理有助于提升知识转移绩效。

知识提供方与接收方的关系强度对知识转移绩效有显著的影响。Eisenhardt 和 Tabrizi（1995）等学者认为，紧密的双方关系有利于双方关系质量的提升。Levin Cross（2004）提出，紧密的双方关系可以提高双方的信任程度。知识提供方与接收方之间的高度信任关系有利于知识接收方顺利获取知识资源，更加愿意倾听和响应知识提供方的建议，从而推动知识转移的顺利进行。Reagans 和 McEvily（2003）认为，紧密的双方关系可提升凝聚力，增强双方合作的意愿，从而使知识提供方愿意投入更多时间与精力。Wijk 等（2008）认为，共同愿景可促进知识提供方与接收方的相互理解，减少双方的矛盾与冲突，从而增进双方的关系强度。

## 四、吸收能力

### （一）吸收能力的内涵

Cohen 和 Levinthal（1990）首次把吸收能力应用于管理领域，从吸收能力视角出发分析组织的创新与学习，研究吸收能力的影响因素及其对创新与学习的影响。此外，他们还界定了吸收能力的概念，认为吸收能力是指企业对从外界获取的新信息和知识加以识别、消化并将其运用于商业化产出的能力。很多学者认同吸收能力在管理领域中的重要性，并以不同表述方式定义了吸收能力。在现有文献中，表 1-6 中的几种定义占主导地位。

表 1-6　吸收能力的定义

| 学者（时间） | 定义 |
| --- | --- |
| Cohen 和 Levinthal（1990） | 吸收能力是指企业对从外界获取的新信息和知识加以识别、消化并将其运用于商业化产出的能力 |
| Mowery 等（1995） | 吸收能力是指一系列应用较广的技巧，主要使从外部转移过来的隐性知识为内部所用 |
| Kim（1997） | 吸收能力是指企业解决问题的能力 |
| Zahra 和 George（2002） | 吸收能力是指企业的一系列惯例和流程，通过这些惯例和流程，企业得以获取、消化、转化并应用知识以发展出一种动态的组织能力 |
| Lane 等（2006） | 吸收能力是一个动态的学习过程，通过探索性学习识别并理解外部潜在的有价值的新知识，通过转换型学习消化新知识，通过利用性学习创造更新的知识并将其应用于商业化 |

在上述定义中，Zahra 和 George（2002）所提出的吸收能力的定义应用范围最广。他们从动态能力的角度定义吸收能力，并将吸收能力分为四个维度，即获取、消化、转化与应用。每个维度都表示一种独特的能力。研究表明，吸收能力可通过获取、消化外部新知识，对其进行转化与利用，将其转变为企业内部知识，改造企业内部的运作流程，提升企业的核心竞争力，使企业更好地

应对不断变化的外部动态环境。此外，Zahra 和 George 还将吸收能力划分为潜在吸收能力与现实吸收能力两个部分。潜在吸收能力由获取和消化两个维度组成，现实吸收能力由转化和应用两个维度组成。潜在吸收能力与现实吸收能力是相辅相成的，若企业更加注重潜在吸收能力，就无法把从外部吸收的新知识转化为内部所需的知识；若企业更加注重现实吸收能力，就无法从外界获取足够的信息与知识，从而会陷入"竞争陷阱"。

国内外学者要么直接引用上述定义，要么进一步分析并提出吸收能力的定义。Jansen 等（2005）在沿用 Zahra 和 George（2002）的定义基础上，开发了关于潜在和现实吸收能力的量表。Minbaeva 等（2003）基于 Zahra 和 George（2002）的定义，将吸收能力划分为员工能力与员工激励两个维度。Murovec 和 Prodan（2009）在 Cohen 和 Levinthal（1990）观点的基础上，将吸收能力划分为科学推动型吸收能力与需求拉动型吸收能力。Todorova 和 Durisin（2007）认为，吸收能力是指企业对外部知识不断加以利用并反馈的动态过程，包括识别、获取、内化转化与利用四个阶段。徐二明（2009）和钱锡红等（2010）直接沿用 Cohen 和 Levinthal（1990）的定义，而王雎（2007）则重新定义了吸收能力，认为吸收能力是一种相对能力，根植于转移双方之间的对偶关系中，嵌于特定背景中。

（二）吸收能力的维度划分

Cohen 和 Levinthal（1990）将吸收能力融入管理领域，将吸收能力划分为三个维度：认识、消化与知识利用。Tsai（2001）与 Stock（2001）基于上述维度对企业吸收能力进行测评。Bosch 等（1999）将吸收能力划分为三个维度：效率、灵活度以及范围。Wijk 等（2001）将吸收能力区划分为两个维度：深度与广度。Lane 等（2006）把吸收能力划分为探索性、转化性和利用性等三个学习维度。Zahra 和 George（2002）从过程的角度出发，将吸收能力划分为获取、消化、转化、利用等四个维度。

## （三）吸收能力的影响因素

一些学者认为，组织的吸收能力是建立在成员吸收能力之上的，是组织前期相关知识的函数。因此，企业能善用外部知识，大部分原因是其原先存在的知识基础，即企业既有的技术与知识会影响其吸收能力。此外，Cohen 和 Levinthal（1990）提出，影响吸收能力的因素还有研发投资、教育训练、生产操作、沟通机制和外在环境。Gima（1992）提出，企业的吸收能力来源于企业的行业特性、企业过去在技术发展上所获取的相关技术知识、研发部门在对外部技术发展的察觉和促进中所扮演的角色。邓颖翔等（2009）整理汇总了国内外学者的相关研究，认为影响吸收能力的因素有以下七个：①相关知识基础，如企业所拥有的专利数量、设备、市场知识等；②个人吸收能力，如个体的工作技能、知识积累、实践经验等；③研发投入；④组织架构；⑤组织文化；⑥技术桥梁人物；⑦组织网络关系。孙婧（2013）将吸收能力的影响因素归纳为四类：个体因素（个人吸收能力与知识背景的多样化）、团体因素（结构性惯例与知识基础）、组织因素（先前知识基础、研发投入、知识搜寻经验、营销投入与运营能力、组织结构和薪酬体系、社会关系和交际能力、分权和岗位轮换）和外部环境。鞠海龙（2016）汇总了吸收能力的前因变量，具体如表 1-7 所示。

**表 1-7 吸收能力的前因变量汇总**

| 前因变量 | 作用 | 学者（时间） |
| --- | --- | --- |
| 知识存量 | 知识存量越丰富，越容易辨认和应用外部新知识 | Cohen 和 Levinthal（1990）；Lane 和 Lubatkin（1998）；刘常勇和谢洪明（2003） |
| 个人能力 | 个体能力是组织吸收能力的基本构成单元 | Cohen 和 Levinthal（1990）；Reagans 和 McEvily（2003） |
| 路径依赖 | 吸收能力由弱变强是一个渐进的过程，前一阶段在某一领域的吸收能力将会影响下一阶段的吸收能力 | Cohen 和 Levinthal（1990） |

**续表**

| 前因变量 | 作用 | 学者（时间） |
|---|---|---|
| 研发投入 | 吸收能力是研发的"附属产品"，研发投入在促进研发活动的同时也培养了企业的吸收能力 | Cohen 和 Levinthal（1990）；Kneller 和 Stevens（2006）；Escribano 等（2005）；刘常勇和谢洪明（2003） |
| 组织结构与补偿机制 | 与企业相近的组织结构和补偿机制将加速企业对知识的吸收 | Lane 和 Lubatkin（1998） |
| 转移能力 | 知识源作为知识的创造者，是对吸收方吸收能力进行培训的最佳选择 | Park（2011）；Lane 和 Lubatkin（1998） |
| 合作 | 合作可以增进合作各方的关系强度，有利于吸收方更好地理解新知识 | Murovec 和 Prodan（2009）；Vinding（2006）；Belderbos 等（2004） |
| 变革态度 | 有很强文化的企业习惯排斥外来知识，致使企业吸收能力较弱 | Murovec 和 Prodan（2009）；Fagerberg（2004） |
| 员工培训 | 可以使员工很快掌握被转移知识，提高员工的个人能力，从而提升企业的吸收能力 | Lane 等（2001）；Park（2011） |
| 组织机制 | 学习不是自发产生的，而是通过组织内部的制度产生的 | 徐二明和陈茵（2009）；刘常勇和谢洪明（2003） |

### （四）吸收能力的作用

#### 1. 吸收能力的直接作用

在吸收能力的相关文献中，以吸收能力为解释变量的研究较多，主要包括对吸收能力与组织学习、知识转移以及创新绩效之间关系的研究。研究表明，吸收能力能够提升创新绩效和财务绩效等。Stock 等（2001）学者发现，吸收能力与新产品的开发绩效间呈倒 U 型关系。

Nicholls-Nixon（1993）指出，研发投资与合作更多地发生在有高吸收能力的企业中。George 等（2002）指出，企业参与或保持多种联盟关系时，企业的吸收能力会更高，创新成果与绩效也会更高，也就是说，企业绩效受联盟方式与吸收能力的共同影响。此外，Lane 等（2001）也发现，吸收能力会对组织间的学习效果产生正向影响。Victor（2007）等提出，学习效果与消化、评估并利用知识的能力密切相关。

2.吸收能力的间接作用

即便面对同样的外部环境，不同企业从外部知识中的受益程度也不尽相同。研究表明，当考虑吸收能力时，企业会更加倾向于采取研发行动；当不考虑吸收能力时，企业的创新活动则主要受技术机会的影响。Zahra 和 Hayton（2008）通过实证研究发现，具有越强的吸收能力，企业从外部获取知识的效果越好。Escribano 等（2009）通过实证研究发现，外部环境越动荡，吸收能力的调节作用就越显著。王国顺与杨坤（2011）通过实证分析发现，吸收能力可以正向调节社会资本对创新绩效的影响。

## （五）吸收能力与知识转移

在战略联盟中，知识带来的收益并未平均分给成员企业，因为收益的获取不仅取决于知识资源的稀缺性，更取决于知识接收方的吸收能力。战略联盟中知识转移的最终目的是知识接收方从外部获取知识，并对其加以消化和转化，最后将其有效地运用到内部运营中。因此，有些学者认为，知识接收方的知识吸收程度可作为衡量知识转移绩效的关键指标。在现有文献中，企业的吸收能力被看作一系列能力的组合，如获取能力、消化能力、应用能力等。企业的吸收能力与企业的研发投入、对知识的转移和共享程度有关。

在知识转移过程中，知识接收方对知识的获取与消化程度是由企业的吸收能力决定的。只有获取知识的过程顺利，知识接收方才能够掌握更多的知识资源，进而通过消化和应用新知识达到知识创造或技术创新的目的。企业的吸收能力越强，能获取和消化的知识就越多。因此，企业的吸收能力与知识转移绩效之间存在正相关关系。

Szulanski（1996）认为，知识接收方吸收能力的不足是知识转移的最大障碍。Gupta（2000）研究发现，部门的吸收能力会对知识转移产生重大影响。

Minbaeva（2003）把吸收能力划分为员工能力与动机，发现员工能力与动机是知识转移的必要条件。Murovec 和 Prodan（2009）将吸收能力划分为科技推动型吸收能力和需求拉动型吸收能力，这进一步验证了吸收能力能直接提高知识转移绩效。Kostopoulos 等（2011）通过实证分析发现，高吸收能力使企业能更好地获取、消化和吸收外部知识，这对知识转移绩效有促进作用。Stock（2001）、Jansen 等（2005）、Vining 等（2003）也得出了类似的研究结果。

吸收能力是一个动态的能力，也是一个不断变化的能力。随着战略联盟中知识转移的不断推进，知识接收方的水平也不断提高，其吸收能力也随着知识水平的提高而不断增强。战略联盟中成员企业的吸收能力是提高整体知识转移绩效的重要因素，每个成员企业的平均吸收能力越强，知识在成员企业之间进行转移和传递的速度就越快，每个企业能获取的新知识也就越多。

# 第二章 传统的企业战略联盟和大数据背景下的企业战略联盟

## 第一节 传统企业战略联盟的兴起和组织溯源

### 一、战略联盟的兴起

20世纪90年代以来,世界经济全球化进入快速发展的阶段。在以信息技术为中心的技术进步的推动下,企业的资金、技术、人员以及信息等要素突破国家与地区的限制,在全球范围内快速自由地流动。同时,在经济全球化的推动下,企业之间竞争的空间和范围不断扩大,原有的市场份额与价格均受到挑战,这使企业不得不调整其经营战略和竞争战略。

在前全球化时代,社会分工与资源配置主要发生在一个地区或者国家内。Chandler在研究了20世纪30年代的美国企业发展历史之后,提出那个时代的企业最主要的组织特征是"一体化"。通过一系列兼并、重组,职业经理把传统按照功能分工的小型企业逐渐转化为依据地区或者产品分工的大规模、一体化的跨国企业。这些一体化的跨国企业,从纵向来看,涉及原材料的采购、加工制造以及零售等;从横向来看,基于自身现有资源与规模优势,渗透其他相关或者无关的产业，形成上下游一体化、产业多元化的"巨无霸"型企业。但随着科学技术的快速发展，"巨无霸"型企业模式已不能适应时代的要求。为适应快速发展的科学技术，实现企业资源的最优配置，获取竞争优势，企业逐渐只保留自身的关键核心业务，其他业务则采用外包或者委托经营等方式向外转移。

在全球化的浪潮中，全球的产业组织模式发生了巨大变化，即一体化的组织被分散的网络型组织所取代，竞争范式从原有的以单个企业为主体的"原子式"转变为多个企业构成的"簇群式"，企业之间从单一的竞争关系转变为复杂的竞合以及互动关系。

高级咨询顾问 Bleeke 和 Ernst 在对全球市场的竞争格局进行了广泛、深入的研究后指出，完全损人利己的竞争时代已然结束，传统的竞争模式已不能确保赢家在全球化背景下的企业竞争中拥有最低成本、最优产品、最优服务或最高利润。目前，所有企业都处在一个特定的网络环境中，与该网络中的其他企业有着竞争与合作的关系。在当下技术进步日益加快的市场竞争环境中，任何单一企业的力量都是有限的，甚至实力雄厚的跨国企业也面临着巨大的压力，只靠自身资源无法实现高层次的战略目标，需要与其他企业进行合作，以分担技术创新带来的风险。同时，人们生活水平的提高以及消费需求的多样化导致产品开发周期越来越短，开发新产品、新服务等的风险越来越大。大多数市场机遇是短暂的、隐蔽的、高风险的，因此传统的竞争模式与理念不再适合现代企业经营之道，取而代之的是"双赢"的新观念和在竞争中合作的战略思想。企业之间只有进行合作，才能在市场中占有一席之地。因此，企业纷纷建立战略联盟。

战略联盟作为一种新的组织形式，被视为企业发展全球战略最迅速和最经济的方法之一。战略联盟是推动技术飞跃性变化和革新的有效手段，也是新的、飞跃性观念的源泉。当今社会已进入联盟时代，多数企业主要通过联盟形式来获取所需要的资源。21 世纪的竞争是战略联盟之间的竞争，是集团、集群之间的竞争。

## 二、战略联盟的组织溯源

战略联盟的根本性特征在于企业之间的相互合作关系。纵观商品经济发展的历史，伴随着商品经济的发展，企业间的竞争与合作一刻也没有停止过，只是竞争与合作的内容、方式、空间等发生了变化。战略联盟虽于 20 世纪 80 年代兴起，但在此之前的一些企业合作形式可以被视为战略联盟的雏形。西方发达国家企业间合作组织经历了"卡特尔—辛迪加—托拉斯—康采恩—战略联盟"这样一个发展过程。概括来讲，这一过程可分为以下四个阶段：

第一个阶段是企业间合作的初级阶段。在 19 世纪中期，资本主义国家的经济危机不断爆发，工业化程度不断深化，生产和资本日益集中，自由竞争日趋激烈，一些生产同类产品的企业为了避免在竞争中两败俱伤以及获得高额利润，便开始了合作。1865 年，德国首先出现了卡特尔，即生产同类产品的企业在划分销售市场、制定商品价格等方面通过协议而形成的契约式垄断销售联合体。卡特尔可以分为两类：一类的目的在于获得最大的共同利润，即行业利润；另一类的目的在于瓜分市场。加入卡特尔的企业在遵守协议的基础上，在生产、商业、法律上仍保持自己的独立法人地位，相互间无财产关系和管理关系。而后，德国又出现了辛迪加，即同行业企业通过签订产品销售和原材料采购协定而建立的供销联合组织。加入辛迪加的企业共同出资组建销售机构，分享利润，这些企业在生产上和法律上保持独立性，但在商业上丧失独立性，共同管理辛迪加的销售业务和其他业务。无论是卡特尔还是辛迪加，都是企业为解决流通领域的激烈矛盾而组成的垄断联合形式，以控制销售价格及采购成本为目标，所以可以称之为"价格联盟"或"价格卡特尔"。由于这两种形式都以协定为联结纽带，成员企业在不违约的基础上可自愿加入或退出联合体，因此各成员企业在法律、经济上的独立使它们之间经常发生矛盾，整个联合体处于非稳定状态。

由于价格联盟的目标单一，合作方式简单，产品差异度小，因此市场集中度较高的产业较容易采用价格联盟的形式。西方经济学的寡头垄断模型已经证明，由于价格联盟中的价格高于边际成本，因此社会资源不能得到有效的利用，消费者的需求得不到满足。卡特尔和辛迪加向来被认为是以共谋来垄断市场的手段，违背了市场竞争中的公平原则。

第二阶段是企业间合作的发展阶段。19世纪中后期，随着生产和资本集中程度的不断加强，大企业兼并高潮出现，一种新的企业联合体——托拉斯应运而生。1879年，美国出现了世界上第一个托拉斯——美孚石油公司。托拉斯是由若干个生产同类产品或生产上有密切联系的企业通过合并的方式组成的大公司。加入托拉斯的各公司法人被取消，丧失原先在法律上和业务上的独立性，以托拉斯的分公司形式存在，由托拉斯的领导机构负责管理全部的生产、销售和财务活动。托拉斯是一个统负盈亏、统一纳税、统一管理的经济实体，对外是一个统一的法人。因此，托拉斯有利于消除各公司间的竞争，促进内部生产优化组合，提高生产效率，减少管理人员。但是，托拉斯本身常常采取一些目光短浅的做法，如垄断贸易、限制自由贸易等，使中小企业的利益受到损害，加上托拉斯容易造成市场垄断的现象，因此托拉斯兴起不久，以美国为代表的西方国家就兴起了反托拉斯运动。例如，美国国会从1890年起通过一系列法案，对托拉斯进行严格控制，法院可以对违反者提出警告、罚款甚至判刑。

第三阶段是企业间合作的蓬勃发展阶段。20世纪20年代，德国出现了康采恩。康采恩是以一个或几个大企业或大银行为核心，通过持股、控股等方式控制一大批子公司、关联公司而形成的庞大企业联合体。在形式上，各子公司、孙公司保持独立的法人地位，但在财务和管理上，控股公司通过"参与制"实现对康采恩中众多企业资本的指挥与控制。康采恩明显表现出银行资本和工业资本融合的特点，是企业间合作形式的进一步发展。与托拉斯这种完全一体化的垄断组织相比，康采恩能容纳更多的经济部门，控制更多的企业，具有更为强大的垄断实力。虽然康采恩与托拉斯非常相似，但二者也存在不同之处：一是加入托拉斯的企业大多是生产同类产品的企业或是在生产上有密切联系的企业，而加入康采恩的企业可以是各种不同类别的企业；二是加入托拉斯的各个企业已完全丧失了其原有的法律和业务上的独立性，而加入康采恩的各个企业在形式上仍保持独立，但实际上要受集团内的大企业和大银行的直接控制。

第四阶段是战略联盟的兴起阶段。近 20 年来，随着科技的进步和国际竞争的加剧，市场环境瞬息万变，消费者需求趋向差异化、个性化，企业经营风险无处不在，很多企业都觉得力不从心。市场的变化对企业的组织提出了柔性化、弹性化的要求，一方面要求企业具有较强的内部联络能力，能通过在各部门建立小组而自行重塑，并能运用内部市场竞争来协调各小组的合作；另一方面要求企业能与外部建立广泛的合作联盟关系，以弥补或增强自身的能力。战略联盟适应了社会化大生产和科技发展的需要，发挥了联盟的整合效应，打破了仅局限于具体的产品和服务层次的合作局面。战略联盟通过盟约协调成员企业之间的关系，确定其为法律所认可的行为模式和准则，共同打造联盟的核心能力和优势价值链。

战略联盟与以往的企业间合作组织卡特尔、辛迪加、托拉斯、康采恩等存在着本质性的区别。第一，卡特尔、辛迪加、托拉斯、康采恩都以垄断为目的，都是通过公开或暗中的协议，限制企业的产量或产品的价格，制造产业市场壁垒，增强成员企业的市场力量，利用人为的方法控制消费者剩余需求曲线，使成员企业获得短期垄断利润。战略联盟则是企业自愿组成的，以契约或产权为纽带的，追求长期、共同、互惠利益的战略伙伴关系。在战略联盟中，每个成员企业有相当大的独立性，多数情况下是以企业拥有的部分资源参与合作，这些资源具有显著的互补性。同时，战略联盟并不限制每个成员企业的产量或价格水平，因此它实际上是一个合作竞争组织。企业建立战略联盟的目的是与合作方协力加速扩大市场容量，提高企业的市场占有率，这也正是战略联盟创造新市场的思路，即不是去"抢"对手的市场，而是与对手共同创造并分享一个更大的市场。第二，卡特尔等垄断组织采取的治理结构是垂直约束的契约机制，合作伙伴之间没有生产要素的重新组合，因此无法实现真正意义上的产出水平的提高，这迫使卡特尔等垄断组织只能依靠限制产量或价格水平来获得短期垄断利润。由于这种垄断利润不是依靠合作伙伴的资源重新配置取得的，必须支付巨大的市场管制成本。相比之下，战略联盟的治理机构是在共享产权或契约约束基础上建立的，无论是共享产权还是无产权约束的联盟形式，成员企业之间都要进行生产要素的重新组合。企业在选择合作伙伴时强调的是相互之间资源和能力的互补,而不是产品的同质。不仅如此,战略联盟除了采用产权和契约的约束力来限制成员企业的行为,更重要的是依靠成员企业的声誉和相互信任的社会交换机制。与卡特尔等垄断组织创造利润的方式不同,一方面,战略联盟依靠成员企业之间相互租用核心资源和核心能力获得利润;另一方面,因为企业要素投入不同,一些企业可以找到比其他企业更为有效的使用某种资源的途径,通过战略联盟的资源共享或互补,一些企业可以让伙伴企业提高自己某些资源的使用效率。

## 第二节 传统企业战略联盟的发展趋势和主要实现形式

### 一、战略联盟的发展趋势

随着战略联盟实践的不断深入,战略联盟的内容与形式在不断地丰富。近年来,战略联盟出现了一些新的发展趋势,主要表现在以下几方面:

(一)知识联盟逐步成为战略联盟的主要形式

早期的企业主要是围绕产品的研发、生产、营销等环节进行合作而结成联盟,这种联盟可称为"产品联盟"。21世纪以来,一种新的联盟——知识联盟越来越普遍,并成为联盟的主流形式。知识联盟是企业为知识学习和知识转移而建立的联盟,与产品联盟相比,知识联盟存在四个基本特征:①更注重学习。知识联盟以学习为主要目的,企业在合作过程中特别注意学习其他企业的知识和能力。②更紧密的协作关系。为了达到学习的目的,联盟企业必须经常接触,创造学习环境和学习内容，并寻求、创造新知识。③更广泛的联盟成员。只要拥有对联盟有价值的知识和能力，就可以加入联盟，成为知识联盟中的一员。④更大的战略潜能。知识联盟通过帮助企业改善、扩展、创造核心竞争力，在战略上保证企业的可持续发展。例如，国际商业机器公司（International Business Machines Corporation, IBM）在 20 世纪 80 年代组建的个人计算机联盟属于产品联盟，主要目的是合作研发和合作生产；进入 20 世纪 90 年代，IBM 与德国西门子股份公司结成知识联盟，目的是在设计、制造以及电脑芯片测试方面获得新知识和新能力，有了这样一个为学习而组建的联盟，IBM 与德国西门子股份公司可以向对方提供各自的技术，共同攻克技术难题和分享研究成果，在知识和能力的更新中共图发展。

## （二）联盟的目的从降低成本转变为组织学习

在当今的时代背景下，企业的竞争优势往往不再来自成本和质量，而是来自创新能力，即创造新产品和新市场的能力。这就要求企业通过合作，对知识资源进行水平式双向及多向流动，以创造新价值；通过建立战略联盟获得新知识，同时将其与自身的核心能力相融合，从而实现战略合作的升华。组织学习是战略联盟的本质，以组织学习为合作动机的战略合作并不是以资源互补为中心，而是以获取企业核心能力为中心；以学习为中心建立的战略联盟不是被动地适应环境，而是主动地创造环境。同时，以知识的不断创新为基础建立的战略联盟能够适时地调整成员企业间的关系，促进不同价值观、知识在企业中的融合，使之成为企业革新的重要推动力。

## （三）从反应式的战略联盟发展为前瞻式的战略联盟

反应式的战略联盟是企业为适应市场的变化而采取的一种防守性战略联盟，它的形成得益于外部的驱动，如用户或竞争对手的驱动。但是客户、技术、竞争对手、合作伙伴、商业制度、供应商、政治环境等各种因素，使市场变革本身难以预测。在高速变革的市场中，企业可以通过前瞻性的战略联盟，从不同的途径获得学习机会,从而较好地预测未来的发展,获得创新和发展机会,最终实现对整个行业变革的领导。例如,英特尔公司在20世纪90年代初采取了与通信公司、电缆公司以及电影制作公司的战略联盟措施,还向50多家多媒体公司、网络公司以及图像信息公司投资,充分利用前景广阔的多媒体和三维图像细分市场,成功地完成了重新定位的目标,完全控制了多个行业的发展节奏。

### (四)从线性的联盟发展为立体的联盟网络

线性的联盟是指两个企业合作形成的联盟,这种联盟在20世纪80年代是最常见的。随着联盟实践的不断发展,当今的联盟已不再局限于传统的两个企业间的联盟,而是由双边关系发展到多边关系,形成了一种新的联盟形式——联盟网络,即联盟各方围绕着具有影响力的某一方(联盟中心),根据各自的核心专长及所处研发或生产经营的不同环节而形成纵横交错的立体网络。例如,早期信息产业中的个人数字处理领域的企业联盟是由两个企业合作形成的,而到20世纪90年代后期,该领域形成了由多个企业参与的、错综复杂的立体联盟网络。

## 二、战略联盟的主要实现形式

### (一)合资企业联盟

合资企业联盟是由两个或两个以上企业,共同投资兴建一个新的企业,然后联合经营,分享利润,共担风险。它主要是股权式合资企业。在合资企业中,拥有51%的股权等于拥有100%的控制权,拥有49%的股权等于没有控制权,因为股权各占50%的所有权形式会阻碍决策的达成,导致联盟的失败,而51%的股权可以确保企业对人事、投资决策的地位。但是,倘若一方拥有过多股权,其就会主宰决策,把自身利益凌驾于另一方利益之上,从而破坏合作关系,导致联盟失败。因此，若想实现预期的利益，双方需要共同努力和共同承担义务。麦肯锡公司的研究发现，在合资企业中，成功率最高的是各占 50%股权的合作关系。

### （二）技术开发与研究联盟

由于技术开发风险大、耗资多，因此许多企业通过联盟来获得充足的资金和自己所缺的技术，以减少开发、应用新技术的风险。技术开发与研究联盟可以包括大学、研究院和企业在内的众多成员，研究成果为所有参与者共享，具体形式有产品开发联盟、合作研发机构、技术标准联盟等。例如：荷兰菲利浦公司、德国西门子股份公司、美国高级微型仪器公司、日本索尼公司联合开发新的存储器芯片；日本国际电信电话公司与新加坡电信公司根据相互持股的资本合作协议，共同开发面向跨国公司的新型数据通信服务。

### （三）产品联盟

产品联盟可以增强企业的生产和经营实力，具体形式有联合生产、产品联盟、供求联盟、生产业务外包等。有时某些项目单靠一个企业无法完成，如航天、海洋、钢铁等大型工程项目，因此为了弥补企业生产能力的不足或为了推出某个品牌，企业会采取联合其他企业共同生产的方式。产品联盟包括生产商与供应商的联盟和生产商与零售商或客户的联盟。由于零部件供应商交货及时，且其提供的零部件质优价廉，因此产品联盟可以把零售商和客户纳入自己的生产价值链，从而降低生产成本，提高产品价值。生产业务外包是把不创造高附加值的生产业务外包出去，以使企业更加有效地利用已有的生产资源。一般而言，核心企业与外包企业之间不是平等的关系，而是主从关系、控制与被控制的关系；外包企业处于从属地位，其相对优势在于廉价的劳动力和自然资源，而处于核心地位的跨国企业往往成为创新、协调职能的提供者。例如：耐克公司只从事开发、管理、销售和广告业务，而实际的生产业务则由众多亚洲承包商负责；思科系统公司通过生产业务外包，向无工厂经营目标迈进，它的供应商不仅能生产所有的组件和完成局部装配工作,还能承担最后的总装任务,并负责将组装好的思科计算机送到客户手中。

### (四)营销联盟

营销联盟是指联盟企业互相利用分销系统以增加销售,绕过各种贸易壁垒,迅速开拓市场,赢得顾客的联盟,它的具体形式有特许经营、连锁加盟、品牌营销联盟等。特许经营和连锁加盟是指某个企业把自己开发的商标、商品、经营技术等以契约的形式授予另一企业在规定区域内的经销权和营业权,而加盟企业必须交纳一定的使用费并承担规定的义务。品牌营销联盟是把不同品牌、具有不同特点的产品放在一起销售,例如,买格兰仕空调赠送精时达手表就是一种品牌营销联盟。

### (五)功能协议联盟

功能协议联盟是一种比较松散灵活的组织形式,并不需要创立一个单独的联盟企业实体,只是企业为了适应瞬息万变的市场,追求某一经济利益,通过协议达成的一种高效敏捷的合作形式,主要包括联合开发、技术协作、合作生产、来料加工、补偿贸易等。

## 第三节 大数据背景下的企业战略联盟

随着移动互联网、传感器等的发展,数据呈现出指数级增长的趋势。根据相关机构的预测,在未来的 10 年里,数据将会以 40%的速度增长,且呈现持续增长的趋势。大数据时代的到来引起了学者的广泛关注，相关的研究成果不断涌现。《自然》杂志和《科学》杂志从互联网技术、经济学、环境科学、超级计算学等方面讨论了大数据处理所面临的各种问题；《华尔街日报》认为大数据技术是引领未来繁荣的三大技术之一；麦肯锡公司的报告指出，大数据是一种生产资料，是下一个竞争、创新、生产力提高的前沿；世界经济论坛的报告也认定大数据为新财富。

不仅如此，各个国家也越来越重视对大数据的开发与应用。2012年7月22日，"首届中国大数据应用论坛"在北京大学举行，讨论了大数据的发展趋势、云计算与大数据、大数据与商业智能、不同场景的大数据应用等问题。美国国家标准与技术研究院在2013年1月召开了大数据的联合论坛和研讨会。2013年3月，美国政府投资2亿美元发布大数据专项研究计划，把对大数据的开发与应用上升到国家战略层面。英国政府投资1 000多万英镑设计了数据抽取/数据转换工具，旨在加强政府、企业、研究者和社会公众的合作，使企业和公众可以更好地利用数据。

# 一、大数据相关内容介绍

## （一）大数据的定义

2011年5月，麦肯锡全球研究院发表了报告《大数据：创新、竞争和生产力的下一个新领域》，提出了大数据的概念：大数据是指无法在一定的时间内利用传统的数据库软件等工具进行采集、存储、管理、分析的数据集合。维基百科对大数据的定义是：大数据是指所涉及的资料量规模巨大到无法通过目前的主流软件工具，在合理的时间内达到撷取、管理、处理和整理成为帮助企业经营决策更积极目的的资讯。高德纳咨询公司认为，大数据是指需要新的处理模式才能具有更强的决策力、洞察发现力、流程优化能力的海量、高增长率和多样化的信息资产。中国工程院院士、中科院计算所首席科学家李国杰对大数据有这样一个解释：一般意义上，大数据是指无法在可容忍的时间内用传统计算机技术和软硬件工具对其进行感知、获取、管理、处理和服务的数据集合。

大数据不仅影响着学术界，也影响着产业界。全球领先的数据管理软件提供商 Informatica 公司的中国区首席产品顾问但彬认为，大数据＝海量数据＋复杂类型的数据，大数据包括交易和交互数据集在内的所有数据集，其规模和复杂程度超出了常用技术按照合理的成本和时限捕捉、管理及处理这些数据集的能力。NetApp 大中华区总经理陈文认为，大数据包括大分析、大宽带和大内容。

综合国内外相关人员对大数据概念的看法可知，大数据是不能用传统的技术和软件工具来进行存储、分析的，是包括大量半结构化数据和非结构化数据的数据集合。

（二）大数据的产生途径与特征

在科学研究、电子商务、互联网应用等领域，数据呈现出迅速增长的趋势。相关机构指出，互联网上的数据每年将会增长 50%以上，而且每两年将翻一番。另外，设备上的传感器等也会产生大量数据。

大数据的产生途径非常多。智能手机、计算机、平板电脑、移动互联网、云计算、物联网、车联网，以及分布在全球各个角落的摄像头和传感器，都是数据的来源或者承载方式。所以，通俗地讲，大数据就是通过各种渠道收集到的大量数据，聚集起来可供需求者进行挖掘、分析的数据集合，如人们通过智能手机看到的视频文件、听到的音频文件以及浏览过的界面信息，购物时留下的信息等。

目前，学术界对大数据的特征有比较统一的认识：大数据有数据规模大、数据种类多、数据要求处理速度快和数据价值密度低四个特征。从组成角度来看，大数据由结构化数据（如财务系统、人事系统等）、半结构化数据（如新闻、电子邮件等）和非结构化数据（如移动终端、传感器、社交网络产生的数据等）组成。

### (三)大数据分析的关键技术

只有对大数据进行分析,才能获得很多智能的、深入的、有价值的信息。对大数据进行分析的关键技术如下:

#### 1.可视化分析

大数据分析的基本要求是可视化分析,因为可视化分析能够直观地呈现大数据的特点。

#### 2.数据挖掘算法

大数据分析的理论核心是数据挖掘算法。各种数据挖掘算法基于不同的数据类型和格式,能更加科学地呈现数据本身的特征。一方面,有了这些被全世界统计学家公认的统计学方法,大数据分析才能深入数据内部,挖掘出数据的价值;另一方面,有了这些数据挖掘算法,人们才能快速地进行大数据处理。

#### 3.数据质量和数据管理

无论是在学术研究还是在商业应用领域,高质量的数据和有效的数据管理都能够保证分析结果的真实性和价值性。

当然,要更加深入地对大数据进行分析,还有很多专业的大数据分析方法需要人们去探索。

### (四)大数据的发展趋势

伴随着大数据的发展,拥有丰富数据的分析驱动型企业应运而生。大数据的发展趋势主要体现在以下几个方面:

#### 1.数据驱动创新

如今,数据已成为企业发挥竞争优势的基石。拥有丰富数据的企业将目光投向了"创新",以丰富的数据为驱动,利用数据分析打造高效的业务流程,助力自身战略决策,并在多个前沿领域超越竞争对手。

#### 2.数据分析需先进的技术

大数据分析将在今后取得重要进展,与大数据有关的软件、硬件和服务的全球开支将快速增长，富媒体分析（视频、音频和图像）将成为很多大数据项目的一个重要驱动力。随着智能分析水平的不断提升，企业将获得更多机遇。

3. 预测分析必不可少

当前，具有预测功能的应用程序发展迅速。预测分析通过提高效率、评测应用程序本身、放大数据科学家的价值及维持动态适应性基础架构来提升分析工具的整体价值。因此，预测分析功能正成为分析工具的必要组成部分。

4. 混合部署是未来趋势

相关机构预测，在未来几年，混合部署将必不可少，企业级元数据存储库将被用来关联"云内数据"和"云外数据"。企业应评估公共云服务商提供的产品，这有助于其克服大数据管理方面的困难。

5. 认知计算技术打开新世界

认知计算技术是一种改变游戏规则的技术，它利用自然语言处理和机器学习帮助实现人机自然交互，从而扩展人类知识。未来，采用认知计算技术的个性化应用可以帮助消费者购买衣服等，甚至可以帮助人们创建新菜谱。

6. 大数据创造更多价值

越来越多的企业通过直接销售其数据或提供增值内容来获利。相关调查显示，目前70%的大公司已开始购买外部数据。因此，企业必须了解其潜在客户重视的内容，尝试开发"恰当"的数据组合，将内容分析与结构化数据结合起来，帮助需要数据分析服务的客户创造价值。

（五）大数据的安全问题

随着大数据的发展，数据的应用领域越来越广，个人信息、财产等的安全问题也日益凸显。社交网络的出现使人们在不同的地点产生越来越多的数据足迹，且这些数据有累积性和关联性。单个信息可能不会暴露用户的隐私，但将从不同地点搜集到的某个用户的多种数据聚集在一起时，用户的隐私可能就会被暴露。但若为了保护隐私而将所有数据隐藏的话，数据的价值就无法体现出来。

大数据在收集、存储和使用过程中面临许多安全风险，大数据所导致的隐私泄露为用户带来了严重的困扰，而虚假信息将导致错误或无效的分析结果。马立川认为，除了传统的信息安全问题，大数据还有特有的安全问题：①节点交互引发的安全问题，包括数据源可信问题；②分布式存储架构引发的安全问题，包括完整性验证难、密钥管理难、存储的可靠性难保证、数据销毁难等问题；③分布协同的计算模式引发的安全问题，包括纷繁杂乱的计算环境、安全需求不同、安全强度不同引发的安全问题；④大数据分析及应用引发的安全问题，包括隐私泄露、非授权访问等。

为解决大数据的安全问题，学者纷纷提出方案：Dwork（2006）提出了一种新的差分隐私方法；Roy等（2010）组建了一种隐私保护系统，将集中信息流控制和差分隐私保护技术融入云计算的数据生成与计算阶段，以防止计算过程中各种数据隐私泄露。

目前的隐私保护技术是基于静态数据的保护，但数据是不断变化发展的，传统的信息安全技术难以直接应用，而发展一套全新的大数据系统安全理论和技术不太现实。因此，采用现有的安全技术，结合具体应用，将大数据变成小数据，研究相关的安全关键技术，在现阶段更加切合实际。深入研究基于动态数据的保护技术对学术界和产业界将产生重大影响。

## 二、大数据对企业的影响

### （一）大数据影响企业的纵向边界

大数据对不同的企业会产生不同的影响，主要涉及组织结构、技术开发、文化与业务流程和消费者行为模式等方面。大数据会影响企业边界的伸缩与扩张。赵国栋等学者提出，大数据将大幅降低企业的内部管理成本与外部交易成本。张振伦认为，大数据有利于实现管理的自动化，从而降低运营成本。交易费用理论认为，交易费用（即外部协调成本）会影响企业的纵向边界。交易费用主要由资产专用性、信息不对称性和机会主义行为这三个因素决定,交易所需的关系性资产的专用性程度越高,交易双方的信息越不对称,机会主义行为越盛行,交易费用就越高。

资产的专用性主要有三种类型,即特殊地点资产的专用性、特殊资产的专用性和特殊人力资本的专用性。数据的特性使资产的专用性基本不受地理位置的限制,因此可以利用数据技术较方便地对数据进行分析、挖掘、预测等,通过网络使私人信息变为公共信息、使隐性知识变为显性知识,从而降低特殊人力资本的专用性。

在很大程度上,信息不对称是由信息搜索的成本过高以及信息使用过程中的排他性造成的。大数据可以使信息搜索更便捷,成本大幅下降,搜索范围迅速拓宽,极大地降低信息的不对称性。同时,大数据的公用性解决了信息使用的排他性问题。将大数据技术应用于市场交易,交易双方就可以掌握彼此的交易历史,详细了解、掌握客户的财务状况、信用状况、履约情况等,这样企业就可以从大量交易对象中筛选出合适的客户进行交易,从而减少或避免机会主义行为的发生。同时,信息在网络中的迅速传播对交易双方的机会主义行为也能起到限制作用。

(二)大数据影响企业的决策与营销

首先,决策主体从"精英式"模式过渡到"大众化"模式。传统的企业营销理论主要为"核心竞争力"和"定位"理论,前者关注客户的长期价值,后者以产品或客户的需求为基础,其核心都是精英式的企业管理层,而非员工和社会公众。随着社会化媒体和大数据应用的发展,社会公众和广大终端用户都是数据的创造者和使用者,可以通过意见的表达、信息的传递迅速形成信息共同体和利益共同体,从而拓宽信息传播的范围,使知识的共享和信息的交互更加广泛。同时,企业决策的依据正从结构化数据转向非结构化、半结构化和结构化混合的大数据,而大数据技术和处理手段可以使看似杂乱无章、关联性不强的数据变成服务决策的有效信息。

其次，决策过程从"被动式"模式演变成"预判式"模式。在互联网经济时代，科技正走向跨领域融合，产业界限正在模糊，市场环境瞬息万变，各行业间充斥着大量结构化与非结构化数据，不断调整和完善自己的商业战略成为移动互联时代企业塑造核心竞争力的关键。为了更好地预测未来、提高决策能力和竞争力，企业需要对当前的数据进行充分的分析和挖掘，利用大数据技术构建采集、筛选、存储、分析和决策的系统，对企业的业务发展、客户需求、商业机会进行预判，制定出面向未来的决策。

最后，营销方式从"业务驱动"模式转向"数据驱动"模式。传统企业的经营分析只局限在简单业务、历史数据的分析上，缺乏对客户需求的变化、业务流程的更新等方面的深入分析，这常常导致企业的战略与决策定位不准。在大数据时代，企业必须要通过收集和分析大量内部和外部数据，获取有价值的信息，通过挖掘这些信息，预测市场需求，从而进行更加智能化的决策分析和判断。可以说，未来数据将成为企业创新的核心驱动力，收集、分析、利用数据的能力将成为企业的核心竞争力。

### （三）大数据影响企业的商业模式

大数据正在改变企业的商业模式。在大数据时代，网民和消费者的界限逐渐消失，企业的界限也正在模糊化，数据成为核心资产，并深刻影响企业的业务模式，甚至影响其文化和组织架构。如果不能利用大数据更加贴近消费者、深刻理解消费者的需求、高效分析信息、作出预判，所有传统的产品公司都只能沦为新型用户平台级公司的附庸。企业内部的经营交易信息，物联网世界中的商品、物流信息，互联网世界中人与人交互的信息、位置信息等是大数据的三个主要来源，其信息量远远超越了现有企业基础设施的承载能力，其实时性也大大超越了现有企业的计算能力。

在网络时代，大数据技术几乎可以涉足所有的商业体，如金融、能源、医疗、零售、物流、移动通信、计算机、情报等具有突出代表性的行业。在大数据时代，一些行业巨头为了避免受到威胁，会通过发展自身的大数据技术来巩固自己的实力,如沃尔玛、宝洁、雀巢、谷歌、苹果、微软等公司都已经实施了一些大数据计划。

大数据时代的到来会使行业结构发生改变,商业模式会或多或少地受到挑战。整合资源是一种很好的调整模式。行业巨头占据规模优势,小公司占据灵活优势,因此不论是合作还是收购,只要转型得当,它们都可以从行业调整中获得利益。例如,从最初的"交友聊天"到"QQ空间""朋友网""农场牧场",再到现在的"微信",深圳市腾讯计算机系统有限公司在竞争激烈的网络时代一路领先的根源在于多年来积累的数据。

### (四)大数据影响企业的战略决策

首先,大数据引起企业战略形式的变革。在这个经济快速发展的时代,任何事物都处在不断的变化中,因此决策管理不可能是一成不变的。商家擅长打价格战,但毫无疑问,这是企业竞争中的"下下策"。现代企业只有掌握和运用大数据战略,才能获得更好的收益。在这个数据大爆发的时代,企业只有进行战略形式的变革,才能紧跟时代步伐,使自身加速发展。在企业市场竞争中有成本领先战略、集中化战略、差异化战略,这些战略都要以大数据战略为支撑点。

其次,大数据引起企业战略模式的变革。传统的企业战略模式是一个发现问题,通过分析找到因果关系来解决问题的正向思维模式。但是,大数据环境下的企业战略模式包括搜集数据、量化分析、找出相互关系、提出优化方案等内容,是使企业实现从优秀到质的飞跃的积极思维模式。

再次,大数据引起企业战略思维的变革。大多数企业的决策具有很强的主观能动性,管理决策者仅凭对市场情况的分析和个人经验作出主观判断,这容易导致客观性缺失的问题。在大数据时代,信息技术不断发展,多种多样的信息会对企业产生影响,企业要合理地利用这些信息,使决策更科学、更客观。

最后,大数据引起企业战略目的的变革。Schoenberger在《大数据时代》一书中提出,大数据时代最大的转变不是信息化的全面升级提高,而是企业不再注重对因果关系的探讨，转而关注对相互关系的研究。也就是说，企业只要知道这个"是什么"，接下来要怎么去做，把解决问题作为最终目的，而不再去探讨"为什么"。这种思维模式与传统的科学研究思维相反，是人类认识世界的一种新方式。

## 三、大数据对企业战略联盟的影响

随着大数据的不断发展，企业的决策制定、营销渠道、商业模式、获取信息的途径与信息处理能力等各方面都受到一定程度的影响。目前，管理学家已经开始重视大数据对企业各方面的影响，经过相关文献梳理，发现大数据在企业中应用最广泛的领域是市场营销；也有部分学者研究了大数据对企业管理决策、管理信息系统、网络消费者行为的影响，并提出了相关对策与建议，展望了未来的研究方向。在传统的企业战略联盟中，信息不对称现象的存在导致了对利益分配公平合理性质疑的产生，也导致了成员企业间缺乏信任现象的出现。目前，企业战略联盟在利益分配时重点考虑的是贡献率，这体现在企业战略联盟主要基于成员企业自身所拥有的资源与能力和投入企业战略联盟中的资源与能力进行利益分配。资源基础理论认为，企业之间的差异来源于企业所拥有的资源异质性，异质性资源是企业竞争优势的主要来源。大多数学者发现，影响企业战略联盟利益分配不均的因素有联盟企业能力与资源占有率的差异、信息不对称等。笔者将从资源、能力与信息三个方面出发，结合定性研究方法，研究大数据对企业战略联盟的影响。

### （一）大数据对企业战略联盟资源的影响

大数据是一种生产资料，是下一个竞争、创新、生产力提高的前沿，是一种隐藏着巨大价值的财富，能促使企业在诸多领域中产生根本性变革。各个领域每时每刻都会产生大量数据，而这些数据被收集、分析和整合之后，逐渐成为经济领域的重要组成部分。企业搜集到的数据不再是样本数据,而是全部的动态数据。麦肯锡公司的调查显示,大数据已经与资本和人力一起成为生产的基本资源,大数据在创造价值的同时,也成为组织竞争和成长的关键因素。在大数据背景下,企业与外界动态环境之间的边界变得日益模糊,信息共享与知识溢出将成为企业战略联盟合作竞争与协同演化的主要方式。在这样的竞争背景下,数据信息和知识成为企业的重要生产要素,也成为决定企业创新能力的关键因素。基于大数据平台与联盟企业建立社会网络,从合作伙伴那里获取有价值的信息与知识,是企业获得竞争优势、提高联盟地位的关键。基于大数据平台建立的社会网络能加快联盟企业内信息的传播速度,促进企业战略联盟溢出效应的发生,从而使联盟企业获得更多有用的资源。

(二)大数据对企业战略联盟能力的影响

大数据具有异质性、价值性和不易被模仿性等特征,因此即使拥有较多的大数据资源,也并不意味企业能够获得竞争优势,因为企业还需要具备对这些信息进行深入加工的能力与开发产品或服务的能力。由于原有的数据技术不能对大数据(尤其是非结构化数据与半结构化数据)进行深入分析,因此大数据技术应运而生。大数据技术有利于企业获得精准、真实、实时的竞争情报,在较短的时间内成为新技术发展的热点。企业可以基于大数据及大数据技术作出更深入、全面的需求洞察,适应不断变化的动态环境,从而作出及时、科学和有效的决策。大数据技术可以帮助企业了解外部环境,发现客户价值,改变生产模式与合作模式,改变客户关系、分销渠道和收益模式等,会影响企业的管理决策、企业运营及管理信息系统和企业的核心竞争力、动态能力、吸收能力等,进而影响企业在联盟中的地位及联盟的利益分配机制。

(三)大数据对企业战略联盟风险的影响

在大数据时代,消费者行为与企业决策行为都发生了重大改变。互联网、物联网、云计算与大数据的发展降低了买卖双方对商品信息的不对称性,便于消费者通过各种途径获得商品的完整数据信息。网络信息的快速流通可以使消费者更加快速地获取相关品牌企业与商品的信息,这使得消费者对品牌的忠诚度降低,一旦消费者接触某企业的负面消息,该企业的商品可能就会遭到"遗弃"。不仅如此,消费者可以通过各种渠道获取他人对相关商品的评价,如微博、微信等,这加大了企业对消费者行为预测的难度。因此,大数据能更加真实地揭示信息背后的规律,降低风险评估中信息不充分和不对称的风险。

### (四)大数据对企业战略联盟溢出效应的影响

企业信息的曝光是迅速的,这提高了市场信息的流动速度;互联网的发展会降低信息的流通成本,这扩大了信息的传播范围。信息在广度与深度上的改善能进一步提高市场的运作效率,提高企业信息的透明度。随着互联网与媒体的快速发展,大数据技术增加了联盟企业的数据量、信息量与知识量,提高了企业信息的透明度与精确度,增加了实时更新的系统,最终导致了企业战略联盟溢出效应的增强。

### (五)大数据对企业战略联盟利益分配方式的影响

传统企业战略联盟的利益分配方式是根据成员企业的投入、贡献等因素,采用专家意见法、层次分析法、网络分析法等确定相关影响因素的权重,最终确定成员企业的收益。但专家意见法、层次分析法等具有较高的主观性,会使分析结果存在一定的偏差,因此传统利益分配机制考虑的影响因素具有一定的局限性,利益分配方式存在一定程度的不合理性。随着关系型数据库被非关系型数据库所取代和非结构化数据的快速产生,大数据技术得到了广泛应用。利用大数据技术分析成员企业的相关数据,企业战略联盟能够获得更加完整、准确的信息,这弥补了定性研究的不足,改变了传统的依赖经验与直觉进行决策的方式,使企业进入精准量化的管理时代。

# 第三章 企业战略联盟的伙伴选择、利益分配与结构选择

## 第一节 企业战略联盟的伙伴选择

### 一、非大数据背景下企业战略联盟的伙伴选择

（一）非大数据背景下企业战略联盟伙伴选择的指标体系

选择合适的联盟伙伴是企业战略联盟成功的第一步。国内外学者从不同的角度出发对企业战略联盟伙伴选择的标准进行了研究。国内外学者的研究表明，企业在选择联盟伙伴时应考虑共同的目标、补充的技能、资源的互补性和相当的风险水平等指标。

Lewis（1990）认为，选择联盟伙伴时，企业应考虑双方的兼容性和承诺以及双方联盟的优势。Lewis 还提出了选择联盟伙伴的关键导向因素。Anand BN 和 Khanna 等（2000）认为，联盟伙伴之间的信任可以降低联盟中的不确定性，并减少威胁。Morgan 和 Hunt（1994）、Mohr 和 Spekman（1994）提出，承诺（或投入）被认为是企业战略联盟中有形的贡献，可以阻止成员作出不利于联

盟的行为。在前人研究的基础上，Sierra（1995）提出联盟伙伴选择的3C标准，即兼容性（Compatibility）、能力（Capability）和承诺（Commitment）。

在国外学者研究的基础上，国内的学者对企业战略联盟伙伴选择的标准问题也进行了较深入的研究。袁磊（2001）指出，企业战略联盟伙伴的选择既要有硬性指标，也要有软性指标。根据传统意义的评价指标体系，硬性指标包括市场潜力和趋势、财务状况、管理理念和企业规模等，而软性指标包括融洽水平、互补程度、企业文化、商誉等。里昕（2007）认为，除了横向的联盟伙伴选择要考虑的因素，即核心能力互补性、财务状况、技术水平和企业文化等，还要考虑其他的因素。王秋芳（2006）在联盟伙伴选择的3C标准的基础上，增加了信誉（Credit）标准，并引入层次分析法和模糊神经网络分析法构建了基于4C标准的联盟伙伴选择指标体系。耿先锋（2008）等从战略目标的匹配性、资源的匹配性、组织文化的匹配性和总体实力的匹配性等方面入手，提出了联盟伙伴的选择方法。赵岑（2010）等从资源互补度、战略目标相容度、联盟前联系度与文化协同度四个方面出发，构建了中国联盟伙伴特征匹配状况的评价模型并对模型进行了检验，最终结果显示，资源互补度、联盟前联系度与文化协同度是构建联盟时的重要伙伴选择指标。

综上所述，国内外研究主要以资源基础理论、核心能力理论及社会关系理论为基础，从不同的角度和不同行业的特点出发，研究了纵向与横向联盟的伙伴选择问题，探索了影响联盟伙伴选择的因素，构建了基于相关影响因素的指标体系。国内外学者采用多种分析方法研究了联盟的伙伴选择问题，如多目标规划、混合整数规划、成本核算法、粗糙集理论、模糊层次分析法、网络分析法、数据包络分析等。但是，已有的研究成果并未考虑企业的外部动态环境，尤其是技术环境，权重的确认含有较大的主观性，无法消除指标之间的非线性关系与信息重叠。

通过以上分析，基于每个行业的特点，笔者构建了企业战略联盟伙伴选择的指标体系，具体如表3-1所示。

表 3-1　企业战略联盟伙伴选择的指标体系

| 指标 | 内容 |
| --- | --- |
| 兼容性 | 产品标准 |
|  | 企业文化 |
|  | 组织管理理念 |
|  | 战略目标 |
| 能力 | 生产能力 |
|  | 技术能力 |
|  | 财务能力 |
|  | 市场能力 |
|  | 核心竞争力 |
| 承诺 | 责任 |
|  | 义务 |

（二）非大数据背景下企业战略联盟伙伴选择模型

企业战略联盟伙伴选择的研究方法主要有定性研究法和定量研究法。定性研究法有专家意见法、经验法等；定量研究法有层次分析法、模糊神经网络分析法、模糊评价法和目标决策法等。国内外学者的研究表明，综合利用定性研究法与定量研究法能使企业更加准确地描述候选伙伴企业。目前，多数学者基于 3C 指标体系，综合运用定性研究法与定量研究法，构建多层次伙伴选择模型。企业可以通过模型综合评价每个候选伙伴企业，并最终选出最佳的伙伴企业。

设有 $n$ 个备选企业，建立一个评价指标集合 $X=\{x_1,x_2,\cdots,x_n\}$，其中 $x_i$ 是指第 $i$ 个备选企业的综合评价指标。根据上述指标体系，设 $M=\{m_1,m_2,\cdots,m_s\}$，是第一级评价指标，该指标满足如下公式：

$$\begin{cases} M = \bigcup_{i=1}^{s} m_i \\ m_i \bigcap m_j = \varphi, i \neq j \end{cases},$$

设第二级评价指标为 $m_i = \{m_{i1}, m_{i2}, \cdots, m_{ir_i}\}$, $i = 1, 2, \cdots, s$。

首先,进行单指标评价,即建立模糊映射(FM):

$$f_1 : m_i \to n_i$$
$$f_2 : m_{ir_i} \to n_{ir_i}$$

其次,设 $m_i$ 与 $m_{ir_i}$ 的权重分别为 $W = \{w_1, w_2, \cdots, w_s\}$,$\overline{W} = \{\overline{w_{i1}}, \overline{w_{i2}}, \cdots, \overline{w_{ir_i}}\}$。

最后,计算出相应的评价指标。第二级评价的综合指标为 $P_i = \sum(\overline{w_{ir_i}} \times n_{ir_i})$,而第 $i$ 个备选企业的综合指标为 $x_i = \sum(P_i \times w_i)$。据此,即可计算出每个备选企业的综合评价指标为 $X = \{x_1, x_2, \cdots, x_n\}$。根据此综合评价指标,企业可筛选出合适的联盟伙伴。

在该模型中,模糊映射 $f$ 可利用模糊神经网络中的 Sigmoid 函数。Sigmoid 函数可以使原数据之间的差异变小,但不会改变其大小关系,即 Sigmoid 函数可以在保持数据大小关系不变的情况下,使特别大或者特别小的数据变得普通,也能更好地平衡线性与非线性之间的行为。因此,在第一级指标评价中运用该函数,即为 $f_1(x) = \dfrac{1}{1+e^{-x}}$,也就是 $n_i = \dfrac{1}{1+e^{-m_i}}$。由于 Sigmoid 函数的输出值在 0 和 1 之间,因而需要在第二级评价指标的映射中设立一个阈值 $\phi$,即阈值函数 $f_2$。设 $f_2(x) = \begin{cases} 1, x \geqslant \phi \\ 0, x < \phi \end{cases}$,其中阈值 $\phi$ 可以预先设置,但若该阈值不容易确定,也可以设函数 $f_2$ 为一个排序函数,这样也可以对所有备选企业的综合指标进行排序。

在确定权重时,即确定 $W = \{w_1, w_2, \cdots, w_s\}$ 与 $\overline{W} = \{\overline{w_{i1}}, \overline{w_{i2}}, \cdots, \overline{w_{ir_i}}\}$ 时,可

以运用网络分析法。网络分析法是在层次分析法的基础上，考虑各因素之间或者相邻层次之间的相互影响，利用"超矩阵"对各个相互作用、相互影响的因素进行综合分析，得出其混合权重的一种方法。计算步骤如下：

1.建立超矩阵

以兼容性、能力、承诺等为控制层（也就是准则层），以下属层为次准则层，进行次准则层对于控制层的影响力大小的比较，构造判断矩阵。设进行归一化的超矩阵为

$$W = \begin{pmatrix} w_{11} & w_{12} & \cdots & w_{1r_j} \\ w_{21} & w_{22} & \cdots & w_{2r_j} \\ \vdots & \vdots & \vdots & \vdots \\ w_{r_i 1} & w_{r_i 2} & \cdots & w_{r_i r_j} \end{pmatrix}。$$

2.建立权矩阵

由于未加权的超矩阵无法采用幂法来求解极限相对权重向量，因此要依次对次准则进行比较判断后，得出相应的判断矩阵，并且计算其特征向量，建立权矩阵如下：

$$\theta = \begin{pmatrix} \theta_{11} & \theta_{12} & \cdots & \theta_{1r_j} \\ \theta_{21} & \theta_{22} & \cdots & \theta_{2r_j} \\ \vdots & \vdots & \vdots & \vdots \\ \theta_{r_i 1} & \theta_{r_i 2} & \cdots & \theta_{r_i r_j} \end{pmatrix},$$

3.建立加权超矩阵并求解

由以上计算过程得出加权超矩阵为

$$\overline{W} = \begin{pmatrix} \theta_{11} w_{11} & \theta_{12} w_{12} & \cdots & \theta_{1r_j} w_{1r_j} \\ \theta_{21} w_{21} & \theta_{22} w_{22} & \cdots & \theta_{2r_j} w_{2r_j} \\ \vdots & \vdots & \vdots & \vdots \\ \theta_{r_i 1} w_{r_i 1} & \theta_{r_i 2} w_{r_i 2} & \cdots & \theta_{r_i r_j} w_{r_i r_j} \end{pmatrix},$$

之后利用幂法对该加权超矩阵进行相对排序向量的求解，求得的解即为相应的权重。

根据上述步骤即可求得每个备选企业的综合指标，根据该综合指标，企业可选择最佳的伙伴企业建立企业战略联盟。

## 二、大数据背景下企业战略联盟的伙伴选择

对于企业战略联盟伙伴选择标准这一问题，学者普遍认为资源、能力与投入是重要的影响因素。目前，选择加入战略联盟的企业都将重点放在研发与创新上，即企业加入战略联盟的目的是实现产品或服务的创新，开发新的产品、流程和服务等。企业战略联盟是企业为了减少成本、降低风险并拓宽市场边界而与其他企业开展合作生产、共同营销等活动。企业战略联盟的实质是协作，成员企业将自身的核心资源与能力投入到联盟中，分享其他企业的资源，并在联盟中实现自身的目标。但企业在联盟中进行创新或者选择伙伴时所依靠的数据样本是已发生的、静态的沉淀数据，不是实时的、动态的数据，那些数据只能反映当时的消费者需求、市场环境、技术水平等。

随着大数据时代的到来，大数据已渗入企业的方方面面，影响着企业的决策制定、营销渠道、商业模式等。企业搜集到的数据不再是样本数据，而是全部的动态数据。因此，企业在选择伙伴时所依靠的数据与技术都有了变化，大数据背景下企业战略联盟的伙伴选择问题值得研究。

目前，终端设备，如移动互联网、传感器等的数据正在呈指数级增长。不仅如此，大数据已深入各个行业，政府、行业和企业等组织可以通过数据挖掘和数据分析等技术发现数据潜在的规律和价值，从而提高决策的正确性。大数据时代的到来为各行各业带来了更多的机遇和风险，也为企业战略联盟带来了更多的机遇和风险。

## （一）大数据对企业战略联盟伙伴选择标准的影响

选择合适的联盟伙伴是联盟稳定发展的前提，联盟稳定发展能在保证自身优势的同时，通过利用、整合外部资源提高成员企业的竞争力。何凌霄（2005）等认为，竞争情报分析可以帮助企业选择伙伴，但企业仍需要建立一套科学、合理的联盟伙伴选择的指标体系。

### 1.大数据对兼容性的影响

兼容性指联盟伙伴之间在战略目标、管理理念、企业文化等方面的融合性。大数据将会重塑行业的竞争规则与格局，企业的兼容性也会受到影响。首先，决策的主体由经营式过渡到大众化。以前，企业决策均是由企业管理层依靠相对静止的结构化数据作出的。随着互联网、大数据的引入和媒体的快速发展，社会公众已成为企业决策的中坚力量，非结构化和半结构化数据也成为决策的依据。其次，决策方式从业务驱动向数据驱动转型。过去，管理者一般依靠业务现状与主观经验进行决策，但在大数据时代，企业可通过收集、分析大量数据获取有价值的信息，在此基础上作出决策，即决策过程从被动式演变为预判式。再次，当企业开始接触大数据形式的信息时，企业文化也必然会相应地发生变化。在企业的人力资源文化方面，招聘与评价企业潜在和现有员工的方式会创造一种非常具体的企业文化感知。更好的数据分析意味着更为具体和固定的企业文化。在营销文化上，大数据库和有效的分析可以使企业了解客户的个性和想法，广告活动将随着客户的变化而变化。最后，为了抢得先机，占据优势地位，各个国家和企业纷纷制定了相关的大数据战略。由于大数据可以改变管理模式、预测风险与趋势，因此应用前景非常广阔。对多数企业来说，大数据战略是赢得竞争的关键，大数据应用得当的企业会在竞争中占据优势地位。

### 2.大数据对能力的影响

若互联网是"企业之车"的左轮，大数据则是其右轮，对于企业而言，这两者缺一不可，它们共同构成了企业的核心竞争力。目前，几乎所有的企业都致力于在提供产品和服务的过程中搜集大量数据，因为几乎所有的企业都已经意识到，为用户提供更高价值的产品和服务离不开大数据分析与挖掘。程天乐提出，比起横向扩张模式，纵向发展模式更有助于企业提炼核心竞争力，因为纵向发展模式将引进更多互联网技术等，将在库存管理和利用率管控等方面更多地运用大数据技术。电子商务行业已将大数据作为参与市场竞争的核心元素，谁能拥有大数据，谁就能在市场上占得先机。大数据已经成为商家拼抢的商业资源，成为商业竞争的"定海神针"。李波（2014）分析了大数据技术在汽车行业的车联网与供应链优化、精准营销、用户服务等方面的应用价值，认为大数据将会成为汽车企业的核心竞争力之一。刘昆（2014）等提出，拥有强大的大数据分析能力的企业将会站上行业"金字塔尖"。由此可知，大数据及相关技术不仅有助于提高企业的核心竞争力，而且对企业财务分析能力的提高也有重要作用。在大数据时代，精益财务分析有了充分的发挥空间。例如，每月10日之前做一次分大类的上月库存周转分析既粗放又滞后，在大数据时代，企业可实时记录每批、每次的数据，也可实时计算每一个库存量单位的库存周转，因此财务分析方法也变得与时俱进。在大数据环境下，信息在产生、传递、储存及披露等方面也发生了新的变化。企业获取信息的渠道不再是单一的资本市场，即传统意义上的财务报表、统计年鉴等，而是变得更加多维。在大数据背景下，由于信息载体、形式与内容的多样性，企业能够获取更多有价值的信息，在此基础上进行财务分析与市场分析，从而进一步了解客户的需求与愿望，提高市场份额。

### 3. 大数据对承诺的影响

承诺是指联盟企业有责任感，能够承担一定的责任与义务，以弥补联盟成员在资源与目标上的差距。承诺主要体现在责任与义务方面。现代企业责任逐步从经济责任转向社会责任，企业的社会责任受到越来越多的关注。随着互联网与媒体的快速发展，利益相关者可以通过多种渠道获取企业的相关信息。利用大数据，企业能查询到联盟伙伴对社会责任的履行情况、其披露的报表的真实情况、客户对联盟伙伴产品的评价情况等。

综上所述，大数据会影响企业的内外部环境和企业的决策，如战略目标、伙伴选择、多样化运营等，也会影响企业的能力，如核心竞争力、财务能力、分析能力等。大数据是一个很好的工具。从资本的角度来看，企业从联盟伙伴拥有的数据规模、数据的活性和运用、解释数据的能力就可以看出相关信息：联盟伙伴的能力如何；联盟伙伴的信息披露是否真实；联盟伙伴的商誉如何；联盟伙伴的运营情况如何等。传统的指标已不足以充分体现备选企业的价值，在数据快速增长的市场环境下，传统的关系型数据库分析模式逐渐被非关系型数据库分析模式所取代，因为传统的关系型数据库无法分析大量视频、音频等非结构化数据。在信息爆炸的时代，企业更倾向于利用大数据及大数据技术分析相关行业及企业的信息，进而选出合适的伙伴建立联盟。

## 三、大数据背景下的企业战略联盟伙伴选择模型及应用步骤

### （一）大数据背景下的企业战略联盟伙伴选择模型

#### 1. 理论模型构建

在大数据时代，如何将大数据及大数据技术应用于企业战略联盟伙伴的选择，促进联盟的稳定性，成为合作管理领域关注的问题之一。基于此，笔者从大数据的角度出发，研究企业战略联盟的伙伴选择问题，构建基于大数据的企业战略联盟伙伴选择模型，为今后大数据背景下的企业战略联盟伙伴选择提供一个新的视角。

利用大数据选择联盟伙伴关键在于大数据技术。大数据技术是收集、存储、管理、处理、分析、共享和可视化技术的集合。目前，国内外学者重点研究的相关大数据技术已帮助企业解决了诸多问题。Google 公司在 2004 年提出的映射和化简技术被广泛应用于数据挖掘、分析和机器学习等领域。2006 年提出的云计算是大数据分析处理技术的核心原理，也是大数据分析和应用的基础平台。

在大数据背景下，由于影响因素、采用的技术不同，企业战略联盟伙伴选择的模型也与以往有所不同。笔者构建了基于 3C 标准的大数据背景下的企业战略联盟伙伴选择模型，如图 3-1 所示。

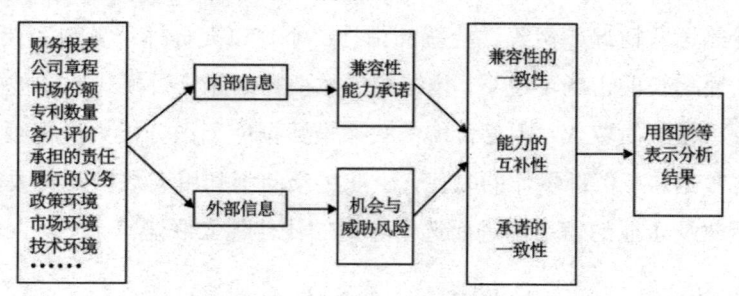

图 3-1　基于 3C 标准的大数据背景下的企业战略联盟伙伴选择模型

## 2.模型计算分析

衡量联盟伙伴的信息来源有访问数据、交易数据、网络在线数据等。企业可以通过上述渠道，收集联盟伙伴的财务报表、市场份额等相关信息。

首先，设联盟伙伴的相关信息为：$I=\{$财务报表,公司章程,市场份额,$\cdots\}$ $=\{a_1,a_2,a_3,\cdots,a_n\}$，设企业自身的信息为：$\overline{I}=\{\overline{a_1},\overline{a_2},\overline{a_3},\cdots,\overline{a_n}\}$。将上述信息分为内部与外部信息，设合作伙伴的内外部信息分别为：$N=\{a_1',a_2',\cdots,a_s'\}$、$O=\{a_{s+1}',a_{s+2}',\cdots,a_n'\}$，设企业自身的内外部信息分别为：$\overline{N}=\{\overline{a_1'},\overline{a_2'},\cdots,\overline{a_s'}\}$、$\overline{O}=\{\overline{a_{s+1}'},\overline{a_{s+2}'},\cdots,\overline{a_n'}\}$。将上述内部信息进行分类，即 $N=\{$兼容性，能力，承诺$\}=\{b_1,b_2,b_3\}$，其中，$b_1=\{a_1'',a_2'',\cdots,a_{s_1}''\}$，$b_2=\{a_{s_1+1}'',a_{s_1+2}'',\cdots,a_{s_2}''\}$，$b_3=\{a_{s_2+1}'',a_{s_2+2}'',\cdots,a_{s_3}''\}$。

同理可得

$$\overline{N}=\{\overline{b_1},\overline{b_2},\overline{b_3}\},$$

$$\overline{b_1} = \{\overline{a_1''}, \overline{a_2''}, \cdots, \overline{a_{s_1}''}\},$$

$$\overline{b_2} = \{\overline{a_{s_1+1}''}, \overline{a_{s_1+2}''}, \cdots, \overline{a_{s_2}''}\},$$

$$\overline{b_3} = \{\overline{a_{s_2+1}''}, \overline{a_{s_2+2}''}, \cdots, \overline{a_{s_3}''}\},$$

$s_1 + s_2 + s_3 = s$。

分类之后，进行对比分析。设对比分析结果为

$$P = N^T \overline{N} = \begin{pmatrix} b_1 \\ b_2 \\ b_3 \end{pmatrix} \begin{pmatrix} \overline{b_1} & \overline{b_2} & \overline{b_3} \end{pmatrix} = \begin{pmatrix} p_{11} & p_{12} & p_{13} \\ p_{21} & p_{22} & p_{23} \\ p_{31} & p_{32} & p_{33} \end{pmatrix},$$

其中，$p_{ij}$ 是 $b_i$ 与 $b_j$ 的对比分析结果，$i,j = 1,2,3$，且有

$$p_{ii} = b_i \otimes \overline{b_i}^T = \begin{pmatrix} a_1'' & \cdots & a_{s_i}'' \end{pmatrix} \otimes \begin{pmatrix} \overline{a_1''} \\ \cdots \\ \overline{a_{s_i}''} \end{pmatrix} = \sum_{k=1}^{s_i} (a_k'' \otimes \overline{a_k''}),$$

当 $i \neq j$ 时，$p_{ij} = 0$，$\otimes$ 是指基于大数据的对比分析算法。

其次，根据联盟伙伴与企业自身的外部信息，确定该企业在市场中的机会与威胁，预测风险。客观分析客户需求与环境变化，结合相关企业的内外部信息，确定选择伙伴的标准，最终确定兼容性、能力与承诺的权重，即 $W = \{w_1, w_2, w_3\}^T$。

最后，根据内部信息的对比分析结果，结合相对权重，得出兼容性、能力与承诺的一致性与互补性。设最后的分析结果为 $Y$，则有

$$Y = PW = \begin{pmatrix} t_{11} & t_{12} & t_{13} \\ t_{21} & t_{22} & t_{23} \\ t_{31} & t_{32} & t_{33} \end{pmatrix} \begin{pmatrix} w_1 \\ w_2 \\ w_3 \end{pmatrix} = \begin{pmatrix} y_1 \\ y_2 \\ y_3 \end{pmatrix},$$

根据上述分析结果，选出最佳的伙伴企业建立企业战略联盟。

## （二）大数据背景下企业战略联盟伙伴选择模型的应用步骤

大数据背景下企业战略联盟伙伴选择模型的应用步骤主要有数据采集、数据预处理、数据分析、数据挖掘和数据可视化，具体如图3-2所示。

数据采集 → 数据预处理 → 数据分析 → 数据挖掘 → 数据可视化

**图 3-2　大数据背景下企业战略联盟伙伴选择模型的应用步骤**

### 1.数据采集

企业应通过客户端收集联盟伙伴的相关信息，如财务报表、公司章程与规章、市场份额、专利数、客户满意度与忠诚度、承担的责任与履行的义务等结构化数据和非结构化数据，同时要关注外部环境的相关信息，如政策与规章制度、环境保护、技术环境等数据。

### 2.数据预处理

数据预处理指的是对采集到的数据进行有效的分析，根据数据来源将所有数据分为内部数据与外部数据，并将数据导入大型的数据库，进行简单的分类、整理等预处理工作。

### 3.数据分析

数据分析指的是运用统计、分析技术对上述数据进行分析。分析联盟伙伴的内部信息，了解联盟伙伴的兼容性（管理理念、产品标准、企业文化等）、能力（技术能力、财务能力和核心竞争力等）、承诺（经济责任、慈善责任、已履行的义务等）等相关信息。分析外部信息能够帮助企业了解联盟所处环境中的机会与威胁，预测相关风险。

### 4. 数据挖掘

数据挖掘指的是在分析内部信息和外部信息的基础上，对联盟伙伴的相关指标进行测验，并确定各个指标的匹配度与一致性。

### 5. 数据可视化

数据可视化指的是将分析得出的结果以表格、影像、图形等形式表示。

综上所述，企业利用大数据搜集、整理、分析联盟伙伴的信息，确定联盟伙伴的兼容性、能力和承诺，与自身相对比得出兼容性与承诺的一致性和能力的互补性，据此选出最终的伙伴企业建立企业战略联盟。大数据还可以帮助企业计算联盟伙伴对联盟绩效的贡献、履行的义务等，有助于企业后续的决策。利用大数据背景下企业战略联盟伙伴选择模型选择联盟伙伴含有较大的客观性，优于一般的企业战略联盟伙伴选择模型。

## 第二节　企业战略联盟的利益分配

### 一、非大数据背景下企业战略联盟的利益分配

#### （一）模型假设与模型建立

假设有 $n$ 个企业组建了契约式创新联盟，正面临创新成功后如何在 $n$ 个企业中分配合作利益的问题。令 $n$ 个企业构成的集合 $N=\{1,2,3,\cdots,n\}$，每个企业均有初始投资额，分别为 $I_1, I_2, \cdots, I_n$，每个企业实际承担的风险比例为 $R_{a_1}, R_{a_2}, \cdots, R_{a_n}$。

## （二）利益分配方法

首先根据不同企业为创新联盟作出的直接创新贡献、知识溢出、投资额等单一角度考虑利益分配方法，然后再对相关因素进行组合，给出组合 shapely 值法。

### 1. 考虑单因素的分配法

（1）考虑直接创新贡献的 shapely 值法

假设 $n$ 个企业从事具有经济利润的创新活动，每个企业都会从中获取一定的利润，但当 $s$ 个企业构成创新联盟以后，联盟的总利润大于 $s$ 个企业单独从事该研发活动所得利润之和，并且参与企业的增加不会导致总体收益的减少，因此全体企业的合作能带来最大的收益。考虑直接创新贡献的 shapely 值法的基本方法如下：

如果对于 $N$ 的任一子集 $S$（由 $n$ 个企业中的任意一部分企业构成的创新联盟）都对应一个实值函数 $V(S)$，并且满足

$$\begin{cases} V(\varnothing) = 0 \\ V(S_1 \cup S_2) \geqslant V(S_1) + V(S_2), S_1 \cap S_2 = \varnothing \end{cases}$$

则称 $[N, V]$ 为 $n$ 个企业的合作对策，$V$ 为对策的特征函数，其中 $V(S)$ 是联盟 $S$ 的收益。

记 $\varphi_1 = [\varphi_{11}(v), \varphi_{12}(v), \cdots, \varphi_{1n}(v)]$ 为合作创新联盟的分配向量，其中 $\varphi_{1i}(v)$ 表示合作博弈 $[N, V]$ 中第 $i$ 个成员企业应得的利益，即 shapley 值，计算公式为

$$\varphi_{1i}(v) = \sum_{S \subset N} w(|S|)[V(S) - V(S \setminus i)], i = 1, 2, 3, \cdots, n,$$

其中，$w(|S|) = \dfrac{(n-|S|)!(|S|-1)!}{n!}$，$V(S \setminus i)$ 表示成员企业对创新联盟 $S$

所作的直接贡献，$|S|$ 表示联盟中成员企业的个数，$n$ 为局中成员个数。

（2）考虑知识溢出的利益分配

在形成创新联盟之后，企业之间会进行知识的传递和交流，每个企业都会有意或无意地传播技术和知识，也会尽可能多地吸收其他企业的技术和知识以形成自身需要的内部知识，增强自身的核心能力，因此创新联盟之中必然存在知识溢出效应。但知识溢出效应的度量不是一件容易的事，它涉及隐性知识、商誉等不易定量的因素。但是，企业可以从科研投入和能力、所拥有的专利数、知识共享的意愿等方面着手对知识溢出效应进行考察，并由专家根据这些指标进行打分，这些分数能比较准确地度量知识溢出效应。

专家打分后，再利用层次分析法计算 $n$ 个企业在知识溢出方面的相对重要性。令专家给出的 $n$ 个成员企业的相对权重为 $k_1, k_1, \cdots, k_n$，创新联盟成功后所获得的总收益为 $V$，令各个成员企业根据知识溢出所分得的利益为 $\varphi_2 = [\varphi_{21}(v), \varphi_{22}(v), \cdots, \varphi_{2n}(v)]$，计算公式为：$\varphi_{2i}(v) = \dfrac{I_i}{\sum_{i=1}^{n} k_i} \cdot V(N)$，$i = 1, 2, \cdots, n$。

（3）考虑投资的利益分配

孟卫东等人研究发现，按投资比例进行利益分配可以有效规避投机风险，降低创新联盟的总风险，并且按照投资比例分配创新利润可以使创新联盟成员投入更多的资源进行创新，从而降低技术风险，提高合作创新的成功率和新产品的效用，并取得联盟间竞争的胜利。

总体来说，与其他利益分配方式相比，按投资比例进行利益分配更能激发联盟成员企业创新投入的积极性。

令每个成员企业的初始投资额分别为 $I_1$，$I_2$，$\cdots I_n$，联盟创新成功后所获得的总收益为 $V$，则根据投资比例各个成员企业所分得的收益为 $\varphi_3 = $

$[\varphi_{31}(v), \varphi_{32}(v), \cdots, \varphi_{3n}(v)]$，则计算公式为：$\varphi_{3i}(v) = \dfrac{I_i}{\sum_{i=1}^{n} k_i} \cdot V(N)$，$i = 1, 2, \cdots, n$。

2.组合 shapely 值法

（1）一般意义下的组合 shapely 值法

在实际的创新联盟利益分配过程中，每种分配方式均有利弊。因为单独考虑一种因素的影响必然会忽略其他因素的影响，所以笔者提出多因素组合的 shapely 值法。

假设影响利益分配的主要要素有 $m$ 种（如对创新的贡献、知识溢出、投资额等），根据相关评价方法对这 $m$ 种要素进行评估，确定这 $m$ 种要素的相对重要性：$W = \{w_1, w_2, \cdots, w_s\}$。

组合后的 shapely 值为 $\varphi_c = [\varphi_{c1}(v), \varphi_{c2}(v), \cdots, \varphi_{cn}(v)]$，因此 $\varphi_c$ 为

$$\varphi_c = W \cdot (\varphi_1, \varphi_2, \cdots, \varphi_m) = (w_1, w_2, \cdots, w_m) \cdot \begin{pmatrix} \varphi_{11} & \varphi_{12} & \cdots & \varphi_{1n} \\ \varphi_{21} & \varphi_{22} & \cdots & \varphi_{2n} \\ \vdots & \vdots & & \vdots \\ \varphi_{m1} & \varphi_{m2} & \cdots & \varphi_{mn} \end{pmatrix}。$$

（2）考虑风险的组合 shapely 值法

现在的市场瞬息万变，各类企业都会受到各种各样因素的影响，除了上文所说的贡献率、投资率、知识溢出等因素，还有如市场风险、技术风险、地理位置、资本增值率、技术创新能力等因素。在如今的市场环境中，风险是无处不在、无时不有的，而承担更多风险的企业理应获得更多的报酬，即所谓的"高风险，高回报"。因此，从风险的角度出发研究联盟利益分配是有必要的。

首先根据上述组合 shapely 值法，求出在考虑上述三个因素的情况下，每个成员企业所得的利益，计算方法为

$$\varphi_c = [\varphi_{c1}(v), \varphi_{c2}(v), \cdots, \varphi_{cn}(v)],$$

然后假定每个成员企业在创新联盟中应该承担的风险比例为 $R_i=1/n$。在现实生活中，每个企业因自身的能力和面对风险的态度等的不同，所面临的风险也是不同的，有的企业是风险偏好型的，有的企业则是风险规避型的。

根据前面的假设，每个企业实际承担的风险为 $R_{a1}, R_{a2},\cdots,R_{an}$，则实际承担的风险与均匀承担的风险的差值为

$$\Delta R_i = R_{ai} - R_i = R_{ai} - \frac{1}{n},$$

其中，$\sum_{i=1}^{n} R_{ai} = 1, \sum_{i=1}^{n} \Delta R_i = 0$。

根据承担风险不同分配利益不同的原则，令对应于 $\Delta R$ 的收益为 $\Delta\varphi(v)$，计算公式为

$$\Delta\varphi_i(v) = V(N)\cdot\Delta R_i, i=1,2,\cdots,n。$$

当 $\Delta R_i \geqslant 0$ 时，$\Delta R_i(v) \geqslant 0$，令 $\varphi_i(v) = \varphi_{ci}(v) + \Delta\varphi_i(v)$，代表该企业实际承担的风险比平均承担的风险多，相应地就多获得该部分风险的收益；当 $\Delta R_i \leqslant 0$ 时，$\Delta R_i(v) \leqslant 0$，令 $\varphi_i(v) = \varphi_{ci}(v) + \Delta\varphi_i(v)$，代表该企业实际承担的风险比平均承担的少，相应地就少获得该部分风险的收益。

## 二、大数据背景下企业战略联盟的利益分配

### （一）模型构建

学者多从贡献率、投资、风险承担、努力水平等因素入手研究企业战略联盟的利益分配，且选用 2~3 个重要变量，运用计量方法进行利益分配分析。笔者则重点从直接贡献率、资源投入、能力、溢出效应、风险和其他因素等 6 个方面入手研究企业战略联盟的利益分配问题。

### 1. 直接贡献率

假设 $n$ 个企业构成企业战略联盟，从事相关经济活动，而每个联盟企业都会从中获取一定的利润。当 $n$ 个企业构成企业战略联盟以后，联盟的总利润大于 $n$ 个企业单独从事该经济活动所得到的利润之和，且成员企业数量的增加不会导致总体收益的减少，此时全体成员企业的合作能带来最大的收益。

### 2. 资源投入

企业加入联盟，其投入方式有很多种。一般情况下，资源投入是其主要方式。成员企业的资源投入可分为有形资源的投入与无形资源的投入。有形资源包括人力资源、组织资源等，无形资源包括专利资源、技术资源等。

### 3. 能力

企业的综合实力反映企业的核心竞争力，能够影响企业创造价值的大小，进而影响企业的总投入与总产出。同时，企业的综合实力体现企业的能力，如核心能力、创新能力、讨价还价能力等。这些能力会影响企业在联盟中的收益，即企业的核心能力越独特、创新能力越强、讨价还价能力越强，就能在利益分配中处于越有利的地位。

### 4. 溢出效应

如前所述，企业战略联盟之中存在溢出效应。根据溢出内容的不同，溢出效应可分为知识溢出、信息溢出、技术溢出、数据溢出等。大数据及大数据技术的发展对溢出效应的影响颇大。大数据信息平台的建立将增强溢出效应，使企业能够获得更多的信息、知识与技术。

### 5. 风险

前文已经提及，在如今的市场环境中，风险是无处不在、无时不有的。随着大数据时代的到来，企业的风险控制与预测能力得到了提高，联盟企业可以更加精确地了解各种风险对企业战略联盟的影响，如市场风险、合作风险、技术风险等对企业战略联盟的影响。

### 6. 其他因素

除了上述因素，影响企业战略联盟利益分配的因素还有地理位置、企业商誉、努力水平、资本增值率等。

基于以上分析，笔者构建了大数据背景下企业战略联盟的利益分配层次模型，如图 3-3 所示。

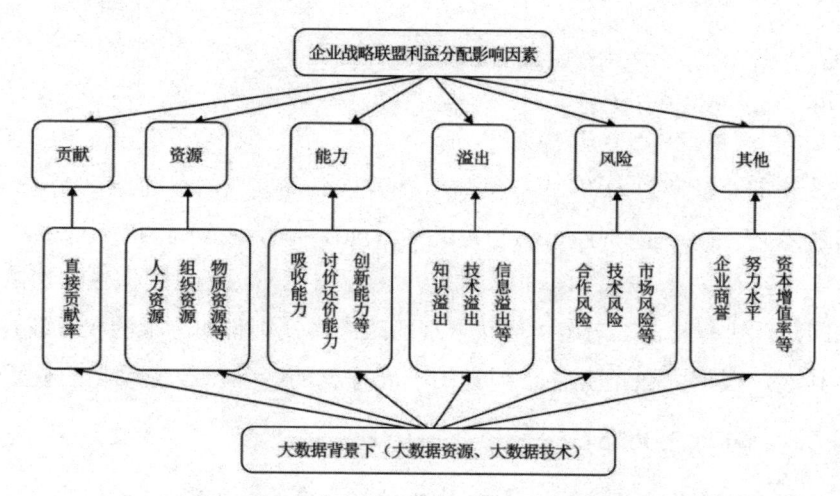

图 3-3　大数据背景下企业战略联盟的利益分配层次模型

（二）模型分析

诸多学者在研究企业战略联盟利益分配时，会在考虑多个影响因素的基础上，运用多种计量方法，确定各个影响因素的权重，最终以加权平均值确定每个联盟成员所获得的收益。目前，联盟成员所获得的收益的计算方式有 Nash 谈判模型、shapely 值法、简化的 MCRS 方法、群体重心模型等，运用较多的有 shapely 值法、委托代理理论、讨价还价模型等，且企业在运用上述方式时会受到专家主观意识的影响。笔者认为，大数据及大数据技术虽然不能完全消除专家主观意识的影响，但可以降低这种影响，利用大数据技术可以确定相关变量之间的相关程度，确定各个变量之间的关系与各个变量的权重。

首先，确定大数据及大数据技术对每个子因素的影响程度。设大数据对子因素的影响程度分别为 $a_1$、$a_{21}$、$a_{22}$、$a_{23}$、$a_{31}$、$a_{32}$、$a_{33}$、$a_{41}$、$a_{42}$、$a_{43}$、$a_{51}$、$a_{52}$、$a_{53}$、$a_{61}$、$a_{62}$、$a_{63}$，且其总和为 1。确定子因素对上一层因素的影响程度，

91

即判断矩阵。6个影响因素对应上一层目标，其判断矩阵如下：

$$A = \begin{pmatrix} a_{11} & a_{12} & a_{13} & a_{14} & a_{15} & a_{16} \\ a_{21} & a_{22} & a_{23} & a_{24} & a_{25} & a_{26} \\ a_{31} & a_{32} & a_{33} & a_{34} & a_{35} & a_{36} \\ a_{41} & a_{42} & a_{43} & a_{44} & a_{45} & a_{46} \\ a_{51} & a_{52} & a_{53} & a_{54} & a_{55} & a_{56} \\ a_{61} & a_{62} & a_{63} & a_{64} & a_{65} & a_{66} \end{pmatrix}, \quad C_1 = c_1, \quad C_i = \begin{pmatrix} c_{11}^i & c_{12}^i & c_{13}^i \\ c_{21}^i & c_{22}^i & c_{23}^i \\ c_{31}^i & c_{32}^i & c_{33}^i \end{pmatrix}, \quad i=2, \cdots, 6,$$

设 $A$ 的特征向量为 $W=(w_1, w_2, w_3, w_4, w_5, w_6)$，而 $C2$ 至 $C5$ 的特征向量为 $W_2=(w_{21}, w_{22}, w_{23})$、$W_3=(w_{31}, w_{32}, w_{33})$、$W_4=(w_{41}, w_{42}, w_{43})$、$W_5=(w_{51}, w_{52}, w_{53})$，$W_6=(w_{61}, w_{62}, w_{63})$。根据5个影响因素的判断矩阵进行检验。若CR值在合理的范围内，则说明分配的权重较合理。

其次，根据大数据对各个因素的不同程度的影响，改变原先的权重，即 $w'_{ij} = w_{ij} + (a_{ij} - 0.0625)$。

最后，基于大数据求出6个影响因素的综合权重，即 $z_{ij}=w_i w_{ij}$。

综上所述，大数据及大数据技术对联盟企业的资源、能力、风险的影响较大。根据相关大数据技术及数据分析师、专家团队的研究，确定大数据对子因素的影响程度，$a_1=0.05$，$a_{21}=0.12$，$a_{22}=0.07$，$a_{23}=0.05$，$a_{31}=0.1$，$a_{32}=0.1$，$a_{33}=0.1$，$a_{41}=0.03$，$a_{42}=0.02$，$a_{43}=0.05$，$a_{51}=0.06$，$a_{52}=0.07$，$a_{53}=0.06$，$a_{61}=0.02$，$a_{62}=0.04$，$a_{63}=0.04$。

构建影响因素的判断矩阵，每个影响因素对应的判断矩阵为：

$$A = \begin{pmatrix} 1 & 1 & 1 & 1 & 1 & 3 \\ 1 & 1 & 1 & 1 & 1 & 2 \\ 1 & 1 & 1 & 1 & 1 & 2 \\ 1 & 1 & 1 & 1 & 1 & 2 \\ 1 & 1 & 1 & 1 & 1 & 1 \\ 1/3 & 1/2 & 1/2 & 1/2 & 1 & 1 \end{pmatrix},$$

$$C_1 = 1,$$

# 第三章　企业战略联盟的伙伴选择、利益分配与结构选择

$$C_2 = \begin{pmatrix} 1 & 2 & 1 \\ 1/2 & 1 & 1/2 \\ 1 & 2 & 1 \end{pmatrix}, \quad C_3 = \begin{pmatrix} 1 & 4 & 3 \\ 1/4 & 1 & 1/2 \\ 1/3 & 2 & 1 \end{pmatrix}, \quad C_4 = \begin{pmatrix} 1 & 5 & 3 \\ 1/5 & 1 & 1/2 \\ 1/3 & 2 & 1 \end{pmatrix},$$

$$C_5 = \begin{pmatrix} 1 & 3 & 1 \\ 1/3 & 1 & 1/2 \\ 1 & 2 & 1 \end{pmatrix}, \quad C_6 = \begin{pmatrix} 1 & 5 & 2 \\ 1/5 & 1 & 1/3 \\ 1/2 & 3 & 1 \end{pmatrix}。$$

根据上述判断矩阵，分别求出特征向量，并验证其一致性。$A$ 的特征向量为 $W = (0.23, 0.19, 0.19, 0.19, 0.15, 0.05)$，最大特征根为 6.43，则 CR=CI/RI=0.086/1.24=0.069<0.1。$C_2$ 的特征向量为 $W_2 = (0.4, 0.2, 0.4)$，最大特征根为 3，则 CR=CI/RI=0/0.58=0<0.1。$C_3$ 的特征向量为 $W_3 = (0.63, 0.14, 0.23)$，最大特征根为 3.02，则 CR=CI/RI=0.01/0.58=0.017<0.1。$C_4$ 的特征向量为 $W_4 = (0.65, 0.12, 0.23)$，最大特征根为 3.0008，则 CR=CI/RI=0.004/0.58=0.007<0.1。$C_5$ 的特征向量为 $W_5 = (0.44, 0.17, 0.39)$，最大特征根为 3.016，则 CR=CI/RI=0.008/0.58=0.014<0.1。$C_6$ 的特征向量为 $W_6 = (0.58, 0.11, 0.31)$，最大特征根为 3.06，则 CR=CI/RI=0.03/0.58=0.052<0.1。判断矩阵通过了一致性检验。

之后，得出 6 个影响因素的综合权重，即：

$w'_{11} = 1 + (0.05 - 0.0625) = 0.9875$，　$w'_{21} = 0.4 + (0.12 - 0.0625) = 0.4575$，

$w'_{22} = 0.2 + (0.07 - 0.0625) = 0.2075$，　$w'_{23} = 0.4 + (0.05 - 0.0625) = 0.3875$，

$w'_{31} = 0.63 + (0.1 - 0.0625) = 0.6675$，　$w'_{32} = 0.14 + (0.1 - 0.0625) = 0.1775$，

$w'_{33} = 0.23 + (0.1 - 0.0625) = 0.2675$，　$w'_{41} = 0.65 + (0.03 - 0.0625) = 0.6175$，

$w'_{42} = 0.12 + (0.02 - 0.0625) = 0.0775$，　$w'_{43} = 0.23 + (0.05 - 0.0625) = 0.2175$，

$w'_{51} = 0.44 + (0.06 - 0.0625) = 0.4375$，　$w'_{52} = 0.17 + (0.07 - 0.0625) = 0.1775$，

$w'_{53} = 0.39 + (0.06 - 0.0625) = 0.3875$，　$w'_{61} = 0.58 + (0.02 - 0.0625) = 0.5375$，

$w'_{62} = 0.11 + (0.04 - 0.0625) = 0.0875$，　$w'_{63} = 0.31 + (0.04 - 0.0625) = 0.2875$。

最后，求出各个元素的综合权重。即：

$z_{11}=0.23\times0.9875=0.227$，$z_{21}=0.19\times0.4575=0.087$，
$z_{22}=0.19\times0.2075=0.039$，$z_{23}=0.19\times0.3875=0.074$，
$z_{31}=0.19\times0.6675=0.127$，$z_{32}=0.19\times0.1775=0.034$，
$z_{33}=0.19\times0.2675=0.051$，$z_{41}=0.19\times0.6175=0.117$，
$z_{42}=0.19\times0.0775=0.015$，$z_{43}=0.19\times0.2175=0.041$，
$z_{51}=0.15\times0.4375=0.066$，$z_{52}=0.15\times0.1775=0.027$，
$z_{53}=0.15\times0.3875=0.058$，$z_{61}=0.05\times0.5375=0.027$，
$z_{62}=0.05\times0.0875=0.004$，$z_{63}=0.05\times0.2875=0.014$。

## 第三节　企业战略联盟的结构选择

### 一、非大数据背景下企业战略联盟的结构选择

（一）影响企业战略联盟结构选择的因素

在有关企业战略联盟结构选择的研究中，从资源依赖理论和交易成本理论的角度出发的较多。陈宏明等认为，企业战略联盟的结构选择应考虑资产的专用性、资源的互补性与行为的不确定性。陈中仁从环境和合作者特征的角度分析了企业战略联盟的结构选择问题。一些从资源角度探讨企业战略联盟结构选择的学者认为，资源本身的特点决定着联盟的形成和形式，即联盟企业投入的关键资源决定着对联盟的结构选择。Hamel（1991）也指出，建立企业战略联盟的目的之一是通过这种模式分享联盟伙伴的稀有资源。

从风险的角度来说，规避风险的动机决定着联盟的结构。管理者一般通过

未来联盟中可能遇到的风险的种类与大小去选择规避风险的方法。由于企业战略联盟的各种结构模式具有自身的特性,在规避风险的能力上有所不同,因此在面对不同的风险类型时,企业战略联盟的结构选择也是不同的。

从资源角度研究企业战略联盟的结构选择问题时,应主要从企业的角度出发,考虑其资源投入对联盟结构的影响,因为联盟企业的资源投入组合是决定联盟结构的主要因素。所以,在对联盟结构进行选择时,企业应同时关注自身以及合作伙伴投入的资源类型及其组合。从风险角度研究企业战略联盟的结构选择问题时,应重点关注关系风险与绩效风险。由于这两个概念的内涵过于广泛,从关系风险入手展开研究和从绩效风险入手展开研究会得到不一致的研究结论,因此应对两类风险分别进行研究。

(二)企业战略联盟结构的主要风险

1.关系风险

关系风险主要强调成员企业间合作关系中存在的问题,如机会主义行为等。在成员企业未按照协议履行相关承诺或合作双方对彼此不满时,就会产生关系风险。在国际联盟中,机会主义意识被划入对文化缺乏理解和反应的范畴,成员企业之间的文化差异有时候会被理解为机会主义行为。有些学者认为,关系风险与合作者之间的信任密切相关,产生于成员企业的欺骗、窃取信息、未履行承诺和未完成任务等行为中。企业战略联盟中成员企业间的信任问题已引起越来越多的关注。信任主要包括两个方面的内容:一是能力信任,二是善意信任。能力信任能可以降低绩效风险,善意信任可以降低关系风险。

2.绩效风险

绩效风险是指即使在成员企业努力合作的情况下,仍存在导致联盟失败的危险因素,这些因素包括成员企业能力的缺乏、外部环境的变化等。因此,绩效风险是存在于所有联盟组织中的。

## （三）企业战略联盟结构的主要模式

学者通常将企业战略联盟分为股权式联盟与非股权式联盟，又将股权式联盟分为合资联盟与相互持股型联盟，将非股权式联盟分为单边契约型联盟与双边契约型联盟。

### 1. 合资型联盟

合资型联盟是由成员企业共同组建并独立于其母公司的经济实体。在合资型联盟中，成员企业的员工可在一起工作与学习，因此双方的知识与技术等容易被对方获取。当一方的知识、技术被另一方所掌握时，该方就会失去对核心能力的控制，另一方在获取了关键技术与知识后便可能中止合作，也有些企业企图通过合资型联盟达到接管对方企业的目的。因此，合资型联盟是关系风险产生的沃土。合资企业是专门成立的实体，因此需要投入专门的启动资金，且需要成立专门的管理组织。另外，由于成员企业间文化、管理模式等方面的差距，想要统一双方的认识需要付出较高的协调成本，这会使合资型联盟出现较高的绩效风险。

由以上分析可知，合资型联盟不能有效地控制关系风险与绩效风险，所以只有对联盟伙伴有较高的信任时才宜采用这种联盟结构，也就是说，合资型联盟比较适合关系风险与绩效风险均较低的情境。

### 2. 相互持股型联盟

相互持股型联盟是企业通过互相持有对方的股份建立彼此之间的关系的联盟，无需成立新的经济实体。由于持有对方的股份，而且双方并没有资源与技术方面的直接接触，因此该联盟结构可以抑制机会主义行为，有效降低关系风险。但相互持股型联盟增加了退出障碍，降低了战略柔性，会导致较高的绩效风险。因此，相互持股型联盟虽然可以有效地控制关系风险，但不能有效地控制绩效风险，也就是说，当企业面临较高的关系风险与较低的绩效风险时宜采用这种联盟结构。

### 3. 单边契约型联盟

单边契约型联盟是指企业通过契约形式建立的联盟。契约形式有特许权协议、分销协议、许可证协议等。这些协议往往是完善和完备的,成员企业可单独执行,无须太多的协调与合作,因此融合程度较低。由于成员企业接触较少,机会主义行为发生的可能性也较小,所以这种联盟结构有较低的关系风险。但这并不表示这种联盟结构没有关系风险,例如,在许可证协议中可能会发生侵权行为。由于单边契约型联盟中各方的投入较少,融合度较低,退出障碍较小,因此该联盟结构具有较低的绩效风险。所以,当企业面临较高的关系风险与较高的绩效风险时可采用单边契约型联盟结构。

**4. 双边契约型联盟**

双边契约型联盟是企业为实现共同的目标,通过契约形式建立合作关系,进行合作营销、联合研究等活动而结成的联盟。在双边契约型联盟中,成员企业需要投入人力、物力等,但彼此之间保持独立,主要通过互惠互利来维系关系。一方面,由于成员企业都有要素投入,所以其融合度较高;另一方面,由于成员企业之间不持有对方的股权,容易产生机会主义行为,因此该联盟结构不能有效地控制关系风险,即有较高的关系风险。此外,成员企业在作出各种决策时均不会受到对方的影响,退出障碍较小,因此该联盟结构具有较低的绩效风险。所以,当企业面临较低的关系风险与较高的绩效风险时宜采用双边契约型联盟结构。

根据以上分析,笔者构建了基于风险强度的企业战略联盟结构选择模型,如图3-4所示。

| 绩效风险强度 | 双边契约型联盟结构 | 单边契约型联盟结构 |
|---|---|---|
| | 合资型联盟结构 | 相互持股型联盟结构 |

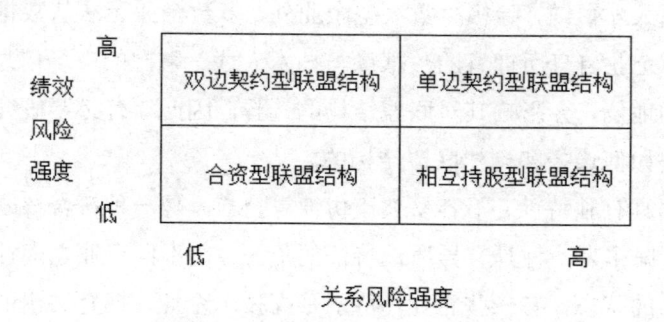

关系风险强度

**图3-4 基于风险强度的企业战略联盟结构选择模型**

## 二、大数据背景下企业战略联盟的结构选择

随着经济全球化的加速发展和高新技术的不断应用,企业间的竞争越来越激烈,企业逐渐意识到,通过寻求外部资源与能力可以追上技术更新的速度,缓解自身面临的风险。战略联盟概念提出之后,受到了企业界与学术界的高度关注。在互联网经济时代,为应对市场环境的快速变化,各行业的企业之间纷纷缔结不同结构的合作关系,银行保险、研发、专利等领域涌现出越来越多的企业战略联盟。

随着大数据时代的到来,企业的决策制定方法与过程、信息获取途径、数据分析与处理能力等各个方面均受到了重大影响。在大数据时代,企业采取的联盟方式以及联盟的结构形式都有了颠覆性的改变。大数据作为具有巨大价值的一种新财富,能促使企业发生根本性变革,尤其是在资源拥有与利用方面。从资源基础理论的角度来看,企业之间的差异来源于企业所拥有的资源异质性,而异质性资源是企业竞争优势的主要来源。麦肯锡公司所提供的调查报告显示,大数据已成为生产的基本资源,同时也是一种异质性资源。

当今,很多国家都开始实施大数据战略,以推动企业大数据业务的发展,但只有一些大型企业拥有大量数据与分析技术,一般企业无法同时拥有大量数据和分析技术。由于政府并未全面开放数据,企业的数据来源有限,数据挖掘技术及数据人才短缺,除极少数大型企业外,多数企业无法从数据中提取有价值的信息。企业自身所拥有的数据量与技术人才、掌握的市场信息、在企业战略联盟中的地位,会影响其对联盟结构的选择。因此,有必要研究在大数据背景下企业是如何选择和构建联盟结构的。

大数据具有独特性、不容易被模仿性等特点,是一种符合核心能力意义的资源。大数据作为一种具有异质性特征的资源,在不同企业之间往往会呈现出不均衡分布的状态,有一些企业,特别是高技术企业,拥有突出的大数据收集与获取能力,因此拥有更为丰富的大数据。当然,根据标准的战略管理理论,

即使这些企业拥有了较为丰富的资源,也并不必然意味着其就能获得竞争优势,它们还需要拥有对大数据进行深入加工的能力,以及以此为基础开发产品或服务的能力。投入的资源组合是决定联盟结构的主要因素。投入资源的融合度高时,高价值、高品质的产品与服务就能产生,创新成果与较高的绩效也会产生。大数据时代的到来改变了联盟企业的投入资源。以往,企业一般投入用于研发的资源,包括资本、技术、人力等,数据资源很少被考虑进去,但随着大数据的快速发展,企业发现了数据资源的巨大价值,会通过大数据形成库存管理系统解决运营上的问题等。商业领域是大数据应用最广泛的领域,例如,沃尔玛百货有限公司就会通过销售数据分析、了解顾客的购物习惯等。因此,研究大数据资源与大数据技术的组合对企业战略联盟结构选择具有重大意义。

笔者结合大数据资源与大数据技术,资源、技术供给企业与资源、技术需求企业的具体情况,构建了基于大数据资源供给和大数据技术供给的企业战略联盟结构选择模型,并对模型进行了进一步分析。

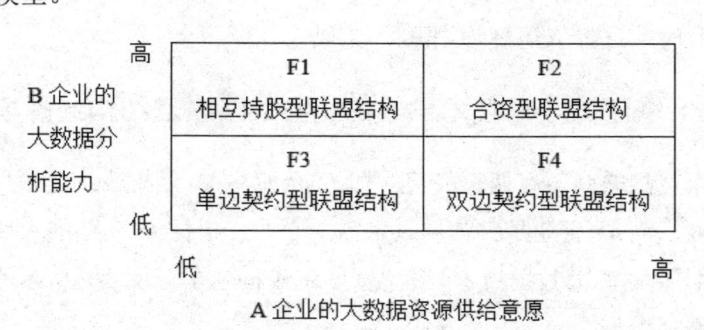

### (一)基于大数据资源供给的企业战略联盟结构选择模型

假设企业战略联盟有两个成员,即 A 企业与 B 企业,A 企业是大数据资源供给企业,而 B 企业是大数据资源需求企业。根据 A 企业的大数据资源供给意愿与 B 企业的大数据分析能力,笔者构建了如图 3-5 所示的企业战略联盟结构选择模型。

| B企业的大数据分析能力 | F1 相互持股型联盟结构 | F2 合资型联盟结构 |
|---|---|---|
| | F3 单边契约型联盟结构 | F4 双边契约型联盟结构 |

A企业的大数据资源供给意愿(低→高)

图 3-5 基于大数据资源供给的企业战略联盟结构选择模型

在 F1 象限中，A 企业有较低的大数据资源供给意愿，担心信息与数据的泄露和联盟伙伴的机会主义行为；B 企业有较高的大数据分析能力，可以及时、准确地挖掘出数据背后有价值的信息，加强产品的销售，提高联盟企业的绩效，有较低的绩效风险。根据联盟结构模式的特点，此时应选择相互持股型联盟结构。

在 F2 象限中，A 企业有较高的大数据资源供给意愿，不太担心信息与数据的泄露，也不太担心联盟伙伴的机会主义行为，不需要严格的制度来防止信息与数据的泄露，有较低的关系风险；B 企业有较高的大数据分析能力，能够对伙伴企业的数据资源与信息资源进行整合、分析，从而使其产生较高的价值，有较低的绩效风险。根据联盟结构模式的特点，此时应选择合资型联盟结构。

在 F3 象限中，A 企业有较低的大数据资源供给意愿，怕联盟伙伴泄露其信息与数据，产生机会主义行为，希望以较严格的制度约束来控制风险，有较高的关系风险；B 企业有较低的大数据分析能力，不能及时、准确地挖掘出数据背后有价值的信息，有较高的绩效风险。根据联盟结构模式的特点，此时应选择单边契约型联盟结构。

在 F4 象限中，A 企业有较高的大数据资源供给意愿，不太担心信息与数据的泄露，也不太担心联盟伙伴的机会主义行为，不需要严格的制度来防止信息与数据的泄露，有较低的关系风险。B 企业有较低的大数据分析能力，给 A 企业带来的新知识不多，价值也不大，有较高的绩效风险。根据联盟结构模式的特点，此时应选择双边契约型联盟结构。

## （二）基于大数据技术供给的企业战略联盟结构选择模型

假设企业战略联盟有两个成员，即 C 企业与 D 企业，C 企业是大数据技术供给企业，而 D 企业是大数据技术需求企业。根据 C 企业的大数据技术供给意愿与 D 企业的大数据技术吸收能力，笔者构建了如图 3-6 所示的企业战略联盟结构选择模型。

|  | G1<br>相互持股型联盟结构 | G2<br>合资型联盟结构 |
|---|---|---|
|  | G3<br>单边契约型联盟结构 | G4<br>双边契约型联盟结构 |

纵轴：D企业的大数据技术吸收能力（低→高）
横轴：C企业的大数据技术供给意愿（低→高）

**图 3-6　基于大数据技术供给的企业战略联盟结构选择模型**

在 G1 象限中，C 企业的大数据技术供给意愿较低，由于担心因联盟伙伴模仿其技术而降低自身的核心竞争力，故希望依靠制度来对风险进行控制，有较高的关系风险；D 企业有较强的大数据技术吸收能力，有较低的绩效风险。根据联盟结构模式的特点，此时应选择相互持股型联盟结构。

在 G2 象限中，C 企业有较高的大数据技术供给意愿，不太担心因联盟伙伴模仿其技术而降低自身的核心竞争力，也不希望依靠制度来对风险进行控制，有较低的关系风险；D 企业有较强的大数据技术吸收能力，通过与联盟伙伴较少的接触与交流就可以创造价值，有较低的绩效风险。根据联盟结构模式的特点，此时应选择合资型联盟结构。

在 G3 象限中，C 企业的大数据技术供给意愿较低，担心联盟伙伴模仿其技术，产生机会主义行为，因而希望依靠制度来对风险进行控制；D 企业有较低的大数据技术吸收能力，有较高的绩效风险。根据联盟结构模式的特点，此时应选择单边契约型联盟结构。

在 G4 象限中，C 企业拥有较高的大数据技术供给意愿，希望通过提供技术支持，提高自身在联盟中的地位和联盟绩效，同时不太担心联盟伙伴泄露相关技术，因而关系风险较低；D 企业有较低的大数据技术吸收能力，因而绩效风险较高。根据联盟结构模式的特点，此时应选择双边契约型联盟结构。

在大数据时代，竞争环境的变化使联盟企业的各种经营活动都受到了巨大的影响。以往的企业战略联盟在选择联盟结构时，重点考虑生产、研发所需的主要资源与技术，很少考虑数据资源与相关技术。随着大数据的快速发展，国内外越来越多的企业战略联盟意识到了大数据资源与大数据技术的重要性，逐渐将大数据视为企业的重要生产战略资源。笔者主要立足于大数据资源供给企业与大数据技术供给企业，对企业战略联盟的结构选择进行了理论性探讨。

大数据主要应用在风险预测与风险管理中，以降低联盟企业所面临的风险，提高联盟企业的风险管理能力，减少信息不对称现象。虽然大数据能够降低联盟企业所面临的风险，但联盟企业间的不信任、机会主义行为等依然存在，这就需要联盟企业采取一定的措施来对此进行控制。通过研究，笔者提出如下建议：

1. 树立大数据战略思维

运用大数据已是时代发展的趋势，随着大数据技术的发展，以资源、竞争、顾客为本的传统战略思维已逐步被大数据战略思维取代。在大数据背景下，企业决策主体呈现出多元化特征，组织结构趋向于扁平化，数据的战略性地位逐步提高。因此，企业战略联盟成员将更加重视大数据，积极成为拥有大数据资源、技术的企业，构建适合企业发展的战略联盟结构。树立大数据战略思维是企业提升并稳固自身在战略联盟中地位的重要条件。

2. 引进大数据技术人才

在大数据时代，数据将变得越来越便宜，而对数据的分析、处理将变得越来越有价值。数据科学家与数据专业人员的参与对于数据的分析和处理至关重要。企业若没有分析和处理数据的能力，即使拥有大量数据，也不能挖掘出大数据背后巨大的价值，反而会增加自己对大数据技术的需求，影响自己在企业战略联盟中的地位。

3. 构建适应大数据环境的组织制度

大数据时代的到来、数据的飞跃式增长与大数据技术的快速发展都对企业的管理产生了重大影响。大数据时代传统的机械式组织结构逐渐趋于扁平化，市场环境不确定性高且复杂，市场竞争越发激烈，企业的决策权配置趋于分散化。在大数据环境中，企业可以获得更加全面的信息，数据驱动型决策将会取代传统的凭经验与直觉作出的决策。因此，企业需要构建更加健全的组织制度，以降低风险、提高预测的准确性。

# 第四章 企业战略联盟关系资本与知识转移绩效的研究假设

## 第一节 模型构建

### 一、概念模型构建

关系资本可以分为信任、承诺和联结强度三个维度。关系资本不仅可以直接影响知识转移绩效,而且可以通过吸收能力间接影响知识转移绩效。基于此,笔者构建了关系资本对知识转移绩效影响的概念模型,如图4-1所示。

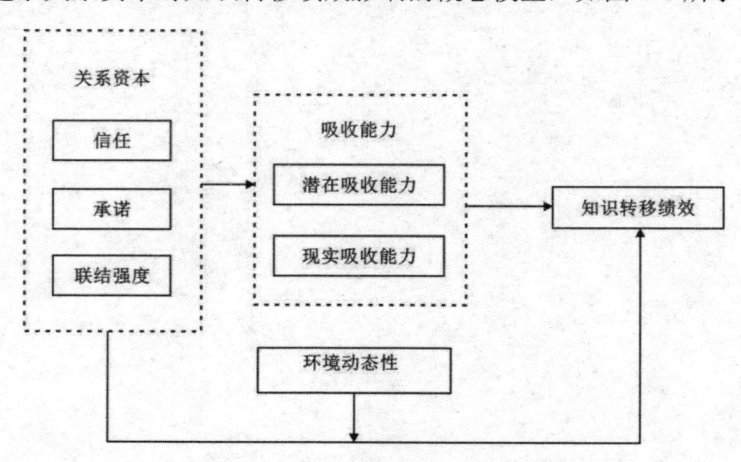

图4-1 关系资本对知识转移绩效影响的概念模型

## 二、主要变量界定

### (一)关系资本

#### 1.关系资本的内涵界定

关系资本具有资本属性,与人力资本、物质资本等生产资本一样,对企业的生存与发展有重要作用。

关系资本不仅存在于人际关系中,也存在于联盟、供应链等组织关系中。如前文所述,不同的学者针对关系资本提出了不同的定义。笔者的研究对象是高技术企业战略联盟,因此从联盟伙伴的角度出发,结合相关定义,将关系资本定义为通过合作而形成的相互尊重、相互信任的紧密合作关系。此外,此处的关系资本不考虑联盟企业从联盟外部获取的资源,主要是指联盟伙伴间基于个人或组织形成的信任、承诺、尊重等关系资源。

#### 2.关系资本的维度界定

Kale 等(2000)将关系资本划分为信任、友谊和尊重三个维度;Cousins 等(2006)认为,关系资本是由信任、互动和尊重构成的;Krause 等(2006)把关系资本分为信任、依赖和互惠三个维度;Liu 等(2010)将关系资本划分为信任、透明与互动三个维度;Sambasivan 等(2011,2013)、Blonska 等(2013)、Cai 等(2010)认为,供应链企业关系资本的构成要素是信任、承诺和沟通;万艳春和陈春花(2012)将关系资本划分为信任、承诺与信息共享三个维度;包凤耐(2015)等提出,关系资本可划分为信任、承诺和专用性资产三个维度。笔者基于相关理论,结合 McEvily 等(2005)与 Dhanaraj(2004)的研究,将关系资本划分为信任、承诺和联结强度三个维度。

### (二)吸收能力

#### 1.吸收能力的内涵界定

不同的学者针对吸收能力的概念提出了不同见解。笔者认同 Zahra 和

George 提出的定义，认为吸收能力是企业的一系列惯例和规范，通过这些惯例和规范，企业能获取、消化、转化和应用知识，进而形成一种动态的组织能力。

2.吸收能力的维度界定

吸收能力被视为一个多维度的概念，应从多角度出发进行衡量或测量。目前，学者对吸收能力的划分以二维、三维和四维为主。笔者基于 Zahra 和 George（2002）的观点，将吸收能力分为潜在吸收能力与现实吸收能力，其中潜在吸收能力包含获取能力与消化能力，现实吸收能力包含转化能力与应用能力。

### （三）知识转移绩效

1.知识转移绩效的内涵界定

学者从不同的理论与实践视角对知识转移绩效作了一些界定，结合他们的研究，笔者将知识转移绩效定义为知识转移的结果，其描述了知识从知识发送方企业转移到知识接收方企业中的吸收、消化、整合与运用的程度。

2.知识转移绩效的衡量指标选择

前文已经提及，国内外学者从不同的理论角度对知识转移绩效的衡量指标进行了研究。笔者结合 Argote 和 Ingram（2000）、Cumming 和 Teng（2003）及关涛（2005）的研究，从知识转移的数量、质量和知识转移后的应用效果来衡量知识转移绩效。

# 第二节　提出假设

## 一、关系资本与知识转移绩效的关系假设

许多学者对于信任在知识转移中的关键作用达成了共识。Michelle 等

(2003)在从社会资本角度研究知识转移时发现,信任对知识转移的影响巨大。信任是指个体、团队或企业通过一系列相互作用所获得的对其他个体、团队或者企业的可依赖程度的认识。

王三义等(2007)在研究影响知识转移绩效的因素时指出,信任通过转移机会、动机和能力间接影响知识转移的效果。在战略联盟管理过程中,企业的首要任务就是建立联盟成员之间的相互信任关系,这是保证联盟活动有效、顺利进行的关键。联盟中的企业主要通过正式或非正式渠道进行学习和交流活动,进而获取信息、技能和专有知识。知识可以分为显性知识与隐性知识,信息等是显性知识,专有知识和技能是隐性知识。在知识转移的过程中,事实、不需证明的公理和符号等显性知识因具有易编码和易复制的特点比较容易在联盟成员之间转移,而专有知识和技能等隐性知识不容易在联盟成员之间流动,因为它们不易编码和传递,且往往蕴含在企业实践与文化当中,无法用简单的语言来描述或说明,只有在一种没有沟通障碍的工作环境中,通过面对面的自由交流,联盟成员之间才能共享这类隐性知识。因此,基于信任的关系资本有助于营造自由开放的交流和分享氛围,推动联盟中企业的专有知识和技能的交流与转移。

Wittmann 等(2009)研究发现,信任能够降低活动成本,提高知识转移的水平,改善学习效果。Phelps(2010)指出,隐性知识的顺利转移只能通过联盟内基于信任的社会网络进行。Gulati(1995)强调,联盟关系中最重要的元素就是企业间的信任与合作关系的进化。相关研究表明,联盟成员间的相互信任减少了机会主义行为,提高了信息交流的透明度。因此,信任可以推动联盟成员间深层次的知识交流与共享,使知识转移更加有效。

承诺是关系资本的重要组成部分,是交易和合作双方相互依存的一个重要因素,一般情况下是指在知识转移中企业决策者投入资源的意愿。Wu 和 Cavusgil(2006)认为,承诺是联盟中各方希望将合作关系延续的行动体现,表明联盟成员接受共同的目标与价值观,且愿意为相互合作进行专用性资产的投资。Mohr 和 Spekman(1994)认为,承诺反映了联盟成员为维持合作关系而作出努力的程度，会显著影响知识转移的程度。Wong 等（2005）指出，联盟成员间的承诺是维持知识转移的有效途径。还有一些学者认为，承诺包括理性部分和感性部分，其中，承诺的理性部分叫"可计量承诺"或者"经济承诺"，而承诺的感性部分叫"态度承诺"。经济承诺与态度承诺受到一些学者的关注。Delerue（2006）认为，经济承诺是一种算计性行为，主要反映联盟成员的功利性动机。Delerue 通过对欧洲 344 家中小型联盟企业的实证研究发现，单方面的承诺对察觉合作伙伴的机会主义行为有积极作用。Clercq（2006）认为，态度承诺的目的是使合作各方在心理上高度认同合作关系，愿意为这种高度认同的合作关系作出重要的贡献，从而保证合作各方可以进行良好的交流与沟通。

最早提出"联结强度"概念的是 Granovetter（1992），他以两人间的交往频率为依据，把联结强度分为强联结与弱联结。强联结中的两人或两个组织之间互动频繁且联系密切，而弱联结中的两人或两个组织之间的关系则相对松散。这两种关系在知识转移中起着不同的作用。强联结要求合作各方为维持合作关系付出更多的努力，并能保证知识需求者对所获知识的充分理解和吸收，可以促进各方的交流与沟通；弱联结是个人或组织接触外部新信息和获取新知识的有效路径，也可能成为创新信息的来源。已有研究表明，联盟企业间的联结强度与形式对知识转移绩效有着重要影响。有学者指出，弱联结有助于公共信息或者简单的知识在较大的范围内传递，而强联结则更适合用于传递私有信息与复杂知识。若不考虑转移成本，传递任何一种知识，强联结都比弱联结要容易；但若考虑转移成本，显性知识更适宜在弱联结中传递，而隐性知识则更适宜在强联结中传递。强联结为深层次的知识交流与共享创造了条件，有助于知识基础、归属感、信任感的形成，因此联盟企业更愿意采用强联结关系网络来吸纳合作伙伴的私有信息与隐性知识。

基于以上分析，笔者提出如下假设：

H1：关系资本与知识转移绩效有正相关关系。

H1a：信任与知识转移绩效有正相关关系。

H1b：承诺与知识转移绩效有正相关关系。

H1c：联结强度与知识转移绩效有正相关关系。

## 二、关系资本与吸收能力的关系假设

在战略联盟中,企业在合作过程中增加彼此之间的信任有助于双方更好地沟通与交流,有助于双方合作的深入,有助于降低溢出成本和关系风险,也有助于企业对所需知识的获取和吸收。知识的累积性和差异性等是影响企业吸收能力的主要因素。企业所拥有的知识越多,就能越快识别自身的知识缺口,越快获取、吸收、利用与创造新知识。在知识转移过程中,企业的吸收能力取决于企业知识存量的大小,而企业知识存量的大小取决于企业获取和消化知识的速度。在企业战略联盟中,联盟成员相互信任不仅能够增加对彼此的了解,还能降低因机会主义行为等产生的成本,加快企业获取新知识的速度。也就是说,信任能扩大企业的知识存量。此外,联盟企业可通过正式交流渠道促进显性知识的流动和扩散,也可通过非正式交流渠道加速技能等隐性知识的扩散,实现不同知识在联盟内的交叉流动。Fosfuri 和 Tribo(2006)研究发现,影响潜在吸收能力的关键因素包括研发合作、知识搜寻经验与外部知识获取,潜在吸收能力可以促进技术创新过程中竞争优势的形成。

承诺-信任理论指出,承诺指的是为维护和发展长期的合作关系,联盟企业所表现出的行为或意愿,也是联盟企业为增加彼此间的信任、促进长期合作与交流、维护与发展合作关系而采取的一系列行为。在企业战略联盟中,承诺的顺利实现能避免或降低联盟企业间摩擦和冲突产生的可能性,使知识发挥最大的作用,促进企业吸收能力的提升。学者一般从两个方面入手分析承诺对吸收能力的影响:一是理性的制度承诺(经济承诺),二是感性的态度承诺。在企业战略联盟中,联盟成员为获取收益,会建立收益分配、惩罚等规范与制度,也会评估和预测未来的潜在收益,为企业的持续发展提供保障。经济承诺保障了知识在联盟中的顺利共享、扩散和新产品、新服务、新技术的顺利开发,明确了企业在战略联盟中的角色与作用,为创造活动提供了一种良好的环境,促进企业知识存量的扩大、知识相关度的提高和企业吸收能力的提升。联盟成员之间的良好关系源于相互信任，战略联盟中的信任和承诺是个循环过程，也是相辅相成的关系，即联盟企业间的信任度越高，彼此间的交流与合作就会越频繁。态度承诺会促进知识的共享与转移，以及联盟成员对知识的吸收与利用。由于承诺是潜在收益的保障，因此联盟中的成员企业乐于进行知识的转移与共享，进而从量与质两个方面提高知识转移绩效。

联盟企业之间的互动可以为知识转移提供渠道，有助于减少合作中的机会主义行为，扩大合作双方的合作领域和范围，增进合作双方对目标和价值的认同。联结强度会影响企业对新知识的获取，进而影响企业对新知识的转化与应用。随着联盟企业交往频率和强度的增加，双方信息交流与共享的程度会不断加深，双方的知识存量会不断扩大，双方的吸收能力也会不断提升。

基于以上分析，笔者提出如下假设：

H2：关系资本与吸收能力有正相关关系。

H2a：信任与潜在吸收能力有正相关关系。

H2b：承诺与潜在吸收能力有正相关关系。

H2c：联结强度与潜在吸收能力有正相关关系。

H2d：信任与现实吸收能力有正相关关系。

H2e：承诺与现实吸收能力有正相关关系。

H2f：联结强度与现实吸收能力有正相关关系。

## 三、吸收能力与知识转移绩效的关系假设

吸收能力是影响企业获取、利用、开发和创造知识的能力。如前文所说，Zahra 和 George（2002）将吸收能力分为潜在吸收能力与现实吸收能力，前者包括知识的获取与消化能力，而后者包括知识的转化与运用能力。这个观点在后续的相关研究中得到了一定的认同。Soo、Devinney 和 Midgley（2003）认为，吸收能力在知识获取与利用、组织学习与创新过程中的作用是非常重要的。

王国顺与李清（2006）在分析跨国企业向国内企业进行的知识转移时指出，跨国知识转移与其效率均受企业吸收能力的影响。知识的获取与吸收过程是否顺利取决于企业吸收能力的高低，即企业的吸收能力强，就能更好地获取、理解和吸收所需知识，并对传输进来的知识进行利用。因此，企业吸收能力是知识转移的必要条件。另外，企业的吸收能力是一种不断变化的能力，随着知识转移的推进和企业知识水平的不断提高，企业的吸收能力也在不断增强。在战略联盟中，企业的吸收能力对提高知识转移绩效有显著影响，联盟企业的平均吸收能力越强，获取的新知识就会越多，知识转移绩效就会越好。

此外，潜在吸收能力与现实吸收能力也得到了学者的重视。学者在研究吸收能力的影响因素、作用时，通常将吸收能力划分为潜在吸收能力与现实吸收能力，在此基础上进一步研究这两者的影响因素与其对创新绩效、企业能力的影响。潜在吸收能力的主要作用在于快速识别外部环境的复杂变化，获取和消化外部的新信息与知识；现实吸收能力的作用是帮助企业转化和应用外部知识，使企业产生新的组织惯例与创新思想。在知识转移过程中，潜在吸收能力注重知识的累积效应，现实吸收能力注重内外部知识的结合和融合以及新知识或产品的创造。在创新与知识转移过程中，这两种能力会相互促进、相互影响。在未充分获取知识的条件下，企业无法实现对新知识的转化与应用。

基于以上分析，笔者提出如下假设：

H3：吸收能力与知识转移绩效有正相关关系。

H3a：潜在吸收能力与知识转移绩效有正相关关系。

H3b：现实吸收能力与知识转移绩效有正相关关系。

## 四、吸收能力在关系资本与知识转移绩效之间的中介作用假设

关系资本能促进联盟成员间互动关系的建立，促进知识的共享与转移，提

高企业的吸收能力和知识转移水平，从而提升知识转移绩效。研究表明，维持和发展与伙伴企业的紧密合作关系可以使企业更加容易识别和消化外部新知识。相互信任是提高企业吸收能力的关键要素，能够促进企业间合作关系质量的提高。承诺有利于合作关系与信任的构建，也就是说，良好的承诺关系对联盟企业关系资本的构建与发展有重大影响，且有助于加强企业间的合作，加快企业吸收知识的速度。良好的合作互动关系有利于促进有价值知识的流动和转移，加速企业对知识的获取与吸收速度，从而提升企业的潜在吸收能力。企业间的高频率互动能够提高知识转移的程度，加深企业间的合作关系，增加企业的知识存量。对新知识的深入开发与应用可以加强企业对知识的转化与应用能力，促进企业现实吸收能力的提升。

在现有文献中，企业的吸收能力往往被看作一系列能力或学习的组合，如识别、评价、吸收、运用外部新知识的能力。企业吸收能力的高低与先验知识、知识存量、知识在企业间转移和共享的程度有关。在战略联盟中，企业对知识资源的需求与知识自身的异质性使其需要不断地进行知识交流和共享，识别和获取外部新知识，从而促进自身知识存量的增加，为知识的转化和新知识的创造提供坚实的基础。与合作伙伴构建的相互信任等关系资本能够促进企业间的交流与沟通，加速企业对外部新知识的获取，加大企业知识储备的深度与广度，促进企业对内部知识与外部知识的整合，进而强化企业现有的技能，提升企业的吸收能力。随着吸收能力的不断提升，企业的知识存量会不断增加，这会促进知识转移绩效的提升。

基于以上分析，笔者提出如下假设：

H4：吸收能力在关系资本与知识转移绩效之间起中介作用。

H4a：潜在吸收能力在信任与知识转移绩效之间起中介作用。

H4b：潜在吸收能力在承诺与知识转移绩效之间起中介作用。

H4c：潜在吸收能力在联结强度与知识转移绩效之间起中介作用。

H4d：现实吸收能力在信任与知识转移绩效之间起中介作用。

H4e：现实吸收能力在承诺与知识转移绩效之间起中介作用。

H4f: 现实吸收能力在联结强度与知识转移绩效之间起中介作用。

## 五、环境动态性在关系资本与知识转移绩效之间的调节作用假设

随着经济全球化发展速度的加快和技术改革、产品更新升级速度的加快，高技术企业等知识密集型企业之间的竞争日趋激烈。中国加入世界贸易组织，一方面为企业带来了更多机遇，另一方面也使原本受保护的企业被迫面对来自全球范围内更强大、更成熟的竞争者的挑战。如今，我国高技术企业面对的市场环境的复杂程度是以前难以比拟的。在这动态、复杂的市场环境中，企业决策者作出的战略决策及其效果深受环境的影响。动态能力理论认为，企业与外部环境之间存在相互影响、相互制约和相互塑造的共演关系，即外部环境是影响企业生产和发展的关键力量之一，但企业并不是被动地接受外部环境，而是主动地去适应或者塑造便于自身发展的环境。

目前，我国高技术行业逐步进入经济转型时期，企业将面对充满不稳定性和不确定性的市场环境。在不断变化的环境中，企业对外部新信息的获取将变得更加困难，所以构建战略联盟应对竞争激烈的市场环境是每个企业的首选。环境动态性将影响企业在行业竞争中的地位。环境的动态性越高，消费者的需求就越难把握和预测，这就需要企业通过加强联盟成员间的互动与关系，获取新知识，在信息获取、产品开发和新产品推广等多个领域与联盟成员进行更深层次的合作，通过加强联盟内信息与知识的共享和交流，降低获取知识的成本，增强对彼此的信任与忠诚度，提高对环境动态性的感知和应对能力，实现对消费者个性化需求的及时响应，满足消费者的个性化需求。

一般来说，在外部市场环境相对稳定的条件下，企业可根据已有的销售与研发经验，有条不紊地进行新产品的开发和新知识的创造。在环境快速变化的条件下，只有构建基于关系资本的联盟环境，互相交流和学习，企业才能不断

获取互补性资源与能力。目前，在环境动态性高的行业（如高技术行业），企业仅仅依靠内部资源无法满足自身需求，所以更趋向于寻求外部帮助以弥补自身的知识缺口。当环境动态性较高时，为获取更多外部知识和信息，企业必须与外部环境建立更多的联系，适应外部环境的变化。

基于以上分析，笔者提出如下假设：

H5：环境动态性在关系资本与知识转移绩效之间起调节作用。

H5a：环境动态性在信任与知识转移绩效之间起调节作用。

H5b：环境动态性在承诺与知识转移绩效之间起调节作用。

H5c：环境动态性在联结强度与知识转移绩效之间起调节作用。

## 第三节　研究设计与研究方法

### 一、研究设计

#### （一）问卷设计

由于吸收能力等变量不容易观测，为保证研究结果的可靠性与有效性，因此笔者主要采用问卷调查的方法对相关问题进行分析和验证。问卷调查是目前管理学定量研究中较为常用的方法，而问卷设计的合理性与完整性会影响研究结果的可靠性。因此，笔者在大量阅读国内外有关关系资本、吸收能力和知识转移绩效的文献的基础上，结合我国高技术企业的现状来设计调查问卷，进行小样本测试，修正初始问卷，最终形成了正式调查问卷。

1.问卷设计原则

问卷是为达到研究目标设计的，由题项调查表组成，包括说明、问题与答案。问卷调查通过设计题项能够获取与研究目的相关的信息与数据,所以问卷的质量会影响信息与数据的质量以及研究结果的可靠性。虽然问卷调查比较简单、灵活,但如果问卷的题项设计不符合要求,则所有的后续研究工作(如数据测试、统计分析、研究结论等)都会受到重大影响。因此,在设计问卷时要遵循一定的原则。根据荣泰生(2006)的研究,问卷设计应遵循如下基本原则:

(1)问卷主题要明确

问卷的主要内容应该与概念框架相呼应。同时,为确保问卷的可靠性与有效性,问卷题项要清晰明了,以防造成误解。

(2)问卷要具备可答性

考虑到填写人的专业背景,问卷中应尽量避免使用专业术语。此外,问卷中应尽量回避涉及填写人个人隐私的问题,且最好让填写人匿名填写,以防止填写人因有自身隐私方面的顾虑而随意地回答问题。

(3)答案设计要合理

问卷中封闭式问题的答案设计应合理,设计的答案应互斥且完备,以使填写人明确自身选择,否则填写人在答题时会感到无所适从。

(4)问卷结构要严谨

在设计问卷时,设计者首先要写明研究目的和填写要求,保证填写人对调查内容有基本的了解。设计的问题应由易到难,逐步引导填写人填写。

(5)问卷题项要精炼

为了避免占用填写人太多时间,以及填写人出现厌倦情绪,设计者应尽量控制题项的长度,题项越精炼越好,而且要避免使用倾向性语言。

(6)要进行预调研

个别专家的建议并不能完整地体现研究目标,所以设计者最好进行预调研,基于统计数据分析的结果对问卷题项进行评价和优化,进而提高问卷的有效性与可靠性。

问卷需要填写人填写,因此相关答案具有一定的主观性,这可能会使研究结果产生一定的偏差。为解决这一问题,笔者采取了以下措施:①在设计问卷之前,通过对国内外相关文献的梳理,明确调研对象为比较了解企业情况的中高层管理者。②在编制变量量表时,所有变量的测量均借鉴国内外现成的或成熟的,并经过反复修改的测量题项。③调查问卷采取匿名方式来填写,问卷中不涉及企业及个人的隐私,并严格对填写人的信息进行保密。这样不仅能减轻调研对象的压力,还可以降低社会反应偏差的影响。

2. 问卷设计过程

笔者的研究属于企业层面,无法直接预测关系资本、吸收能力和知识转移绩效等变量,也无法收集到现成的二手数据,所以笔者主要通过问卷调查来收集数据,采用主观感知方法,以量表打分的方式来测量所有变量。在测量变量时,笔者需要设计多个题项,因为单个题项无法全面测量一个变量,在变量测量题项具备一致性的条件下,与单个题项的测量结果相比,多个题项的测量结果更具信度。因此,根据 Churchill(1979)、Dunn 和 Seaker(1994)的建议,笔者的问卷设计过程包括以下几个步骤:

(1)查阅大量国内外相关文献

笔者认真阅读了大量国内外关于关系资本(信任、承诺、联结强度)、吸收能力(潜在吸收能力、现实吸收能力)、知识转移绩效的文献,并对这些文献进行了梳理与吸收,详细记录了有效或者比较成熟的变量测量题项,以确保变量的内容效度。

(2)征求学术专家的意见

笔者将研究框架与目的、记录的成熟量表题项先发放给学术团队成员(包括教授、副教授以及 10 多位博士研究生与硕士研究生)阅读,并在研讨会上针对是否需要调整所选的成熟量表以及问卷内容的准确性与相关性征求学术团队成员的意见,根据他们提出的关于结构安排、措施等方面的相关意见形成调查问卷的初稿。

(3)通过企业经理人进行深入调研

笔者与一些企业中高层管理者进行深入交流,征求他们对初稿中的题项设计和措辞等的改进意见,根据他们提出的意见对问卷进行相应的修改,形成最

第四章　企业战略联盟关系资本与知识转移绩效的研究假设

终的预调查问卷。

（4）进行小样本测试

笔者将最终的预调查问卷发放给高技术企业的中高层管理者进行预测试，根据他们反馈的小样本数据进行信度与效度分析，对一些题项作最后的修改，形成正式调查问卷。

正式调查问卷共分为 4 个部分，分别是企业基本信息、个人信息、伙伴企业信息、关系资本对知识转移绩效的影响。目前发表的多数研究论文在调查中采用的是 7 级量表，数字 1 到 7 代表的内容分别"完全不同意""很不同意""有点不同意""不确定""有点同意""很同意""完全同意"。由于这种量表能提高变量间的区分度，因此笔者在调查问卷的第 4 部分中也选用了 7 级量表来测量变量。

## （二）变量的测度

根据前面提到的概念模型与研究假设，量表中需要测量的变量包括关系资本、吸收能力、环境动态性与知识转移绩效等 4 个变量以及控制变量。其中，解释变量是关系资本；中介变量是吸收能力；调节变量是环境动态性；被解释变量是知识转移绩效；控制变量主要涉及企业自身的具体情况。

### 1.解释变量的测量

笔者将关系资本划分为信任、承诺与联结强度三个维度，并逐步对这三个维度进行了测量。

（1）信任的测量

笔者研究的解释变量"信任"属于企业之间的信任。在现有文献中，测量企业间信任的文献较多。Li（2005）在研究欧洲跨国公司对在华子公司的知识转移时，采用两个题项来测量母子公司间的信任。Cummings 等（2003）基于感情、认知与行为意向开发出信任量表，以 121 个题项对组织间的信任进行测量。Dhanaraj 等（2004）用 5 个题项对国外企业与匈牙利合资企业间的信任进行测量。Zaheer 等（1998）在研究组织间信任与个人间信任对企业绩效的影响时，采用 5 个题项对组织间信任进行测量。McEvily 和 Marcus（2005）在上述研究的基础上提炼出 3 个题项来测量企业间信任：合作企业能与本企业进行平等的协商、谈判；合作企业没有误导本企业的行为；合作企业能信守承诺。包凤耐等（2015）采用 4 个指标对企业间的信任进行测量，这 4 个指标如下：我们相信关联企业可以很好地履行其责任；我们相信关联企业的技术专业程度；我们相信关联企业不会泄露我们的机密；我们相信关联企业所提供信息的准确性。Kwuon 和 Suh（2004）采用 10 个测量题项对供应链中企业间的信任进行测量。贾生华等（2007）采用 5 个题项对战略联盟伙伴间的信任进行测量。王立生（2007）则采用 8 个题项对企业与客户企业间的信任进行测量。龙勇等（2006）采用 3 个题项对技能型战略联盟伙伴间的信任进行测量。万艳春和陈春花（2012）在考虑公平合作、相互信任、双方承诺和双方利益的基础上，采用 4 个题项对企业与供应商间的信任进行测量。陆杉（2012）在研究关系资本对供应链协同的影响时，采用 6 个题项对信任进行测量。借鉴上述学者的研究方法，笔者采用 7 个题项对信任进行测量，具体测量题项如表 4-1 所示。

表 4-1 信任的测量题项

| 变量 | 编号 | 题项描述 |
| --- | --- | --- |
| 信任 | A1 | 我们相信伙伴企业将履行合同 |
|  | A2 | 就之前的合作经验，伙伴企业愿意优先处理本企业的需求 |
|  | A3 | 我们一般不怀疑伙伴企业提供的信息 |
|  | A4 | 我们相信伙伴企业不会泄露我们的重要信息 |
|  | A5 | 我们双方不会因对方疏漏占便宜 |
|  | A6 | 诚信问题会影响合作进展 |
|  | A7 | 即使情况变化，伙伴企业也乐于提供帮助和支持 |

（2）承诺的测量

承诺是关系资本中第二重要的因素。学者早期对承诺的研究着眼于组织承诺，承诺被视为心理上对组织的正向感觉。Moorman 和 Zaltman（1992）将承诺划分为关系承诺、情感性承诺、经济性承诺与时间性承诺。Morgan 和 Hunt（1994）认为，应从交易双方之间的信任、心理契约或者结合力方面来衡量承诺。包凤耐等（2015）在 Kale 等（2000）研究的基础上，采用以下 4 个题项测量企业之间的承诺：我们承诺与关联企业的合作遵守互惠互利原则；我们与关联企业致力于保持长久合作关系；我们会信守对关联企业的承诺；我们相信关联企业对我方也有同样的承诺并可以信守诺言。Kwuon 和 Suh（2004）用 3 个题项来测量供应链企业间的关系承诺：即便有机会也不会抛弃现在的合作伙伴；希望能成为合作伙伴网络中的一员；对合作企业的积极情感是保持关系的重要原因之一。Krause 等（2006）在研究美国汽车行业与电子行业交易中的关系承诺时，采用两个题项对企业之间的承诺进行测量。贾生华等（2007）采用 3 个题项测量战略联盟伙伴间的承诺。陆杉（2012）采用 5 个指标题项测量企业之间的承诺。借鉴上述学者的研究方法，笔者采用 6 个题项对企业之间的承诺进行测量，具体测量题项如表 4-2 所示。

表 4-2　承诺的测量题项

| 变量 | 编号 | 题项描述 |
| --- | --- | --- |
| 承诺 | B1 | 伙伴企业不会从本企业获取不正当利益 |
| | B2 | 合作各方致力于保持长久的合作关系 |
| | B3 | 我们双方都愿意付出额外努力为对方实现目标 |
| | B4 | 合作各方承诺遵守互利互惠的原则 |
| | B5 | 在感情上对双方的合作关系有归属感 |
| | B6 | 伙伴企业在合作中认真履行义务和承诺 |

（3）联结强度的测量

Granovetter（1973）在《弱关系的力量》中提出，联结强度是互动频率、情感强度、亲密程度以及互惠交换等 4 个指标的集合体，联结强度会影响知识的获取、传递与创造。Marsden 和 Campbell（1984）提出，测量联结强度时应采用亲密程度、沟通频率、关系久度和相互信任程度作为指标。Hoang 和 Kothaermel（2005）在测量联结强度时，将联盟的经验作为指标，提出企业的联盟经验越丰富，联结强度越高。另外，越来越多的学者着眼于两个主体间交往的密切程度及交往频率对企业战略联盟的联结强度进行研究。吴绍波和顾新（2008）在测量知识链中组织间的联结强度时，将信任度、互动频率、资产专用化程度以及资源的相互依赖程度等作为测量指标。刘芳（2012）基于 Yli-Renko 等（2001）开发的量表，采用两个题项测量联结强度。万艳春和陈春花（2012）在 Lawson 和 Tyler（2008）、Levin 和 Cross（2004）、Hansen（1999）研究的基础上，采用 5 个题项对企业与供应商企业间的联结强度进行测量。高菲（2009）借鉴 Uzzi（1997）等的研究，以集群企业与网络伙伴间的交往频率为联结强度测量指标。借鉴上述学者的研究方法，笔者主要以亲密度和互动频率为指标，采用 4 个题项对联盟中成员企业的联结强度进行测量，具体测量题项如表 4-3 所示。

表 4-3　联结强度的测量题项

| 变量 | 编号 | 题项描述 |
| --- | --- | --- |
| 联结强度 | C1 | 合作各方的技术人员经常来往和交流 |
| | C2 | 合作各方的管理人员经常来往和交流 |
| | C3 | 我们经常派人到伙伴企业了解情况 |
| | C4 | 我们双方经常进行各种形式的非正式交流 |

2.中介变量的测量

学者测量吸收能力的方法各有不同，对吸收能力维度的划分也有很多不同的看法。目前，吸收能力的测量指标主要集中在研发投入占总销售收入的比例、技术人员占员工总数的比例、专利的数量等方面。在吸收能力划分维度的研究中，有些学者把吸收能力看作单维度变量，如 Cohen 和 Levinthal（1990）采用研发强度来测量吸收能力。另外，有一些学者把吸收能力作为多维度变量来分析。例如，Liao 等（2003）从企业的知识获取能力与扩散能力两个维度出发，用 12 个题项来测量吸收能力。Yong 等（2004）用知识背景、教育项目、技术能力、对新观念的财政支持和海外培训机会 5 个题项测量吸收能力。Christine 等（2004）用 6 个题项对个体吸收能力进行测量。Szulanski（1996）用共享的语言、责任分化、企业愿望等 9 个题项测量企业的吸收能力。吴晓波等（2007）从三个维度出发，用 11 个题项对吸收能力进行测量。张振刚等（2015）将吸收能力划分为潜在吸收能力与现实吸收能力，并采用 16 个题项对吸收能力进行测量。王辉等（2012）对现实吸收能力与潜在吸收能力进行测量时，用了 8 个题项。借鉴上述学者的研究方法，笔者设置了测量吸收能力的题项，具体如表 4-4 所示。

表 4-4 吸收能力的测量题项

| 变量 | 划分 | 编号 | 题项描述 |
|---|---|---|---|
| 吸收能力 | 潜在吸收能力 | D1 | 我们经常通过伙伴企业获取新知识 |
| | | D2 | 我们为员工提供多样的培训与搜集信息的渠道 |
| | | D3 | 我们辨别外部知识的能力非常强 |
| | | D4 | 我们能迅速分析并理解市场需求的变化 |
| | 现实吸收能力 | E1 | 我们对知识进行消化吸收的能力非常强 |
| | | E2 | 我们记录并储存获得的知识，并在需要的时候加以利用 |
| | | E3 | 我们能将获得的新技术与已有技术融合 |
| | | E4 | 我们很容易开发出新产品或新服务 |

3.调节变量的测量

环境动态性是调节变量。Volberda 和 Bruggen（1997）、Jansen（2006）等从市场环境、产品服务和客户需求等方面的变化入手来测量环境动态性。Miller 和 Friesen（1982）利用 5 个题项来测量环境动态性。Jaworski 和 Kohli（1993）分别从技术与市场两个方面出发，采用 10 个题项来测量环境动态性。吴波（2007）在 Jaworski 和 Kohli（1993）、Slater 和 Narver（1995）等研究的基础上，采用 8 个题项来测量环境动态性。彭新敏（2009）在 Achrol 和 Kotler（1999）、朱秀梅（2008）等研究的基础上，采用 7 级量表，通过 4 个题项来测量环境动态性，这 4 个题项如下：贵公司所在产业内的顾客偏好总在发生变化；贵公司的竞争对手经常推出新产品；贵公司的竞争对手持续不断修正新的销售战略；顾客对贵公司产品的需求不断发生变化。陈勇（2011）将环境不确定性划分为环境动态性与环境竞争性，采用 3 个题项来测量环境动态性。借鉴上述学者的研究方法，结合 Atuahene-Gima 和 Li（2004）的研究，笔者用 4 个题项对环境动态性进行测量，具体测量题项如表 4-5 所示。

表 4-5　环境动态性的测量题项

| 变量 | 编号 | 题项描述 |
| --- | --- | --- |
| 环境动态性 | F1 | 为了赶上竞争对手，需经常改变产品和实践 |
|  | F2 | 行业中产品或服务过时速度很快 |
|  | F3 | 行业内竞争者行为难以预测 |
|  | F4 | 行业内顾客偏好难以预测 |

4.被解释变量的测量

知识转移绩效为被解释变量。周密等（2007）将知识转移绩效划分为满意度、参与度与所有权等三个维度，分别借鉴 Szulanski（1996）、Pierce（2001）、Mowday（1979）等的研究，用 5 级量表来测量知识转移绩效。姜飞飞等（2014）借鉴 Zahra 等（2000）的研究，从转移结果的角度出发，采用 5 个题项来测量知识转移绩效。陈明和周健明（2009）在 Argote 和 Ingram（2000）、Cummings 和 Teng（2003）等研究的基础上，采用 5 个题项来测量知识转移绩效。张朝宾等（2011）以 7 个题项来测量组织间的知识转移绩效。赵炎等（2016）在分析网络、地理邻近性与知识转移绩效的关系时，借鉴 Bresman（1999）的研究，采用进入联盟后企业的专利数量来测量知识转移绩效。笔者借鉴了上述学者测量知识转移绩效的题项，结合关涛（2010）的研究，从企业通过知识转移所获取的知识数量、质量和对所转移知识的应用效果 3 个方面入手来测量知识转移绩效，具体题项设置如表 4-6 所示。

表 4-6　知识转移绩效的测量题项

| 变量 | 编号 | 题项描述 |
| --- | --- | --- |
| 知识转移绩效 | G1 | 获取的知识在很大程度上能转换为市场经验 |
|  | G2 | 企业能够获得较多的顾客偏好知识 |
|  | G3 | 接收的知识能在较大程度上丰富管理技巧 |
|  | G4 | 知识被吸收后能被运用于其他领域或项目 |
|  | G5 | 员工（或部门）主动地进行知识共享和信息交流 |
|  | G6 | 互访、培训、经验交流、工作轮换等提高了员工素质 |

### 5.控制变量的测量

笔者选取了企业规模、研发投入、交往时间和行业类型作为控制变量。Li 等（2010）提出，企业规模正向影响企业的学习能力，学习能力随着企业规模的增大而增强。与小企业相比，大企业拥有更多可以用于学习和创新的资源。已有研究中常用的企业规模指标是企业员工数量。因此，笔者也用员工数量来衡量企业规模。企业对研发活动的投入越多，吸收、创造新信息与新知识的能力就越强。笔者将用研发费用占销售收入总额的比例来衡量研发投入。企业和合作伙伴之间的交往也是影响知识转移绩效的重要因素。一方面，先前的合作经验使双方对彼此的知识和技术结构有一定的了解，从而具备较好的学习基础，有利于提高知识转移绩效。另一方面，前期合作经历有助于双方加深彼此之间的信任关系，增强知识共享，进而促进知识转移的发生。笔者采用企业和合作伙伴的合作年限来衡量其交往时间。行业类型也是影响知识转移绩效的重要因素，不同行业中的企业所需的知识不一样，战略联盟中成员企业之间的知识互补性与相关性受企业所属行业的限制。

## 二、研究方法

在数据收集的基础上，笔者利用 SPSS 22.0 和 Amos 17.0 等统计分析工具对所收集的数据样本进行分析并对研究假设进行检验。SPSS 22.0 与 Amos 17.0 是目前管理学领域普遍使用的信度与效度分析软件。

### （一）描述性统计分析

描述性统计分析有利于把握数据的总体特征，包括企业规模、成立年限、研发人员与投入比例、行业分布和交往时间等企业基本信息，以及填写人的职务、文化程度和在现企业的工作年限等信息。此外，描述性统计分析还能体现每个变量的均值、标准差、峰度与偏度等。

## （二）信度分析

信度反映的是测量稳定性与一致性的程度和主要测量工具所测结果的可靠性。信度分析主要是为了验证量表题项是否具备稳定性以及前后测量结果是否具备一致性。

目前，信度检验的方法有 5 种，即折半信度、复本信度、评分者信度、再测信度和克龙巴赫 $\alpha$ 系数（以下简称"$\alpha$ 系数"）。本书主要进行内部一致性检验，进行内部一致性检验最常用的方法就是 $\alpha$ 系数。因此笔者将利用 SPSS 22.0 对所有变量进行信度分析，以 $\alpha$ 系数描述量表的内部一致性，对所有变量进行分析。

$\alpha$ 系数说明题项所表示的变量内涵程度，所以 $\alpha$ 系数越大，就越能表示变量的内涵，越能说明该量表所测结果是可信的。此外，根据经验判断法，变量中所有题项的相关系数应大于 0.3。$\alpha$ 系数通常介于 0 到 1 之间，$\alpha$ 系数大于 0.6 时，表示其结果在可接受范围内或可靠性较好，而 $\alpha$ 系数小于 0.6 时，则需要重新设计题项。

## （三）效度分析

效度是指测量的有效性与正确性，主要包括内容效度、构念效度以及准则相关效度。由于本书中的测量题项均可直接测量，所以不需要进行准则相关效度分析。

内容效度主要检测量表或问卷的代表性以及题项内容的适切性，也就是说，主要检测题项内容对研究主题的覆盖程度。在本书中，笔者在梳理相关文献与理论的基础上，借鉴国内外成熟量表设计了问卷，并与专家就问卷相关问题进行了探讨，因此本书中的问卷具有较高的内容效度。

构念效度指实际测评的结果与所建立的理论构念的一致性程度。目前，在管理学领域中，最常用的检验构念效度的方法是因子分析法。在构念效度检验中，通过因子分析提取具有量表内容的公因子，并通过方差贡献率和因子载荷等指标来检验量表的有效性。在本书中,因子载荷大于 0.5 且累计方差贡献率大于 60%时,被视为有较高的构念效度。

### (四) 因子分析

在设计问卷时,为全面、完整地表示变量所涵盖的内容,设计者往往会设计很多题项。因子分析法主要包括探索性因子分析法与验证性因子分析法等两种分析方法,旨在降低题项的维度,是能够减少题项数量而保留原信息的一种分析方法。

探索性因子分析法是能够将关系复杂的变量综合为少数核心因子的统计分析方法。探索性因子分析法的主要目的是确认量表中的因子结构,以相互独立的因子代替原有变量,并检测各因子间的相关程度。探索性因子分析的统计指标具体包括比较变量间简单相关系数(Kaiser-Meyer-Olkin, KMO)检验、Bartlett 球形检验和因子载荷等。笔者在本书中利用探索性因子分析法进行探索性因子分析,筛选无效题项,修正问卷。

验证性因子分析法是通过分析、验证量表中因子结构模型与现实样本数据的一致性,并通过统计量 $t$ 值等指标来测试现有调查问卷与量表的构造效能的统计分析方法,是一种基于特定的理论观点或者架构,评估该理论观点或架构所演示的模型是否合理的统计分析方法。笔者在本书中利用 Amos 17.0 对所有变量进行验证性因子分析,检查量表的拟合优度。

### (五) 相关分析

任何事物之间都存在一定的联系,相关分析正好可以反映有一定联系的事物间的相关程度。通过相关分析,可初步把握变量间的联系程度。存在一定联系的变量之间并不一定存在因果关系,但存在因果关系的变量之间必有相关关系,因此相关分析是因子分析的基础。笔者采用了皮尔逊相关系数对联盟关系资本、吸收能力、环境动态性和知识转移绩效等所有变量进行线性相关分析。Pearson 相关系数的取值范围是 −1 到 1 之间,其中,正负号表示相关方向,其绝对值的大小表示变量之间的相关程度。

## （六）回归分析

上述相关分析主要测量两个变量之间关系的紧密程度。如上所述，变量之间存在相关关系并不代表变量之间一定存在因果关系，而变量之间存在因果关系则说明其一定存在相关关系。变量之间的因果关系无法用函数关系来描述，只能用回归分析等分析方法来检测。

在回归分析中，通常以变量的拟合优度来检验自变量与因变量之间的统计关系，拟合优度统计检验指标主要有非标准化回归系数、两个均方的比值（$F$ 值）、决定系数（$R^2$）及调整的 $R^2$ 等。在本书中，笔者将采用层级回归分析，借助 SPSS 22.0 统计软件，检验关系资本对知识转移绩效的影响、关系资本对吸收能力的影响、吸收能力对知识转移绩效的影响、吸收能力在关系资本与知识转移绩效之间的中介作用与环境动态性在关系资本与知识转移绩效之间的调节作用。

# 第五章 企业战略联盟关系资本与知识转移绩效的实证研究

## 第一节 企业战略联盟关系资本与知识转移绩效研究的小样本测试

为遵守严格的问卷设计过程、提高问卷的效度与信度,在进行大样本实证分析前,笔者以小样本测试结果来检验所设计的问卷,并对问卷进行分析和修订,从而获得更加有效的问卷。

### 一、样本选择与数据搜集

本书的小样本调研是在2016—2017年进行的。在研究中,笔者根据国家规定的高技术企业的界定标准,遵循简单随机抽样的原则选取调查研究企业,确定以企业的中高层管理人员为调研对象。此次调查共发放问卷65份,回收问卷56份,根据无效问卷的原则删除了9份问卷,在这9份问卷中,存在漏填现象的问卷有4份,回答中存在前后矛盾现象的问卷有1份,存在过多不确定选项的问卷有4份,最终得到有效问卷47份。有学者认为,进行探索性因子分析需要的最低样本数量是变量个数的5~10倍,或题项数量的5~10倍。

本书中的变量有 4 个,因此该小样本测试中搜集到的 47 份有效问卷能较好地满足研究需求。

## 二、描述性统计分析

描述性统计分析主要涉及所选样本企业与填写人的基本信息,样本企业的基本信息包括企业规模、企业成立年限、研发人员比例、研发投入比例、行业分布以及交往时间等指标,填写人的基本信息包括职务、文化程度以及在现企业的工作年限。

本书采用企业员工数量来衡量企业规模。在小样本测试中,50 人以下的企业有 3 家,占样本总数的 6.4%。员工数量超过 50 人的企业较多,其中 51~100 人的企业有 10 家,占样本总数的 21.3%;101~200 人的企业有 17 家,占样本总数的 36.2%;201~500 人的企业有 6 家,占样本总数的 12.8%;500 人以上的企业有 11 家,占样本总数的 23.4%。

在 47 家样本企业中,成立年限小于 3 年的企业有 4 家,占样本总数的 8.5%,成立年限为 3 年以上的企业较多,其中成立年限为 3~<5 年的企业有 7 家,占样本总数的 14.9%;成立年限为 5~<7 年的企业有 8 家,占样本总数的 17.0%;成立年限为 7~<10 年的企业有 8 家,占样本总数的 17.0%;成立年限为 10 年及以上的企业有 20 家,分别占样本总数的 42.6%。

高技术企业是知识密集型企业,而研发人员与研发投入对高技术企业而言至关重要。在 47 家样本企业中,研发人员占员工数量的比例小于 10%和大于或等于 70%的企业较少,各有 3 家和 5 家,分别占样本总数的 6.4%和 10.6%。研发人员占员工数量的比例为 10%~<70%的企业较多,其中研发人员所占比例为 10%~<30%的企业有 9 家,占样本总数的 19.1%;研发人员所占比例为 30%~<50%的企业有 13 家,占样本总数的 27.7%;研发人员所占比例为 50%~<70%的企业有 17 家,占样本总数的 36.2%。

在研发投入方面，研发投入在年销售收入总额中所占比例小于2%的企业有3家，占样本总数的6.4%。研发投入在年销售收入总额中所占比例为2%～<4%的企业有6家，占样本总数的12.8%。研发投入在年销售收入总额中所占比例大于或等于4%的企业较多，其中研发投入所占比例为4%～<6%的企业有10家，占样本总数的21.3%；研发投入所占比例为6%～<8%的企业有19家，占样本总数的40.4%；研发投入所占比例大于8%的企业有9家，占样本总数的19.1%。

就企业的行业分布而言，样本企业主要覆盖了计算机、电子机械、生物医药和通信技术等行业，属于这几个行业的样本企业分别有16家、8家、9家和7家，分别占样本总数的34.0%、17.0%、19.1%和14.9%；环保技术和新能源企业各2家，分别占样本总数的4.3%；光电子、空间技术、新材料技术企业各有1家，分别占样本总数的2.1%。

在交往时间方面，与伙伴企业的交往时间小于1年的企业有5家，占样本总数的10.6%；与伙伴企业的交往时间为1～<2年的企业有6家，占样本总数的12.8%；与伙伴企业的交往时间为2～<3年的企业有6家，占样本总数的12.8%；与伙伴企业的交往时间为3～<5年的企业有8家，占样本总数的17.0%；与伙伴企业的交往时间为5～<7年的企业有10家，占样本总数的21.3%；与伙伴企业的交往时间为7～<10年的企业有7家，占样本总数的14.9%；与伙伴企业的交往时间大于或等于10年的企业有5家，占样本总数的10.6%。

在小样本测试中，样本企业的基本信息如表5-1所示。

表5-1 样本企业的基本信息

| 变量 | 分类 | 样本数量（家） | 所占比例（%） |
| --- | --- | --- | --- |
| 企业规模 | 50人以下 | 3 | 6.4 |
| | 51～100人 | 10 | 21.3 |
| | 101～200人 | 17 | 36.2 |
| | 201～500人 | 6 | 12.8 |
| | 500人以上 | 11 | 23.4 |

续表

| 变量 | 分类 | 样本数量（家） | 所占比例（%） |
|---|---|---|---|
| 企业成立年限 | 不足3年 | 4 | 8.5 |
| | 3~<5年 | 7 | 14.9 |
| | 5~<7年 | 8 | 17.0 |
| | 7~<10年 | 8 | 17.0 |
| | 10年及以上 | 20 | 42.6 |
| 研发人员比例 | 不足10% | 3 | 6.4 |
| | 10%~<30% | 9 | 19.1 |
| | 30%~<50% | 13 | 27.7 |
| | 50%~<70% | 17 | 36.2 |
| | 70%及以上 | 5 | 10.6 |
| 研发投入比例 | 不足2% | 3 | 6.4 |
| | 2%~<4% | 6 | 12.8 |
| | 4%~<6% | 10 | 21.3 |
| | 6%~<8% | 19 | 40.4 |
| | 8%及以上 | 9 | 19.1 |
| 行业分布 | 计算机行业 | 16 | 34.0 |
| | 电子机械 | 8 | 17.0 |
| | 生物医药 | 9 | 19.1 |
| | 通信技术 | 7 | 14.9 |
| | 环保技术 | 2 | 4.3 |
| | 新能源 | 2 | 4.3 |
| | 光电子 | 1 | 2.1 |
| | 空间技术 | 1 | 2.1 |
| | 新材料技术 | 1 | 2.1 |
| 交往时间 | 不足1年 | 5 | 10.6 |
| | 1~<2年 | 6 | 12.8 |
| | 2~<3年 | 6 | 12.8 |
| | 3~<5年 | 8 | 17.0 |
| | 5~<7年 | 10 | 21.3 |
| | 7~<10年 | 7 | 14.9 |
| | 10年及以上 | 5 | 10.6 |

小样本测试涉及的问卷填写人的基本信息包括职务、文化程度和在现企业的工作年限。整体来看，问卷填写人的职务主要为中高层管理者，90%以上的填写人拥有本科或硕士研究生学历，在现企业的工作年限基本在7年以下。在小样测试中，问卷填写人的基本信息如表5-2所示。

表5-2 问卷填写人的基本信息

| 变量 | 分类 | 样本数量（人） | 所占比例（%） |
| --- | --- | --- | --- |
| 职务 | 高层管理者 | 21 | 44.7 |
|  | 中层管理者 | 26 | 55.3 |
|  | 基层管理者 | 0 | 0 |
| 文化程度 | 博士 | 2 | 4.3 |
|  | 硕士 | 18 | 38.3 |
|  | 本科 | 26 | 55.3 |
|  | 大专 | 1 | 2.1 |
|  | 高中及以下 | 0 | 0 |
| 在现企业的工作年限 | 不足3年 | 13 | 27.7 |
|  | 3~<5年 | 15 | 31.9 |
|  | 5~<7年 | 11 | 23.4 |
|  | 7~<10年 | 5 | 10.6 |
|  | 10年及以上 | 3 | 6.4 |

一般来说，样本的偏度绝对值小于3、峰度绝对值小于10时，样本基本上服从正态分布。从样本变量题项的描述性统计（如表5-3所示）中可以看出，变量题项的值是基本服从正态分布的。

表5-3 样本变量题项的描述性统计

| 题项 | 样本数 | 均值 | 标准差 | 偏度 | 峰度 | 最小值 | 最大值 |
| --- | --- | --- | --- | --- | --- | --- | --- |
| A1 | 47 | 5.74 | 0.846 | −0.599 | 0.011 | 4 | 7 |
| A2 | 47 | 5.47 | 1.018 | −0.297 | −0.560 | 3 | 7 |
| A3 | 47 | 5.47 | 0.776 | −0.181 | −0.318 | 4 | 7 |
| A4 | 47 | 5.64 | 0.870 | −0.240 | −0.497 | 4 | 7 |
| A5 | 47 | 5.49 | 1.397 | −1.102 | 0.700 | 2 | 7 |
| A6 | 47 | 5.49 | 1.317 | −0.513 | −0.810 | 3 | 7 |

续表

| 题项 | 样本数 | 均值 | 标准差 | 偏度 | 峰度 | 最小值 | 最大值 |
| --- | --- | --- | --- | --- | --- | --- | --- |
| A7 | 47 | 3.26 | 0.896 | 0.290 | −0.885 | 2 | 5 |
| B1 | 47 | 5.81 | 1.035 | −1.318 | 1.776 | 3 | 7 |
| B2 | 47 | 5.45 | 0.974 | −0.139 | −0.314 | 3 | 7 |
| B3 | 47 | 5.68 | 0.837 | −0.257 | −0.359 | 4 | 7 |
| B4 | 47 | 5.79 | 1.350 | −0.922 | −0.330 | 3 | 7 |
| B5 | 47 | 5.45 | 1.119 | −0.979 | 1.090 | 2 | 7 |
| B6 | 47 | 5.53 | 1.120 | −0.617 | 0.611 | 2 | 7 |
| C1 | 47 | 5.83 | 1.185 | −1.292 | 1.789 | 2 | 7 |
| C2 | 47 | 5.51 | 1.101 | −0.232 | −0.887 | 3 | 7 |
| C3 | 47 | 5.38 | 1.074 | −0.506 | −0.184 | 3 | 7 |
| C4 | 47 | 5.36 | 1.031 | −0.171 | −0.224 | 3 | 7 |
| D1 | 47 | 6.11 | 1.307 | −0.122 | −0.669 | 5 | 7 |
| D2 | 47 | 5.68 | 1.605 | 0.076 | −1.074 | 4 | 7 |
| D3 | 47 | 5.53 | 1.409 | −0.212 | −0.508 | 4 | 7 |
| D4 | 47 | 5.23 | 1.361 | 0.044 | −0.608 | 4 | 7 |
| E1 | 47 | 5.94 | 0.975 | 0.101 | −1.090 | 5 | 7 |
| E2 | 47 | 5.72 | 1.036 | −0.159 | −0.446 | 4 | 7 |
| E3 | 47 | 5.38 | 1.544 | −0.011 | −0.424 | 3 | 7 |
| E4 | 47 | 5.30 | 1.408 | 0.273 | −0.612 | 4 | 7 |
| F1 | 47 | 6.30 | 0.689 | −0.469 | −0.781 | 5 | 7 |
| F2 | 47 | 5.57 | 0.801 | −0.121 | −0.327 | 4 | 7 |
| F3 | 47 | 5.34 | 0.867 | −0.110 | −0.764 | 4 | 7 |
| F4 | 47 | 5.43 | 0.878 | −0.165 | −0.697 | 4 | 7 |
| G1 | 47 | 6.04 | 0.859 | −0.514 | −0.469 | 4 | 7 |
| G2 | 47 | 5.85 | 1.083 | −0.657 | −0.363 | 3 | 7 |
| G3 | 47 | 5.64 | 0.987 | −0.333 | −0.221 | 3 | 7 |
| G4 | 47 | 5.66 | 1.027 | −0.765 | 0.392 | 3 | 7 |
| G5 | 47 | 5.62 | 1.114 | −0.554 | −0.361 | 3 | 7 |
| G6 | 47 | 5.96 | 0.999 | −0.595 | −0.694 | 4 | 7 |

## 三、信度与效度分析

笔者在信度分析的过程中主要采用 $\alpha$ 系数与 CICT 值。其中，$\alpha$ 系数与量表的内在一致性相关，$\alpha$ 系数越高，则量表的内部一致性就越高。$\alpha$ 系数的取值应介于 0~1，1 代表量表完全可靠，0 代表量表完全不可靠，因此 $\alpha$ 系数越靠近 1，说明量表越可靠。在现有的相关文献中，学者普遍认为 $\alpha$ 系数达到 0.7 是较为理想的信度水平，即题项间一致性较好。此外，CICT 值大于 0.3、$\alpha$ 系数大于 0.6 的题项在可接受范围内；CICT 值小于 0.3，表示题项的可信度低，应删除该题项。在本书中，$\alpha$ 系数达到 0.7 且 CICT 值大于 0.3 时，视该题项具有较高的信度。

在效度分析中，笔者首先采用 KMO 值与 Bartlett 球形检验的显著性水平检测变量是否适合作因子分析；其次利用统计分析软件，用主成分分析法提出特征值大于 1 的公因子；最后用最大方差法进行旋转后，采用因子载荷和累计方差贡献率等指标检验题项的解释程度。在进行方差贡献率检验时，所有公因子的方差变异量累计至少应达到 60%。在进行因子载荷指标检验时，在一个公因子上的载荷值应较高（因子载荷值通常大于 0.5），在其他公因子上的因子载荷值应较小；但是，某个题项在所有公因子上的因子载荷值并未达到 0.5 时，说明这个题项无法明确解释变量，因此应删除因子载荷值较小的题项。

### （一）信度分析

#### 1.关系资本的信度分析

由表 5-4 可知，关系资本测量量表三个维度的 17 个题项中，A7 的 CICT 值小于 0.3，应将其删除。删除该题项后，信任维度的 $\alpha$ 系数从 0.667 上升至 0.701，关系资本测量量表的总体 $\alpha$ 系数也从初始的 0.905 上升至 0.910。从最终结果来看，关系资本的各个测量维度及整体量表的 $\alpha$ 系数均大于 0.7，说明该量表有较高的可靠性，符合研究要求。

表 5-4 关系资本的信度分析

| 变量 | 题项 | CICT 值 | 各维度的 α 系数 | 量表的 α 系数 |
|---|---|---|---|---|
| 信任 | A1 | 0.436 | 初始 α 系数＝0.667<br>最终 α 系数＝0.701 | 初始 α 系数＝0.905<br>最终 α 系数＝0.910 |
| | A2 | 0.333 | | |
| | A3 | 0.641 | | |
| | A4 | 0.487 | | |
| | A5 | 0.544 | | |
| | A6 | 0.550 | | |
| | A7 | 0.170 | | |
| 承诺 | B1 | 0.448 | α 系数＝0.826 | |
| | B2 | 0.708 | | |
| | B3 | 0.615 | | |
| | B4 | 0.750 | | |
| | B5 | 0.580 | | |
| | B6 | 0.668 | | |
| 联结强度 | C1 | 0.732 | α 系数＝0.811 | |
| | C2 | 0.715 | | |
| | C3 | 0.607 | | |
| | C4 | 0.756 | | |

2.吸收能力的信度分析

由表 5-5 可知，吸收能力测量量表两个维度的 8 个题项中，所有题项的 CICT 值均大于 0.3。从最终结果来看，吸收能力的两个维度，即潜在吸收能力与现实吸收能力的 α 系数均大于 0.7，而且吸收能力测量量表的 α 系数也大于 0.7，说明该量表有较高的可靠性，符合研究要求。

表 5-5 吸收能力的信度分析

| 变量 | 题项 | CICT 值 | 各维度的 α 系数 | 量表的 α 系数 |
|---|---|---|---|---|
| 潜在吸收能力 | D1 | 0.398 | α 系数＝0.733 | α 系数＝0.858 |
| | D2 | 0.686 | | |
| | D3 | 0.617 | | |
| | D4 | 0.590 | | |

续表

| 变量 | 题项 | CICT 值 | 各维度的 α 系数 | 量表的 α 系数 |
|---|---|---|---|---|
| 现实吸收能力 | E1 | 0.511 | α 系数=0.789 | α 系数=0.858 |
| | E2 | 0.626 | | |
| | E3 | 0.719 | | |
| | E4 | 0.653 | | |

3.环境动态性的信度分析

由 6-6 表可知，环境动态性测量量表的 4 个题项中，所有题项的 CICT 值均大于 0.3。从最终结果来看，环境动态性测量量表的 α 系数大于 0.8，说明该量表具有较高的可靠性，符合研究要求。

表 5-6　环境动态性的信度分析

| 变量 | 题项 | CICT 值 | 各维度的 α 系数 | 量表的 α 系数 |
|---|---|---|---|---|
| 环境动态性 | F1 | 0.650 | α 系数=0.813 | α 系数=0.813 |
| | F2 | 0.620 | | |
| | F3 | 0.596 | | |
| | F4 | 0.679 | | |

4.知识转移绩效的信度分析

由表 5-7 可知，知识转移绩效测量量表的 6 个题项中，所有题项的 CICT 值均大于 0.3。从最终结果来看，知识转移绩效测量量表的 α 系数大于 0.9，说明该量表具有良好的可靠性，符合研究要求。

表 5-7　知识转移绩效的信度分析表

| 变量 | 题项 | CICT 值 | 各维度的 α 系数 | 量表的 α 系数 |
|---|---|---|---|---|
| 知识转移绩效 | G1 | 0.750 | α 系数=0.947 | α 系数=0.947 |
| | G2 | 0.873 | | |
| | G3 | 0.858 | | |
| | G4 | 0.868 | | |
| | G5 | 0.852 | | |
| | G6 | 0.845 | | |

## （二）效度分析

### 1.关系资本的效度分析

在删除了 A7 这一题项后，对关系资本其他维度的 16 个题项进行 KMO 和 Bartlett 球形检验。由表 5-8 可知，关系资本量表的 KMO 值为 0.867，Bartlett 球形检验显著性水平值为 0.000。因此，关系资本的题项适合作因子分析。

表 5-8　关系资本量表的 KMO 与 Bartlett 球形检验

| 检验方式 | | 数值 |
|---|---|---|
| KMO 测量取样适当性 | | 0.867 |
| Bartlett 球形检验 | 大约卡方 | 381.722 |
| | df | 120 |
| | 显著性 | 0.000 |

在此基础上，笔者通过主成分分析提取特征值大于 1 的公因子，并采用最大方差法获取因子载荷值，得到关系资本探索性因子分析结果。从表 5-9 中可以看出，所提取的 3 个公因子的方差解释比例为 63.802%，超过 60%。此外，在信任维度中，题项"我们相信伙伴企业将履行合同""我们一般不怀疑伙伴企业提供的信息""我们相信伙伴企业不会泄露我们的重要信息""我们双方不会因对方疏漏占便宜"和"诚信问题会影响合作进展"所对应的因子载荷值均大于 0.5，而题项"就之前的合作经验，伙伴企业愿意优先处理本企业的需求"所对应的因子载荷值小于 0.5，因此需要删除该题项；在承诺维度中，"合作各方致力于保持长久的合作关系""我们双方都愿意付出额外努力为对方实现目标""合作各方承诺遵守互利互惠的原则""在感情上对双方的合作关系有归属感"和"伙伴企业在合作中认真履行义务和承诺"所对应的因子载荷值均大于 0.5，而"伙伴企业不会从本企业获取不正当利益"所对应的因子载荷值小于 0.5，因此应将该题项删除；在联结强度维度中，测量题项所对应的因子载荷值均大于 0.5，因此可以保留全部题项。

表 5-9  关系资本探索性因子分析

| 维度 | 编号 | 题项内容 | 因子载荷值 | 方差解释比例 |
|---|---|---|---|---|
| 信任 | A1 | 我们相信伙伴企业将履行合同 | 0.521 | |
| | A2 | 就之前的合作经验，伙伴企业愿意优先处理本企业的需求 | 0.351 | |
| | A3 | 我们一般不怀疑伙伴企业提供的信息 | 0.706 | |
| | A4 | 我们相信伙伴企业不会泄露我们的重要信息 | 0.563 | |
| | A5 | 我们双方不会因对方疏漏占便宜 | 0.604 | |
| | A6 | 诚信问题会影响合作进展 | 0.633 | |
| 承诺 | B1 | 伙伴企业不会从本企业获取不正当利益 | 0.494 | 63.802% |
| | B2 | 合作各方致力于保持长久的合作关系 | 0.774 | |
| | B3 | 我们双方都愿意付出额外努力为对方实现目标 | 0.684 | |
| | B4 | 合作各方承诺遵守互利互惠的原则 | 0.799 | |
| | B5 | 在感情上对双方的合作关系有归属感 | 0.633 | |
| | B6 | 伙伴公司在合作中认真履行义务和承诺 | 0.716 | |
| 联结强度 | C1 | 合作各方的技术人员经常来往和交流 | 0.780 | |
| | C2 | 合作各方的管理人员经常来往和交流 | 0.773 | |
| | C3 | 我们经常派人到伙伴企业了解情况 | 0.653 | |
| | C4 | 我们双方经常进行各种形式的非正式交流 | 0.800 | |

2.吸收能力的效度分析

对吸收能力两个维度的 8 个题项进行 KMO 和 Bartlett 球形检验。由表 5-10 可知，吸收能力量表的 KMO 值为 0.800，Bartlett 球形检验显著性水平值为 0.000。因此，吸收能力的题项适合作因子分析。

表 5-10  吸收能力量表的 KMO 与 Bartlett 球形检验

| 检验方式 | 数值 | |
|---|---|---|
| KMO 测量取样适当性 | 0.800 | |
| Bartlett 球形检验 | 大约卡方 | 156.771 |
| | df | 28 |
| | 显著性 | 0.000 |

137

在此基础上，笔者通过主成分分析提取特征值大于 1 的公因子，并采用最大方差法获取因子载荷值，得到吸收能力的探索性因子分析结果。从表 5-11 中可以看出，所提取的两个公因子的方差解释比例为 76.716%，超过 60%。此外，潜在吸收能力与现实吸收能力的所有题项所对应的因子载荷值均大于 0.5，所以可以保留全部题项。

表 5-11　吸收能力探索性因子分析

| 维度 | 编号 | 题项内容 | 因子载荷值 | 方差解释比例 |
| --- | --- | --- | --- | --- |
| 潜在吸收能力 | D1 | 我们经常通过伙伴企业获取新知识 | 0.501 | 76.716% |
| | D2 | 我们为员工提供多样的培训与搜集信息的渠道 | 0.784 | |
| | D3 | 我们辨别外部知识的能力非常强 | 0.721 | |
| | D4 | 我们能迅速分析并理解市场需求的变化 | 0.699 | |
| 现实吸收能力 | E1 | 我们对知识进行消化吸收的能力非常强 | 0.615 | |
| | E2 | 我们记录并储存获得的知识，并在需要的时候加以利用 | 0.730 | |
| | E3 | 我们能将获得的新技术与已有技术融合 | 0.811 | |
| | E4 | 我们很容易开发出新产品或新服务 | 0.756 | |

### 3.环境动态性的效度分析

对环境动态性的 4 个题项进行 KMO 和 Bartlett 球形检验。由表 5-12 可知，环境动态性量表的 KMO 值为 0.801，Bartlett 球形检验显著性水平值为 0.000。因此，环境动态性的题项适合作因子分析。

表 5-12　环境动态性量表的 KMO 与 Bartlett 球形检验

| 检验方式 | | 数值 |
| --- | --- | --- |
| KMO 测量取样适当性 | | 0.801 |
| Bartlett 球形检验 | 大约卡方 | 58.093 |
| | df | 6 |
| | 显著性 | 0.000 |

在此基础上，笔者通过主成分分析提取特征值大于 1 的公因子，并采用最大方差法获取因子载荷值，得到环境动态性的探索性因子分析结果。从表 5-13 中可以看出，所提取的一个公因子的方差解释比例为 64.567%，超过 60%。此外，环境动态性的所有题项所对应的因子载荷值均大于 0.5，所以可以保留全部题项。

表 5-13  环境动态性探索性因子分析

| 维度 | 编号 | 题项内容 | 因子载荷值 | 方差解释比例 |
|---|---|---|---|---|
| 环境动态性 | F1 | 为了赶上竞争对手，需经常改变产品和实践 | 0.814 | 64.567% |
| | F2 | 行业中产品或服务过时速度很快 | 0.794 | |
| | F3 | 行业内竞争者行为难以预测 | 0.770 | |
| | F4 | 行业内顾客偏好难以预测 | 0.835 | |

4.知识转移绩效的效度分析

对知识转移绩效的 6 个题项进行 KMO 和 Bartlett 球形检验。由表 5-14 可知，知识转移绩效量表的 KMO 值为 0.900，Bartlett 球形检验显著性水平值为 0.000。因此，知识转移绩效的题项适合作因子分析。

表 5-14  知识转移绩效量表的 KMO 与 Bartlett 球形检验

| 检验方式 | | 数值 |
|---|---|---|
| KMO 测量取样适当性 | | 0.900 |
| Bartlett 球形检验 | 大约卡方 | 251.684 |
| | df | 15 |
| | 显著性 | 0.000 |

在此基础上，笔者通过主成分分析提取特征值大于 1 的公因子，并采用最大方差法获取因子载荷值，得到知识转移绩效的探索性因子分析结果。从表 5-15 中可以看出，所提取的一个公因子的方差解释比例为 79.383%，超过 60%。此外，知识转移绩效的所有题项所对应的因子载荷值均大于 0.5，所以可以保留全部题项。

表 5-15　知识转移绩效探索性因子分析

| 维度 | 编号 | 题项内容 | 因子载荷值 | 方差解释比例 |
| --- | --- | --- | --- | --- |
| 知识转移绩效 | G1 | 获取的知识在很大程度上能转换为市场经验 | 0.821 | 79.383% |
| | G2 | 企业能够获得较多的顾客偏好知识 | 0.915 | |
| | G3 | 接收的知识能在较大程度上丰富管理技巧 | 0.904 | |
| | G4 | 知识被吸收后能被运用于其他领域或项目 | 0.911 | |
| | G5 | 员工（或部门）主动地进行知识共享和信息交流 | 0.899 | |
| | G6 | 互访、培训、经验交流、工作轮换等提高了员工素质 | 0.893 | |

# 第二节　企业战略联盟关系资本与知识转移绩效研究的大样本数据搜集与描述性统计分析

## 一、数据搜集

笔者主要研究高技术企业的联盟关系资本与知识转移绩效之间的关系，选择样本时主要考虑以下原则：一方面，样本企业必须是高技术企业，而判断一家企业是否为高技术企业则以国家规定为依据；另一方面，由于企业战略联盟存在时滞性，所以样本企业的成立年限必须不小于 3 年。

中华人民共和国科学技术部把我国的高技术划分为 11 类，分别是微电子和电子信息技术、空间科学和航空航天技术、光电子和光机电一体化技术、生命科学和生物工程技术、材料科学和新材料技术、能源科学和新能源技术、生态科学和环境保护技术、地球科学和海洋工程技术、医药科学和生物医学工程技术、精细化工等传统产业新工艺新技术、基本物质科学和辐射技术。人们普遍认为当代的高技术主要包括信息技术、生物技术、新材料技术、航空航天技术、海洋开发技术等。

由于本书中调查问卷的内容与企业有关,所以问卷填写人需要对所在企业的基本情况有全面的了解。因此,问卷填写人主要以企业的中高层管理者为主。

在搜集数据时,由于受现实条件的限制,为了保证调研工作的顺利进行以及样本量,笔者主要通过两种途径发放问卷:一是委托教师、朋友、同学等协助发放;二是委托专业调查机构发放。为确保回收问卷的可靠性,确认填写人"是否收到并填写了问卷""是否处在中高层管理层"等内容,笔者选取了一些样本企业进行回访。在此基础上,笔者还通过搜索企业与伙伴企业的黄页,确认它们之间是否存在战略伙伴关系。

在2016—2017年,笔者通过上述途径共发放500份问卷,最终回收357份,回收率为71.4%。笔者对回收的357份问卷进行了筛选,剔除了53份无效问卷,在这53份问卷中,存在空选或漏选现象的问卷有4份,"不确定"项选择过多的问卷有16份,每一题项的选择都相同的问卷有11份,填写人所在企业成立年限少于3年的问卷有22份,最后剩下304份有效问卷,有效问卷回收率为60.8%。

## 二、描述性统计分析

### (一)样本企业的基本信息

**1.样本来源**

本书中的样本企业主要来自广东、北京、上海等地区。在304份有效样本中,来自山东的企业有19家,占样本总数的6.3%;来自北京的企业有25家,占样本总数的 8.2%；来自上海的企业有 33 家，占样本总数的 10.9%；来自江苏的企业有 31 家，占样本总数的 10.2%；来自浙江的企业有 23 家，占样本总数的 7.6%；来自广东的企业最多，有 44 家，占样本总数的 14.5%；来自其他 21 个省份的企业共 129 家，占样本总数的 42.4%。

2. 企业规模

在本书中，笔者采用企业员工数量来衡量企业规模。在 304 份有效样本中，员工数量少于 50 人的企业有 35 家，占样本总数的 11.5%；员工数量为 51～100 人的企业有 48 家，占样本总数的 15.8%；员工数量为 101～200 人的企业有 60 家，占样本总数的 19.7%；员工数量为 201～500 人的企业有 58 家，占样本总数的 19.1%；员工数量为 500 人以上的企业有 103 家，占样本总数的 33.9%。

3. 企业成立年限

在调查中，由于企业战略联盟存在时滞性，所以笔者删除了企业成立年限小于 3 年的样本。企业成立年限大于或等于 3 年的样本企业中，成立年限为 3～＜5 年的企业有 51 家，占样本总数的 16.8%；成立年限为 5～＜7 年的企业有 68 家，占样本总数的 22.4%；成立年限为 7～＜10 年的企业有 89 家，占样本总数的 29.3%；成立年限大于或等于 10 年的企业有 96 家，占样本总数的 31.6%。

4. 研发人员比例

研发人员比例是界定高技术企业的指标之一。在 304 份有效样本中，研发人员占员工数量的比例小于 10% 的企业有 9 家，占样本总数的 3.0%；研发人员占员工数量的比例为 10%～＜30% 的企业有 67 家，占样本总数的 22.0%；研发人员占员工数量的比例为 30%～＜50% 的企业有 78 家，占样本总数的 25.7%；研发人员占员工数量的比例为 50%～＜70% 的企业有 102 家，占样本总数的 33.6%；研发人员占员工数量的比例大于或等于 70% 的企业有 48 家，占样本总数的 15.8%。

5.研发投入比例

研发投入比例也是界定高技术企业的重要指标。在304份有效样本中，研发投入在年销售收入总额中所占比例小于2%的企业有7家，占样本总数的2.3%；研发投入在年销售收入总额中所占比例为2%～<4%的企业有43家，占样本总数的14.1%；研发投入在年销售收入总额中所占比例为4%～<6%的企业有104家，占样本总数的34.2%；研发投入在年销售收入总额中所占比例为6%～<8%的企业有87家，占样本总数的28.6%；研发投入在年销售收入总额中所占比例大于或等于8%的企业有63家，占样本总数的20.7%。

6.行业分布

304份有效样本主要覆盖计算机、电子机械、生物医药和通信技术等行业，其中，属于计算机行业的企业有137家，占样本总数的45.1%；属于光电子行业的企业有8家，占样本总数的2.6%；属于电子机械行业的企业有46家，占样本总数的15.1%；属于空间技术行业的企业有36家，占样本总数的11.8%；属于新材料技术行业的企业有14家，占样本总数的4.6%；属于生物医药行业的企业有6家，占样本总数的2.0%；属于环保技术行业的企业有41家，占样本总数的13.5%；属于通信技术行业的企业有10家，占样本总数的3.3%；属于新能源行业的企业有3家，占样本总数的1.0%；属于其他高技术行业的企业有3家，占样本总数的1.0%。

7.交往时间

在304份有效样本中，与伙伴企业交往时间小于1年的企业有19家，占样本总数的6.3%；与伙伴企业交往时间为1～<2年的企业有30家，占样本总数的9.9%；与伙伴企业交往时间为2～<3年的企业有50家，占样本总数的16.4%；与伙伴企业交往时间为3～<5年的企业有94家，占样本总数的30.9%；与伙伴企业交往时间为5～<7年的企业有56家，占样本总数的18.4%；与伙伴企业交往时间为7～<10年的企业有26家，占样本总数的8.6%；与伙伴企业交往时间大于或等于10年的企业有29家，占样本总数的9.5%。

样本企业的基本信息如表5-16所示。

表 5-16  样本企业的基本信息

| 变量 | 分类 | 样本数量（家） | 所占比例（%） |
| --- | --- | --- | --- |
| 样本来源 | 山东 | 19 | 6.3 |
| | 北京 | 25 | 8.2 |
| | 上海 | 33 | 10.9 |
| | 江苏 | 31 | 10.2 |
| | 浙江 | 23 | 7.6 |
| | 广东 | 44 | 14.5 |
| | 其他 | 129 | 42.4 |
| 企业规模 | 50人以下 | 35 | 11.5 |
| | 51~100 | 48 | 15.8 |
| | 101~200 | 60 | 19.7 |
| | 201~500 | 58 | 19.1 |
| | 500人以上 | 103 | 33.9 |
| 企业成立年限 | 3~<5年 | 51 | 16.8 |
| | 5~<7年 | 68 | 22.3 |
| | 7~<10年 | 89 | 29.3 |
| | 10年及以上 | 96 | 31.6 |
| 研发人员比例 | 不足10% | 9 | 3.0 |
| | 10%~<30% | 67 | 22.0 |
| | 30%~<50% | 78 | 25.7 |
| | 50%~<70% | 102 | 33.6 |
| | 70%及以上 | 48 | 15.8 |
| 研发投入比例 | 不足2% | 7 | 2.3 |
| | 2%~<4% | 43 | 14.1 |
| | 4%~<6% | 104 | 34.2 |
| | 6%~<8% | 87 | 28.6 |
| | 8%及以上 | 63 | 20.7 |
| 行业分布 | 计算机 | 137 | 45.1 |
| | 光电子 | 8 | 2.6 |
| | 电子机械 | 46 | 15.1 |

**续表**

| 变量 | 分类 | 样本数量（家） | 所占比例（%） |
|---|---|---|---|
| 行业分布 | 空间技术 | 36 | 11.8 |
|  | 新材料技术 | 14 | 4.6 |
|  | 生物医药 | 6 | 2.0 |
|  | 环保技术 | 41 | 13.5 |
|  | 通信技术 | 10 | 3.3 |
|  | 新能源 | 3 | 1.0 |
|  | 其他 | 3 | 1.0 |
| 交往时间 | 不足1年 | 19 | 6.3 |
|  | 1～<2年 | 30 | 9.9 |
|  | 2～<3年 | 50 | 16.4 |
|  | 3～<5年 | 94 | 30.9 |
|  | 5～<7年 | 56 | 18.4 |
|  | 7～<10年 | 26 | 8.6 |
|  | 10年及以上 | 29 | 9.5 |

## （二）填报人的基本信息

填写人的基本信息包括职务、文化程度和在现企业的工作年限。在职务方面，304个被调查者均为中高层管理者。在文化程度方面，填写人的文化水平普遍较高，拥有本科和硕士研究生学历的共237人，占样本总数的74.3%，拥有博士研究生学历的为15人，占样本总数的4.8%。在工作年限方面，填写人在现企业的工作年限基本集中在10年以下。填写人的基本信息如表5-17所示。

**表5-17　问卷填写人的基本信息**

| 变量 | 分类 | 样本数量 | 所占比例（%） |
|---|---|---|---|
| 职务 | 高层管理者 | 104 | 34.2 |
|  | 中层管理者 | 200 | 65.8 |

续表

| 变量 | 分类 | 样本数量 | 所占比例（%） |
|---|---|---|---|
| 文化程度 | 博士研究生 | 15 | 4.9 |
| | 硕士研究生 | 73 | 24.0 |
| | 本科 | 164 | 53.9 |
| | 大专 | 50 | 16.4 |
| | 高中及以下 | 2 | 0.7 |
| 在现企业的工作年限 | 不足3年 | 68 | 22.4 |
| | 3～<5年 | 67 | 22.0 |
| | 5～<7年 | 72 | 23.7 |
| | 7～<10年 | 38 | 12.5 |
| | 10年及以上 | 59 | 19.4 |

### （三）大样本数据描述性分析

除了样本企业和问卷填写人的基本信息，其余题项均需要通过均值、方差、偏度、峰度等指标对量表所收集的数据进行相关的描述性统计分析，检验样本数据是否符合研究要求。从表5-18中可以看出，样本变量题项的偏度与峰度绝对值均小于3。因此，变量题项的值基本呈正态分布。

表5-18 样本变量题项的描述性统计

| 题项 | 样本数 | 均值 | 标准差 | 偏度 | 峰度 | 最小值 | 最大值 |
|---|---|---|---|---|---|---|---|
| A1 | 304 | 6.00 | 0.881 | −0.782 | 0.490 | 3 | 7 |
| A3 | 304 | 5.59 | 0.831 | −0.434 | 0.296 | 3 | 7 |
| A4 | 304 | 5.80 | 0.943 | −0.581 | 0.031 | 3 | 7 |
| A5 | 304 | 5.82 | 0.945 | −0.466 | −0.340 | 2 | 7 |
| A6 | 304 | 5.97 | 1.037 | −0.734 | −0.343 | 3 | 7 |
| B2 | 304 | 6.01 | 0.966 | −0.704 | −0.195 | 3 | 7 |
| B3 | 304 | 5.88 | 0.877 | −0.424 | −0.235 | 3 | 7 |
| B4 | 304 | 6.02 | 1.019 | −0.804 | −0.165 | 3 | 7 |
| B5 | 304 | 5.78 | 0.979 | −0.566 | −0.099 | 2 | 7 |
| B6 | 304 | 5.92 | 0.956 | −0.633 | −0.092 | 3 | 7 |

续表

| 题项 | 样本数 | 均值 | 标准差 | 偏度 | 峰度 | 最小值 | 最大值 |
|---|---|---|---|---|---|---|---|
| C1 | 304 | 5.92 | 0.970 | −0.578 | −0.353 | 3 | 7 |
| C2 | 304 | 5.83 | 1.005 | −0.490 | −0.575 | 3 | 7 |
| C3 | 304 | 5.60 | 0.990 | −0.430 | −0.127 | 3 | 7 |
| C4 | 304 | 5.63 | 1.009 | −0.383 | −0.470 | 3 | 7 |
| D1 | 304 | 5.80 | 1.056 | −1.002 | 1.386 | 1 | 7 |
| D2 | 304 | 5.76 | 1.049 | −0.646 | 0.024 | 2 | 7 |
| D3 | 304 | 5.55 | 1.080 | −0.539 | −0.230 | 2 | 7 |
| D4 | 304 | 5.51 | 1.084 | −0.479 | −0.323 | 2 | 7 |
| E1 | 304 | 5.79 | 0.988 | −0.875 | 0.814 | 1 | 7 |
| E2 | 304 | 6.06 | 0.933 | −1.278 | 2.996 | 2 | 7 |
| E3 | 304 | 5.48 | 1.219 | −0.510 | −0.435 | 2 | 7 |
| E4 | 304 | 5.47 | 1.210 | −0.504 | −0.404 | 2 | 7 |
| F1 | 304 | 5.71 | 0.898 | −0.176 | −0.503 | 3 | 7 |
| F2 | 304 | 5.60 | 0.945 | −0.190 | −0.751 | 3 | 7 |
| F3 | 304 | 5.42 | 1.034 | −0.102 | −0.779 | 3 | 7 |
| F4 | 304 | 5.33 | 0.936 | 0.070 | −0.501 | 3 | 7 |
| G1 | 304 | 5.79 | 0.966 | −0.630 | 0.147 | 3 | 7 |
| G2 | 304 | 5.74 | 0.993 | −0.530 | −0.313 | 3 | 7 |
| G3 | 304 | 5.70 | 0.962 | −0.550 | 0.125 | 3 | 7 |
| G4 | 304 | 5.65 | 1.045 | −0.634 | 0.205 | 2 | 7 |
| G5 | 304 | 5.74 | 1.006 | −0.754 | 0.476 | 2 | 7 |
| G6 | 304 | 5.91 | 0.985 | −0.725 | 0.092 | 2 | 7 |

# 第三节 企业战略联盟关系资本与知识转移绩效研究的大样本信度与效度分析

## 一、信度分析

### （一）关系资本的信度分析

在作大样本数据检验时，笔者利用 SPSS 22.0 统计分析软件对关系资本的信任、承诺和联结强度三个维度的 14 个题项进行了 CICT 分析与信度分析。从表 5-19 中可以看出，关系资本量表中各题项的 CICT 值均高于合理接受标准值 0.3；关系资本整体量表的 α 系数达到了 0.926，而在三个维度中，信任维度的 α 系数为 0.856、承诺维度的 α 系数为 0.823、联结强度维度的 α 系数为 0.832，都大于 0.8，说明该量表具有较高的信度。

表 5-19　关系资本的信度分析

| 变量 | 题项 | CICT 值 | 各维度的 α 系数 | 量表的 α 系数 |
|---|---|---|---|---|
| 信任 | A1 | 0.755 | α 系数＝0.856 | α 系数＝0.926 |
| | A3 | 0.644 | | |
| | A4 | 0.736 | | |
| | A5 | 0.682 | | |
| | A6 | 0.705 | | |
| 承诺 | B2 | 0.664 | α 系数＝0.823 | |
| | B3 | 0.582 | | |
| | B4 | 0.589 | | |
| | B5 | 0.683 | | |
| | B6 | 0.648 | | |

续表

| 变量 | 题项 | CICT 值 | 各维度的 α 系数 | 量表的 α 系数 |
|---|---|---|---|---|
| 联结强度 | C1 | 0.654 | α 系数＝0.832 | α 系数＝0.926 |
|  | C2 | 0.680 |  |  |
|  | C3 | 0.548 |  |  |
|  | C4 | 0.684 |  |  |

### （二）吸收能力的信度分析

笔者利用 SPSS 22.0 统计分析软件,对潜在吸收能力与现实吸收能力两个维度的 8 个题项进行了 CICT 分析与信度分析。从表 5-20 中可以看出,吸收能力量表中各题项的 CICT 值均高于合理接受标准值 0.3；吸收能力整体量表的 α 系数达到了 0.890,其所包含的潜在吸收能力和现实吸收能力两个维度的 α 系数分别为 0.816 和 0.835,都大于 0.8,说明该量表具有较高的信度。

表 5-20　吸收能力的信度分析

| 变量 | 题项 | CICT 值 | 各维度的 α 系数 | 量表的 α 系数 |
|---|---|---|---|---|
| 潜在吸收能力 | D1 | 0.558 | α 系数＝0.816 | α 系数＝0.890 |
|  | D2 | 0.556 |  |  |
|  | D3 | 0.755 |  |  |
|  | D4 | 0.745 |  |  |
| 现实吸收能力 | E1 | 0.634 | α 系数＝0.835 |  |
|  | E2 | 0.555 |  |  |
|  | E3 | 0.757 |  |  |
|  | E4 | 0.755 |  |  |

### （三）环境动态性的信度分析

笔者利用 SPSS 22.0 统计分析软件,对环境动态性的 4 个题项进行了 CICT 分析与信度分析。从表 5-21 中可以看出,环境动态性量表中各题项的 CICT 值均高于 0.3 这一合理接受标准值；环境动态性整体量表的 α 系数达到了 0.812,大于 0.8,说明该量表具有较高的信度。

表 5-21　环境动态性的信度分析

| 变量 | 题项 | CICT 值 | 各维度的 α 系数 | 量表的 α 系数 |
|---|---|---|---|---|
| 环境动态性 | F1 | 0.599 | α 系数＝0.812 | α 系数＝0.812 |
| | F2 | 0.625 | | |
| | F3 | 0.657 | | |
| | F4 | 0.645 | | |

（四）知识转移绩效的信度分析

笔者利用 SPSS 22.0 统计分析软件，对知识转移绩效的 6 个题项进行了 CICT 分析与信度分析。从表 5-22 中可以看出，知识转移绩效量表中各题项的 CICT 值均高于合理接受标准值 0.3；知识转移绩效整体量表的 α 系数达到了 0.893，大于 0.8，说明该量表具有较高的信度。

表 5-22　知识转移绩效的信度分析

| 变量 | 题项 | CICT 值 | 各维度的 α 系数 | 量表的 α 系数 |
|---|---|---|---|---|
| 知识转移绩效 | G1 | 0.652 | α 系数＝0.893 | α 系数＝0.893 |
| | G2 | 0.767 | | |
| | G3 | 0.730 | | |
| | G4 | 0.725 | | |
| | G5 | 0.692 | | |
| | G6 | 0.712 | | |

## 二、效度分析

（一）探索性因子分析

1.关系资本的探索性因子分析

笔者利用 KMO 和 Bartlett 球形检验来对关系资本量表中的 14 个题项进行探索性因子分析。从表 5-23 中可以看出，关系资本整体变量的 KMO 值为 0.946，大于 0.7，Bartlett 球形检验显著性水平值为 0.000，说明关系资本的 14 个题项适合作因子分析。

表 5-23 关系资本量表的 KMO 与 Bartlett 球形检验

| 检验方式 | 数值 | |
|---|---|---|
| KMO 测量取样适当性 | 0.946 | |
| Bartlett 球形检验 | 大约卡方 | 2 214.906 |
| | $df$ | 91 |
| | 显著性 | 0.000 |

在此基础上，笔者运用主成分分析提取特征值大于 1 的公因子，并通过最大方差法获取因子载荷值，得到关系资本量表的因子分析结果。由表 5-24 可知，特征值大于 1 的公因子有 3 个，共解释了 65.105%的总体变异量，大于 60%，因此可以认为该量表的效度良好。

表 5-24 关系资本量表因子分析的总方差解释表

| 成分 | 初始特征值 | | | 提取平方和载入 | | | 旋转平方和载入 | | |
|---|---|---|---|---|---|---|---|---|---|
| | 合计 | 方差（%） | 累计（%） | 合计 | 方差（%） | 累计（%） | 合计 | 方差（%） | 累计（%） |
| 1 | 7.176 | 51.258 | 51.258 | 7.176 | 51.258 | 51.258 | 3.213 | 22.950 | 22.950 |
| 2 | 1.163 | 8.305 | 59.563 | 1.163 | 8.305 | 59.563 | 3.141 | 22.434 | 45.384 |
| 3 | 1.076 | 5.541 | 65.105 | 1.076 | 5.541 | 65.105 | 2.761 | 19.721 | 65.105 |

从表 5-25 中可以看出，"我们相信伙伴企业将履行合同""我们一般不怀疑伙伴企业提供的信息""我们相信伙伴企业不会泄露我们的重要信息""我们双方不会因对方疏漏占便宜""诚信问题会影响合作进展" 5 个题项在因子 1 上的因子载荷值分别为 0.802、0.697、0.781、0.734 和 0.758；"合作各方致力于保持长久的合作关系""我们双方都愿意付出额外努力为对方实现目标""合作各方承诺遵守互利互惠的原则""在感情上对双方的合作关系有归属感""伙伴企业在合作中认真履行义务和承诺" 5 个题项在因子 2 上的因子载荷值分别为 0.718、0.642、0.650、0.738 和 0.706；"合作各方的技术人员经常来往和交流""合作各方的管理人员经常来往和交流""我们经常派人到伙伴企业

了解情况""我们双方经常进行各种形式的非正式交流"4个题项在因子3上的因子载荷值分别为0.706、0.730、0.603和0.733。在本书中,笔者将因子1命名为"信任",将因子2命名为"承诺",将因子3命名为"联结强度"。

表5-25 关系资本量表因子分析的因子载荷表

| 编号 | 题项 | 因子1 | 因子2 | 因子3 |
|---|---|---|---|---|
| A1 | 我们相信伙伴企业将履行合同 | 0.802 | | |
| A3 | 我们一般不怀疑伙伴企业提供的信息 | 0.697 | | |
| A4 | 我们相信伙伴企业不会泄露我们的重要信息 | 0.781 | | |
| A5 | 我们双方不会因对方疏漏占便宜 | 0.734 | | |
| A6 | 诚信问题会影响合作进展 | 0.758 | | |
| B2 | 合作各方致力于保持长久的合作关系 | | 0.718 | |
| B3 | 我们双方都愿意付出额外努力为对方实现目标 | | 0.642 | |
| B4 | 合作各方承诺遵守互利互惠的原则 | | 0.650 | |
| B5 | 在感情上对双方的合作关系有归属感 | | 0.738 | |
| B6 | 伙伴企业在合作中认真履行义务和承诺 | | 0.706 | |
| C1 | 合作各方的技术人员经常来往和交流 | | | 0.706 |
| C2 | 合作各方的管理人员经常来往和交流 | | | 0.730 |
| C3 | 我们经常派人到伙伴企业了解情况 | | | 0.603 |
| C4 | 我们双方经常进行各种形式的非正式交流 | | | 0.733 |

### 2.吸收能力的探索性因子分析

笔者利用KMO和Bartlett球形检验来对吸收能力量表中的8个题项进行探索性因子分析。从表5-26中可以看出,吸收能力整体变量的KMO值为0.757,大于0.7,Bartlett球形检验显著性水平值为0.000,说明吸收能力的8个题项适合作因子分析。

表5-26 吸收能力量表的KMO与Bartlett球形检验

| 检验方式 | | 数值 |
|---|---|---|
| KMO测量取样适当性 | | 0.757 |
| Bartlett球形检验 | 大约卡方 | 2 426.798 |
| | df | 28 |
| | 显著性 | 0.000 |

在此基础上，笔者运用主成分分析提取特征值大于 1 的公因子，并通过最大方差法获取因子载荷，得到吸收能力量表的因子分析结果。从表 5-27 中可以看出，特征值大于 1 的公因子有两个，共解释了 68.458%的总体变异量，大于 60%，因此可以认为该量表的效度良好。

表 5-27 吸收能力量表因子分析的总方差解释表

| 成分 | 初始特征值 |  |  | 提取平方和载入 |  |  | 旋转平方和载入 |  |  |
|---|---|---|---|---|---|---|---|---|---|
|  | 合计 | 方差(%) | 累计(%) | 合计 | 方差(%) | 累计(%) | 合计 | 方差(%) | 累计(%) |
| 1 | 4.544 | 56.803 | 56.803 | 4.544 | 56.803 | 56.803 | 3.240 | 40.496 | 40.496 |
| 2 | 1.032 | 11.655 | 68.458 | 1.032 | 11.655 | 68.458 | 2.237 | 27.962 | 68.458 |

从表 5-28 中可以看出，"我们经常通过伙伴企业获取新知识""我们为员工提供多样的培训与搜集信息的渠道""我们辨别外部知识的能力非常强""我们能迅速分析并理解市场需求的变化" 4 个题项在因子 1 上的因子载荷值分别为 0.654、0.651、0.836 和 0.829；"我们对知识进行消化吸收的能力非常强""我们记录并储存获得的知识，并在需要的时候加以利用""我们能将获得的新技术与已有技术融合""我们很容易开发出新产品或新服务" 4 个题项在因子 2 上的因子载荷值分别为 0.722、0.645、0.828 和 0.826。在本书中，笔者将因子 1 命名为"潜在吸收能力"，将因子 2 命名为"现实吸收能力"。

表 5-28 吸收能力量表因子分析的因子载荷表

| 编号 | 题项 | 因子1 | 因子2 |
|---|---|---|---|
| D1 | 我们经常通过伙伴企业获取新知识 | 0.654 |  |
| D2 | 我们为员工提供多样的培训与搜集信息的渠道 | 0.651 |  |
| D3 | 我们辨别外部知识的能力非常强 | 0.836 |  |
| D4 | 我们能迅速分析并理解市场需求的变化 | 0.829 |  |
| E1 | 我们对知识进行消化吸收的能力非常强 |  | 0.722 |
| E2 | 我们记录并储存获得的知识，并在需要的时候加以利用 |  | 0.645 |
| E3 | 我们能将获得的新技术与已有技术融合 |  | 0.828 |
| E4 | 我们很容易开发出新产品或新服务 |  | 0.826 |

### 3.环境动态性的探索性因子分析

笔者利用 KMO 和 Bartlett 球形检验来对环境动态性量表中的 4 个题项进行探索性因子分析。从表 5-29 中可以看出，环境动态性整体变量的 KMO 值为 0.803，大于 0.7，Bartlett 球形检验显著性水平值为 0.000，说明环境动态性的 4 个题项适合作因子分析。

表 5-29　环境动态性量表的 KMO 与 Bartlett 球形检验

| 检验方式 | 数值 | |
|---|---|---|
| KMO 测量取样适当性 | 0.803 | |
| Bartlett 球形检验 | 大约卡方 | 383.386 |
|  | df | 6 |
|  | 显著性 | 0.000 |

在此基础上，笔者运用主成分分析提取特征值大于 1 的公因子，并通过最大方差法获取因子载荷，得到环境动态性量表的因子分析结果。从表 5-30 中可以看出，特征值大于 1 的公因子有一个，共解释了 64.026%的总体变异量，大于 60%，因此可以认为该量表的效度良好。

表 5-30　环境动态性量表因子分析的总方差解释表

| 成分 | 初始特征值 ||| 提取平方和载入 ||| 旋转平方和载入 |||
|---|---|---|---|---|---|---|---|---|---|
| | 合计 | 方差(%) | 累计(%) | 合计 | 方差(%) | 累计(%) | 合计 | 方差(%) | 累计(%) |
| 1 | 2.561 | 64.026 | 64.026 | 2.561 | 64.026 | 64.026 | 2.561 | 64.026 | 64.026 |

由表 5-31 可知，"为了赶上竞争对手，需经常改变产品和实践""行业中产品或服务过时速度很快""行业内竞争者行为难以预测""行业内顾客偏好难以预测"4 个题项均在同一个因子上，其因子载荷值分别为 0.775、0.795、0.820 和 0.810。在本书中，笔者将这个因子命名为"环境动态性"。

表 5-31　环境动态性量表因子分析的因子载荷表

| 编号 | 题项 | 因子 |
|---|---|---|
| F1 | 为了赶上竞争对手，需经常改变产品和实践 | 0.775 |
| F2 | 行业中产品或服务过时速度很快 | 0.795 |

续表

| 编号 | 题项 | 因子 |
|---|---|---|
| F3 | 行业内竞争者行为难以预测 | 0.820 |
| F4 | 行业内顾客偏好难以预测 | 0.810 |

4.知识转移绩效的探索性因子分析

笔者利用 KMO 和 Bartlett 球形检验来对知识转移绩效量表中的 6 个题项进行探索性因子分析。从表 5-32 中可以看出，知识转移绩效整体变量的 KMO 值为 0.899，大于 0.7，Bartlett 球形检验显著性水平值为 0.000，说明知识转移绩效的 6 个题项适合作因子分析。

表 5-32 知识转移绩效量表的 KMO 与 Bartlett 球形检验

| 检验方式 | | 数值 |
|---|---|---|
| KMO 测量取样适当性 | | 0.899 |
| Bartlett 球形检验 | 大约卡方 | 933.883 |
| | $df$ | 15 |
| | 显著性 | 0.000 |

在此基础上，笔者运用主成分分析提取特征值大于 1 的公因子，并通过最大方差法获取因子载荷，得到知识转移绩效量表的因子分析结果。从表 5-33 中可以看出，特征值大于 1 的公因子有一个，共解释了 65.185%的总体变异量，大于 60%，因此可以认为该量表的效度良好。

表 5-33 知识转移绩效因子分析的总方差解释表

| 成分 | 初始特征值 ||| 提取平方和载入 ||| 旋转平方和载入 |||
|---|---|---|---|---|---|---|---|---|---|
| | 合计 | 方差(%) | 累计(%) | 合计 | 方差(%) | 累计(%) | 合计 | 方差(%) | 累计(%) |
| 1 | 3.911 | 65.185 | 65.185 | 3.911 | 65.185 | 65.185 | 3.911 | 65.185 | 65.185 |

由表 5-34 可知，"获取的知识在很大程度上能转换为市场经验""企业能够获得较多的顾客偏好知识""接收的知识能在较大程度上丰富管理技巧""知识被吸收后能被运用于其他领域或项目""员工（或部门）能主动地进行知识共享和信息交流""互访、培训、经验交流、工作轮换等能提高员工素质"6 个

题项均在同一个因子上,其因子载荷值分别为 0.757、0.849、0.821、0.817、0.719 和 0.808。在本书中,笔者将这个因子命名为"知识转移绩效"。

表 5-34 知识转移绩效因子分析的因子载荷表

| 编号 | 题项 | 因子 |
| --- | --- | --- |
| G1 | 获取的知识在很大程度上能转换为市场经验 | 0.757 |
| G2 | 企业能够获得较多的顾客偏好知识 | 0.849 |
| G3 | 接收的知识能在较大程度上丰富管理技巧 | 0.821 |
| G4 | 知识被吸收后能被运用于其他领域或项目 | 0.817 |
| G5 | 员工(或部门)能主动地进行知识共享和信息交流 | 0.791 |
| G6 | 互访、培训、经验交流、工作轮换等能提高员工素质 | 0.808 |

## (二)验证性因子分析

笔者根据国内外学者的建议,选择绝对拟合优度与相对拟合优度作为模型整合拟合优度指标,具体如表 5-35 所示。

表 5-35 模型整合拟合优度指标

| 指标 | 具体指标 | 判别标准 |
| --- | --- | --- |
| 绝对拟合优度 | $\chi^2$ 与 $df$ | ① $\chi^2$ 越小越好;<br>② $\chi^2/df$ 越接近 1,表示模型拟合越好;<br>③ $\chi^2/df$ 接近 2,认为模型拟合较好;<br>④ 样本较大时,$\chi^2/df$ 为 5 左右也可以接受 |
|  | GFI | 取值大于 0.9 |
|  | RMSEA | ①RMSEA=0 表示完全拟合;<br>②RMSEA<0.05,表示模型接近拟合;<br>③0.05≤RMSEA<0.08,表示模型拟合合理;<br>④0.08≤RMSEA<0.10,表示模型拟合一般;<br>⑤0.10≤RMSEA,表示模型拟合较差 |
|  | AGFI | 取值大于 0.9 |

续表

| 指标 | 具体指标 | 判别标准 |
|---|---|---|
| 相对拟合优度 | NFI | 取值大于 0.9，越接近 1 越好 |
| | TLI | ①取值在 0~1 之间，越接近 1 表示拟合越好；②越接近 0 表示拟合越差；③TLI>0.90，认为拟合较好 |
| | CFI | ①取值在 0~1 之间，越接近 1 表示拟合越好；②越接近 0 表示拟合越差；③CFI>0.90，认为拟合较好 |
| | IFI | ①取值在 0~1 之间，越接近 1 表示拟合越好；②越接近 0 表示拟合越差；③IFI>0.90，认为拟合较好 |

1.关系资本的验证性因子分析

笔者运用 Amos 17.0 对关系资本进行验证性因子分析，关系资本测量的参数估计值和验证性因子分析拟合优度如表 5-36 所示。

表 5-36 关系资本测量的参数估计值与验证性因子分析拟合优度

| 变量 | 题项 | 标准化系数 | 标准差 | C.R 值 | 显著性 | 拟合优度 |
|---|---|---|---|---|---|---|
| 信任 | A1 | 0.797 | 0.047 | 16.338 | *** | $\chi^2=163.538$ |
| | A3 | 0.662 | 0.046 | 12.662 | ** | $\chi^2/df=2.210$ |
| | A4 | 0.778 | 0.050 | 15.779 | *** | GFI=0.926 |
| | A5 | 0.704 | 0.050 | 13.715 | *** | RMSEA=0.063 |
| | A6 | 0.737 | 0.048 | 14.615 | *** | AGFI=0.895 |
| 承诺 | B2 | 0.756 | 0.045 | 14.894 | *** | NFI=0.928 |
| | B3 | 0.644 | 0.045 | 12.023 | ** | TLI=0.949 |
| | B4 | 0.647 | 0.050 | 12.106 | ** | CFI=0.959 |
| | B5 | 0.736 | 0.048 | 14.350 | *** | IFI=0.959 |
| | B6 | 0.694 | 0.054 | 13.262 | ** | |
| 联结强度 | C1 | 0.754 | 0.050 | 14.652 | *** | |
| | C2 | 0.774 | 0.051 | 15.181 | *** | |
| | C3 | 0.672 | 0.053 | 12.543 | ** | |
| | C4 | 0.768 | 0.052 | 15.032 | *** | |

注：**表示 $p<0.05$，***表示 $p<0.01$。

从表 5-36 中可以看出，关系资本量表中所有题项的标准化系数均大于 0.5、小于 0.95，符合标准；C.R 值均大于 2，表明关系资本量表中所有题项均达到了显著水平。由拟合优度值可知，关系资本运用验证性因子分析所得到的卡方率 $\chi^2$（卡方）/df（自由度）的值为 2.210，小于 3，说明模型拟合较好；从相对拟合标准来看，规范拟合指数 NFI、Tucker-Lewis 指数 TLI、比较拟合指数 CFI 和递增拟合指数 IFI 分别为 0.928、0.949、0.959 和 0.959，均大于 0.9；从绝对拟合标准来看，拟合优度指数 GFI 为 0.926，大于 0.9，近似误差的均方根 RMSEA 为 0.063，虽然大于 0.05，但小于 0.1；修正拟合优度指数 AGFI 为 0.895，虽然小于 0.9，但已非常接近标准值，基本处于可接受的范围之内。因此，该模型有较好的拟合效果。

### 2.吸收能力的验证性因子分析

吸收能力测量的参数估计值和验证性因子分析拟合优度如表 5-37 所示。

**表 5-37 吸收能力测量的参数估计值与验证性因子分析拟合优度**

| 变量 | 题项 | 标准化系数 | 标准差 | C.R 值 | 显著性 | 拟合优度 |
|---|---|---|---|---|---|---|
| 潜在吸收能力 | D1 | 0.740 | 0.046 | 14.254 | *** | $\chi^2=216.852$ |
|  | D2 | 0.728 | 0.049 | 13.926 | *** | $\chi^2/df=2.853$ |
|  | D3 | 0.683 | 0.055 | 12.811 | ** | GFI=0.957 |
|  | D4 | 0.635 | 0.051 | 11.671 | ** | RMSEA=0.078 |
| 现实吸收能力 | E1 | 0.768 | 0.052 | 15.087 | *** | AGFI=0.918 |
|  | E2 | 0.711 | 0.051 | 13.569 | ** | NFI=0.950 |
|  | E3 | 0.687 | 0.046 | 12.966 | ** | TLI=0.951 |
|  | E4 | 0.755 | 0.049 | 14.745 | *** | CFI=0.967 |
|  |  |  |  |  |  | IFI=0.967 |

注：**表示 $p<0.05$，***表示 $p<0.01$。

从表 5-37 中可以看出，吸收能力量表中所有题项的标准化系数均大于 0.5、小于 0.95，符合标准；C.R 值均大于 2，表明吸收能力量表中所有题项均达到了显著水平。由拟合优度值可知，吸收能力运用验证性因子分析所得到的卡方率 $\chi^2/df$ 的值为 2.853，小于 3，说明模型拟合较好；从相对拟合标准来看，NFI、TLI、CFI 和 IFI 分别为 0.950、0.951、0.967 和 0.967，均大于 0.9；从绝对拟合标准来看，GFI 为 0.957，大于 0.9，RMSEA 为 0.078，虽然大于 0.05，但小于 0.1，基本处于可接受的范围之内；修正拟合优度指数 AGFI 为 0.918，大于 0.9。因此，该模型有较好的拟合效果。

3.环境动态性的验证性因子分析

环境动态性测量的参数估计值和验证性因子分析拟合优度如表 5-38 所示。

表 5-38 环境动态性测量的参数估计值与验证性因子分析拟合优度

| 变量 | 题项 | 标准化系数 | 标准差 | C.R 值 | 显著性 | 拟合优度 |
|---|---|---|---|---|---|---|
| 环境动态性 | F1 | 0.843 | 0.051 | 16.978 | *** | $\chi^2=14.029$ |
|  | F2 | 0.735 | 0.049 | 14.798 | *** | $\chi^2/df=4.676$ GFI＝0.978 RMSEA＝0.092 |
|  | F3 | 0.708 | 0.048 | 14.008 | ** | AGFI＝0.927 NFI＝0.964 TLI＝0.942 |
|  | F4 | 0.765 | 0.048 | 15.689 | ** | CFI＝0.971 IFI＝0.971 |

注：**表示 $p<0.05$，***表示 $p<0.01$。

从表 5-38 中可以看出，环境动态性量表中所有题项的标准化系数均大于 0.5、小于 0.95，符合标准；C.R 值均大于 2，表明环境动态性量表中所有题项均达到了显著水平。由拟合优度值可知，环境动态性运用验证性因子分析所得到的卡方率 $\chi^2/df$ 的值为 4.676，小于 5 的最低标准；从相对拟合标准来看，NFI、TLI、CFI 和 IFI 分别为 0.964、0.942、0.971 和 0.971，均大于 0.9；从绝对拟合标准来看，GFI 为 0.978，大于 0.9，RMSEA 为 0.092，虽然大于 0.05，但小于 0.1，基本处于可接受的范围之内；修正拟合优度指数 AGFI 为 0.927，大于 0.9。因此，该模型有较好的拟合效果。

**4. 知识转移绩效的验证性因子分析**

知识转移绩效测量的参数估计值和验证性因子分析拟合优度如表 5-39 所示。

表 5-39 知识转移绩效测量的参数估计值与验证性因子分析拟合优度

| 变量 | 题项 | 标准化系数 | 标准差 | C.R 值 | 显著性 | 拟合优度 |
|---|---|---|---|---|---|---|
| 知识转移绩效 | G1 | 0.698 | 0.050 | 13.347 | *** | $\chi^2=21.663$ |
| | G2 | 0.820 | 0.048 | 16.778 | *** | $\chi^2/df=2.407$ |
| | | | | | | GFI=0.978 |
| | G3 | 0.780 | 0.048 | 15.598 | *** | RMSEA=0.068 |
| | | | | | | AGFI=0.949 |
| | G4 | 0.771 | 0.052 | 15.337 | ** | NFI=0.977 |
| | | | | | | TLI=0.977 |
| | G5 | 0.739 | 0.051 | 14.441 | ** | CFI=0.986 |
| | G6 | 0.769 | 0.049 | 15.272 | ** | IFI=0.986 |

注：**表示 $p<0.05$，***表示 $p<0.01$。

从表 5-39 中可以看出，知识转移绩效量表中所有题项的标准化系数均大于 0.5、小于 0.95，符合标准；C.R 值均大于 2，表明知识转移绩效量表中所有题项均达到了显著水平。由拟合优度值可知，知识转移绩效运用验证性因子分析所得到的卡方率 $\chi^2/df$ 值为 2.407，小于 3；从相对拟合标准来看，NFI、TLI、CFI 和 IFI 分别为 0.977、0.977、0.986 和 0.986，均大于 0.9；从绝对拟合标准来看，GFI 为 0.978，大于 0.9，RMSEA 为 0.068，虽然大于 0.05，但小于 0.1，基本处于可接受的范围之内；修正拟合优度指数 AGFI 为 0.949，大于 0.9。因此，该模型有较好的拟合效果。

# 第四节 企业战略联盟关系资本与知识转移绩效研究的检验与讨论

本书将采用 Pearson 相关分析法对所有变量进行分析，以 Pearson 系数来检验关系资本、吸收能力、环境动态性与知识转移绩效之间的相关性，用层次回归分析验证各变量之间的关系。Pearson 系数一般介于－1 和 1 之间，具体来说，当相关系数值为正时，说明变量之间存在正相关关系；而相关系数值为负时，说明变量之间存在负相关关系。变量之间相关关系的强弱取决于 Pearson 系数的绝对值，具体的衡量标准如下：Pearson 系数的绝对值小于 0.3，变量之间的关系为微弱相关；Pearson 系数的绝对值大于 0.3、小于 0.5，变量之间的关系为低度相关；Pearson 系数的绝对值大于 0.5、小于 0.8，变量之间的关系为显著相关；Pearson 系数的绝对值大于 0.8，变量之间的关系为高度相关。此外，在层级回归分析中，方差膨胀因子指数（VIF）往往用于验证模型的多重线性问题，具体的衡量标准为：VIF 大于 0、小于 10 时，回归模型被视为不存在多重线性问题。

## 一、关系资本与知识转移绩效的关系分析

### （一）变量相关分析

笔者运用 SPSS 22.0 对关系资本及其三个维度（信任、承诺和联结强度）与知识转移绩效的关系进行了 Pearson 相关分析，分析结果如表 5-40 所示。

表 5-40　变量的 Pearson 相关系数

|  | 关系资本 | 信任 | 承诺 | 联结强度 | 知识转移绩效 |
| --- | --- | --- | --- | --- | --- |
| 关系资本 | 1 |  |  |  |  |
| 信任 | 0.947** | 1 |  |  |  |
| 承诺 | 0.861** | 0.807** | 1 |  |  |
| 联结强度 | 0882** | 0.734** | 0.616** | 1 |  |
| 知识转移绩效 | 0.629** | 0.627** | 0.516** | 0.557** | 1 |

注：**表示 $p<0.01$。

由表 5-40 可知，关系资本与知识转移绩效的相关系数为 0.629，其对应的 $p$ 值小于 0.01，信任、承诺与联结强度与知识转移绩效的相关系数分别为 0.627、0.516 和 0.557，其对应的 $p$ 值均小于 0.01，具有显著的统计学意义，说明自变量与因变量之间有显著的正相关关系。

## （二）关系资本与知识转移绩效的关系

笔者运用层次回归分析来检验关系资本与知识转移绩效的关系。如前文所述，针对这两个变量的关系，笔者提出了以下几个假设：假设 H1 是关系资本与知识转移绩效有正相关关系；假设 H1a 是信任与知识转移绩效有正相关关系；假设 H1b 是承诺与知识转移绩效有正相关关系；假设 H1c 是联结强度与知识转移绩效有正相关关系。表 5-41 中是对关系资本与知识转移绩效的关系进行层次回归分析的结果，其中的因变量均是知识转移绩效。模型 1 中包括企业规模、研发投入、交往时间和行业分布等控制变量，主要是为了检验控制变量对知识转移绩效的影响。模型 2 在模型 1 的基础上增加了自变量"关系资本"，以检验关系资本对知识转移绩效的影响。模型 3、模型 4 和模型 5 分别在模型 1 的基础上增加了自变量"信任""承诺"和"联结强度"，以检验它们对知识转移绩效的影响。

表 5-41　关系资本对知识转移绩效的影响分析结果

| 模型 | 变量 | 系数 | $t$ 值 | VIF 值 | $F$ 值 | $R^2$ | 调整 $R^2$ |
|---|---|---|---|---|---|---|---|
| 1 | 企业规模 | 0.247 | 1.727* | 6.307 | 2.531** | 0.033 | 0.020 |
|   | 研发投入 | 0.027 | 0.155 | 9.056 |   |   |   |
|   | 交往时间 | −0.009 | −0.154 | 1.083 |   |   |   |
|   | 行业分布 | −0.124 | −0.993 | 4.842 |   |   |   |
| 2 | 企业规模 | 0.041 | 0.359 | 6.423 | 39.330*** | 0.398 | 0.387 |
|   | 研发投入 | 0.055 | 0.409 | 9.058 |   |   |   |
|   | 交往时间 | 0.020 | 0.431 | 1.085 |   |   |   |
|   | 行业分布 | −0.070 | −0.702 | 4.850 |   |   |   |
|   | 关系资本 | 0.622 | 13.433*** | 1.060 |   |   |   |
| 3 | 企业规模 | 0.086 | 0.754 | 6.354 | 39.132*** | 0.396 | 0.398 |
|   | 研发投入 | −0.012 | −0.089 | 9.057 |   |   |   |
|   | 交往时间 | 0.029 | 0.623 | 1.084 |   |   |   |
|   | 行业分布 | −0.051 | −0.516 | 4.844 |   |   |   |
|   | 信任 | 0.622 | 13.397*** | 1.063 |   |   |   |
| 4 | 企业规模 | 0.139 | 0.754 | 6.378 | 22.888*** | 0.277 | 0.265 |
|   | 研发投入 | 0.044 | −0.089 | 9.060 |   |   |   |
|   | 交往时间 | 0.010 | 0.623 | 1.087 |   |   |   |
|   | 行业分布 | −0.102 | −0.516 | 4.857 |   |   |   |
|   | 承诺 | 0.501 | 10.046*** | 1.027 |   |   |   |
| 5 | 企业规模 | 0.018 | 0.148 | 6.492 | 27.431*** | 0.315 | 0.304 |
|   | 研发投入 | 0.120 | 0.827 | 9.086 |   |   |   |
|   | 交往时间 | 0.004 | 0.072 | 1.083 |   |   |   |
|   | 行业分布 | −0.081 | −0.768 | 4.848 |   |   |   |
|   | 联结强度 | 0.546 | 11.086*** | 1.054 |   |   |   |

注：*表示 $p<0.1$，**表示 $p<0.05$，***表示 $p<0.01$。

从表 5-41 中可以看出，上述 5 个模型的 $F$ 统计量均在 0.05 水平上显著，回归模型通过了显著性检验，且由每个回归模型中自变量的 VIF 值可知，上述模型通过了多重共线性检验。此外，在模型 2 中，$R^2$ 从原先的 0.033 变为 0.398，

$F$ 值变为 39.330，显著性水平为 $p<0.01$，且关系资本的 $t$ 值为 13.433，显著性水平为 $p<0.01$，说明关系资本显著正向影响知识转移绩效（系数 $\beta_1$ 为 0.622，$p=0.000$），假设 H1 得到了验证。在模型 3 中，$R^2$ 变为 0.396，$F$ 值变为 39.132，显著性水平为 $p<0.01$，且信任的 $t$ 值为 13.397，显著性水平为 $p<0.01$，说明信任显著正向影响知识转移绩效（系数 $\beta_2$ 为 0.622，$p=0.000$），假设 H1a 得到了验证。在模型 4 中，$R^2$ 变为 0.277，$F$ 值变为 22.888，显著性水平为 $p<0.01$，且承诺的 $t$ 值为 10.046，显著性水平为 $p<0.01$，说明承诺显著正向影响知识转移绩效（系数 $\beta_3$ 为 0.501，$p=0.000$），假设 H1b 得到了验证。在模型 5 中，$R^2$ 变为 0.315，$F$ 值变为 27.431，显著性水平为 $p<0.01$，且联结强度的 $t$ 值为 11.086，显著性水平为 $p<0.01$，说明联结强度也显著正向影响知识转移绩效（系数 $\beta_4$ 为 0.546，$p=0.000$），假设 H1c 也得到了验证。

从表 5-41 中还可以看出，企业规模（系数 $\beta_0^1$ 为 0.247，$p=0.085$）显著正向影响知识转移绩效，而研发投入（系数 $\beta_0^2$ 为 0.027，$p=0.877$）、交往时间（系数 $\beta_0^4$ 为 $-0.009$，$p=0.878$）、行业分布（系数 $\beta_0^3$ 为 $-0.124$，$p=0.322$）对知识转移绩效的影响不显著。

## 二、关系资本与吸收能力的关系分析

（一）变量相关分析

笔者运用 SPSS 22.0 对关系资本及其三个维度与吸收能力及其两个维度的关系进行了 Pearson 相关分析，分析结果如表 5-42 所示。

表 5-42  变量的 Pearson 相关系数

|  | 关系资本 | 信任 | 承诺 | 联结强度 | 吸收能力 | 潜在吸收能力 | 现实吸收能力 |
|---|---|---|---|---|---|---|---|
| 关系资本 | 1 |  |  |  |  |  |  |
| 信任 | 0.947** | 1 |  |  |  |  |  |
| 承诺 | 0.861** | 0.807** | 1 |  |  |  |  |
| 联结强度 | 0.882** | 0.734** | 0.616** | 1 |  |  |  |
| 吸收能力 | 0.719** | 0.695** | 0.579** | 0.667** | 1 |  |  |
| 潜在吸收能力 | 0.654** | 0.603** | 0.539** | 0.628** | 0.925** | 1 |  |
| 现实吸收能力 | 0.681** | 0.686** | 0.536** | 0.610** | 0.931** | 0.723** | 1 |

注：**表示 $p<0.01$。

由表 5-42 可知，关系资本与吸收能力、潜在吸收能力与现实吸收能力的相关系数分别为 0.719、0.654 和 0.681，对应的 $p$ 值均小于 0.01，说明关系资本与吸收能力、潜在吸收能力和现实吸收能力均有显著的正相关关系；信任、承诺和联结强度与吸收能力的相关系数分别为 0.695、0.579 和 0.667，对应的 $p$ 值均小于 0.01，说明信任、承诺和联结强度与吸收能力具有显著的正相关关系；信任、承诺和联结强度与潜在吸收能力的相关系数分别为 0.603、0.539、0.628，对应的 $p$ 值均小于 0.01，说明信任、承诺和联结强度与潜在吸收能力具有显著的正相关关系；信任、承诺和联结强度与现实吸收能力的相关系数分别为 0.686、0.536、0.610，对应的 $p$ 值均小于 0.01，说明信任、承诺和联结强度与现实吸收能力具有显著的正相关关系。

### （二）关系资本与吸收能力的关系

如前文所述，针对关系资本与吸收能力的关系，笔者提出了如下假设：假设 H2 是关系资本与吸收能力有正相关关系；假设 H2a 是信任与潜在吸收能力有正相关关系；假设 H2b 是承诺与潜在吸收能力有正相关关系；假设 H2c 是联结强度与潜在吸收能力有正相关关系；假设 H2d 是信任与现实吸收能力有正相关关系；假设 H2e 是承诺与现实吸收能力有正相关关系；假设 H2f 是联结强度与现实吸收能力有正相关关系。笔者运用层次回归分析来检验关系资本与吸收能力、潜在吸收能力、现实吸收能力的关系，结果如表 5-43、表 5-44 和表 5-45 所示。

表 5-43　关系资本对吸收能力的影响分析结果

| 模型 | 变量 | 系数 | $t$ 值 | VIF 值 | $F$ 值 | $R^2$ | 调整 $R^2$ |
|---|---|---|---|---|---|---|---|
| 1 | 企业规模 | 0.202 | 1.407 | 6.307 | 2.026* | 0.026 | 0.013 |
| | 研发投入 | −0.109 | −0.637 | 9.056 | | | |
| | 交往时间 | −0.035 | −0.584 | 1.083 | | | |
| | 行业分布 | 0.053 | 0.424 | 4.842 | | | |
| 2 | 企业规模 | −0.038 | −0.374 | 6.423 | 64.726*** | 0.521 | 0.513 |
| | 研发投入 | −0.076 | −0.629 | 9.058 | | | |
| | 交往时间 | −0.001 | −0.013 | 1.085 | | | |
| | 行业分布 | 0.117 | 1.324 | 4.850 | | | |
| | 关系资本 | 0.724 | 17.528*** | 1.060 | | | |

注：*表示 $p<0.1$，***表示 $p<0.01$。

表 5-43 中是对关系资本与吸收能力的关系进行回归分析的结果，其中因变量是吸收能力。模型 1 中包括企业规模、研发投入、交往时间和行业分布等控制变量，主要是为了检验控制变量对吸收能力的影响。模型 2 在模型 1 的基础上增加了自变量"关系资本"，以检验关系资本对吸收能力的影响。

从表 5-43 中可以看出，上述 2 个模型的 $F$ 统计量均在 0.1 水平上显著，回归模型通过了显著性检验，且由每个回归模型中自变量的 VIF 值可知，上述模型通过了多重共线性检验。此外，在模型 2 中，$R^2$ 为 0.521，$F$ 值变为 64.726，显著性水平为 $p<0.01$，且关系资本的 $t$ 值为 17.528，显著性水平为 $p<0.01$，说明关系资本显著正向影响吸收能力（系数 $\beta_5$ 为 0.724，$p=0.000$），假设 H2 得到了验证。

## 表 5-44  关系资本对潜在吸收能力的影响分析结果

| 模型 | 变量 | 系数 | $t$ 值 | VIF 值 | $F$ 值 | $R^2$ | 调整 $R^2$ |
|---|---|---|---|---|---|---|---|
| 1 | 企业规模 | 0.126 | 1.418 | 6.307 | 2.696** | 0.039 | 0.014 |
|   | 研发投入 | −0.097 | −0.681 | 9.056 | | | |
|   | 交往时间 | −0.012 | −0.377 | 1.083 | | | |
|   | 行业分布 | −0.013 | −0.301 | 4.842 | | | |
| 2 | 企业规模 | 0.044 | 0.382 | 6.378 | 35.281*** | 0.372 | 0.361 |
|   | 研发投入 | −0.157 | −1.133 | 9.060 | | | |
|   | 交往时间 | 0.016 | 0.329 | 1.087 | | | |
|   | 行业分布 | 0.035 | 0.344 | 4.857 | | | |
|   | 信任 | 0.621 | 13.116*** | 1.063 | | | |
| 3 | 企业规模 | 0.089 | 0.725 | 6.354 | 24.613*** | 0.292 | 0.280 |
|   | 研发投入 | −0.099 | −0.675 | 9.057 | | | |
|   | 交往时间 | −0.002 | −0.042 | 1.084 | | | |
|   | 行业分布 | −0.014 | −0.128 | 4.844 | | | |
|   | 承诺 | 0.539 | 10.917*** | 1.027 | | | |
| 4 | 企业规模 | −0.063 | −0.553 | 6.492 | 39.401*** | 0.398 | 0.388 |
|   | 研发投入 | −0.009 | −0.066 | 9.086 | | | |
|   | 交往时间 | −0.008 | −0.164 | 1.083 | | | |
|   | 行业分布 | 0.013 | 0.127 | 4.848 | | | |
|   | 联结强度 | 0.640 | 13.872*** | 1.054 | | | |

注：**表示 $p<0.05$，***表示 $p<0.01$。

表 5-44 中是对关系资本的三个维度与潜在吸收能力的关系进行回归分析的结果，其中因变量是潜在吸收能力。模型 1 中包括企业规模、研发投入、交往时间和行业分布等控制变量，主要是为了检验控制变量对潜在吸收能力的影响。模型 2 在模型 1 的基础上增加了自变量"信任"，以检验信任对潜在吸收能力的影响。模型 3 在模型 1 的基础上增加了自变量"承诺"，以检验承诺对潜在吸收能力的影响。模型 4 在模型 1 的基础上增加了自变量"联结强度"，以检验联结强度对潜在吸收能力的影响。

从表 5-44 中可以看出，上述 4 个模型的 $F$ 统计量均在 0.05 水平上显著，回归模型通过了显著性检验，且由每个回归模型中自变量的 VIF 值可知，上述模型通过了多重共线性检验。此外，在模型 2 中，$R^2$ 为 0.372，$F$ 值变为 35.281，显著性水平为 $p<0.01$，且信任的 $t$ 值为 13.116，显著性水平为 $p<0.01$，说明信任显著正向影响潜在吸收能力（系数 $\beta_6$ 为 0.621，$p=0.000$），假设 H2a 得到了验证。在模型 3 中，$R^2$ 为 0.292，$F$ 值变为 24.613，显著性水平为 $p<0.01$，且承诺的 $t$ 值为 10.917，显著性水平为 $p<0.01$，说明承诺显著正向影响潜在吸收能力（系数 $\beta_7$ 为 0.539，$p=0.000$），假设 H2b 得到了验证。在模型 4 中，$R^2$ 为 0.398，$F$ 值变为 39.401，显著性水平为 $p<0.01$，且联结强度的 $t$ 值为 13.872，显著性水平为 $p<0.01$，说明联结强度显著正向影响潜在吸收能力（系数 $\beta_8$ 为 0.640，$p=0.000$），假设 H2c 得到了验证。

表 5-45　关系资本对现实吸收能力的影响分析结果

| 模型 | 变量 | 系数 | $t$ 值 | VIF 值 | $F$ 值 | $R^2$ | 调整 $R^2$ |
|---|---|---|---|---|---|---|---|
| 1 | 企业规模 | 0.170 | 1.202 | 6.307 | 4.008*** | 0.051 | 0.038 |
|  | 研发投入 | −0.086 | −0.507 | 9.056 |  |  |  |
|  | 交往时间 | −0.041 | −0.706 | 1.083 |  |  |  |
|  | 行业分布 | 0.133 | 1.074 | 4.842 |  |  |  |
| 2 | 企业规模 | −0.006 | −0.053 | 6.378 | 55.769*** | 0.483 | 0.475 |
|  | 研发投入 | −0.128 | −1.022 | 9.060 |  |  |  |
|  | 交往时间 | 0.000 | 0.010 | 1.087 |  |  |  |
|  | 行业分布 | 0.213 | 2.319** | 4.857 |  |  |  |
|  | 信任 | 0.678 | 15.795*** | 1.063 |  |  |  |
| 3 | 企业规模 | 0.059 | 0.486 | 6.354 | 26.846*** | 0.311 | 0.299 |
|  | 研发投入 | −0.068 | −0.468 | 9.057 |  |  |  |
|  | 交往时间 | −0.022 | −0.436 | 1.084 |  |  |  |
|  | 行业分布 | 0.157 | 1.478 | 4.844 |  |  |  |
|  | 承诺 | 0.516 | 10.594*** | 1.027 |  |  |  |

续表

| 模型 | 变量 | 系数 | $t$ 值 | VIF 值 | $F$ 值 | $R^2$ | 调整 $R^2$ |
|---|---|---|---|---|---|---|---|
| 4 | 企业规模 | −0.081 | −0.706 | 6.492 | 38.408*** | 0.392 | 0.382 |
|   | 研发投入 | 0.016 | 0.119 | 9.086 |   |   |   |
|   | 交往时间 | −0.027 | −0.583 | 1.083 |   |   |   |
|   | 行业分布 | 0.181 | 1.816* | 4.848 |   |   |   |
|   | 联结强度 | 0.600 | 12.927*** | 1.054 |   |   |   |

注：*表示 $p<0.1$，**表示 $p<0.05$，***表示 $p<0.01$。

表 5-45 中是对关系资本的三个维度与现实吸收能力的关系进行回归分析的结果，其中因变量是现实吸收能力。模型 1 中包括企业规模、研发投入、交往时间和行业分布等控制变量，主要是为了检验控制变量对现实吸收能力的影响。模型 2 在模型 1 的基础上增加了自变量"信任"，以检验信任对现实吸收能力的影响。模型 3 在模型 1 的基础上增加了自变量"承诺"，以检验承诺对现实吸收能力的影响。模型 4 在模型 1 的基础上增加了自变量"联结强度"，以检验联结强度对现实吸收能力的影响。

从表 5-45 中可以看出，上述 4 个模型的 $F$ 统计量均在 0.01 水平上显著，回归模型通过了显著性检验，且由每个回归模型中自变量的 VIF 值可知，上述模型通过了多重共线性检验。此外，在模型 2 中，$R^2$ 为 0.483，$F$ 值变为 55.769，显著性水平为 $p<0.01$，且信任的 $t$ 值为 15.795，显著性水平为 $p<0.01$，说明信任显著正向影响现实吸收能力（系数 $\beta_9$ 为 0.678，$p=0.000$），假设 H2d 得到了验证。在模型 3 中，$R^2$ 为 0.311，$F$ 值变为 26.846，显著性水平为 $p<0.01$，且承诺的 $t$ 值为 10.594，显著性水平为 $p<0.01$，说明承诺显著正向影响现实吸收能力（系数 $\beta_{10}$ 为 0.516，$p=0.000$），假设 H2e 得到了验证。在模型 4 中，$R^2$ 为 0.392，$F$ 值变为 38.408，显著性水平为 $p<0.01$，且联结强度的 $t$ 值为 12.927，显著性水平为 $p<0.01$，说明联结强度显著正向影响现实吸收能力（系数 $\beta_{11}$ 为 0.600，$p=0.000$），假设 H2f 得到了验证。

## 三、吸收能力与知识转移绩效的关系分析

### （一）变量相关分析

笔者运用 SPSS 22.0 对吸收能力及其两个维度与知识转移绩效的关系进行了 Pearson 相关分析，分析结果如表 5-46 所示。

表 5-46　变量的 Pearson 相关系数

|  | 吸收能力 | 潜在吸收能力 | 现实吸收能力 | 知识转移绩效 |
| --- | --- | --- | --- | --- |
| 吸收能力 | 1 |  |  |  |
| 潜在吸收能力 | 0.925** | 1 |  |  |
| 现实吸收能力 | 0.931** | 0.723** | 1 |  |
| 知识转移绩效 | 0.678** | 0.609** | 0.648** | 1 |

注：**表示 $p<0.01$。

由表 5-46 可知，吸收能力、潜在吸收能力和现实吸收能力与知识转移绩效的相关系数分别为 0.678、0.609 和 0.648，对应的 $p$ 值均小于 0.01，说明吸收能力、潜在吸收能力和现实吸收能力与知识转移绩效具有显著的正相关关系。

### （二）吸收能力与知识转移绩效的关系

如前文所述，针对吸收能力与知识转移绩效的关系，笔者提出了如下假设：假设 H3 是吸收能力与知识转移绩效有正相关关系；假设 H3a 是潜在吸收能力与知识转移绩效有正相关关系；假设 H3b 是现实吸收能力与知识转移绩效有正相关关系。表 5-47 中是对吸收能力与知识转移绩效的关系进行层次回归分析的结果，其中因变量是知识转移绩效。模型 1 中包括企业规模、研发投入、交往时间和行业分布等控制变量，主要是为了检验控制变量对知识转移绩效的影响。模型 2 在模型 1 的基础上增加了中介变量"吸收能力"，以检验吸收能力对知识转移绩效的影响。模型 3 在模型 1 的基础上增加了中介变量"潜在吸收能力"，以检验潜在吸收能力对知识转移绩效的影响。模型 4 在模型 1 的基

础上增加了中介变量"现实吸收能力",以检验现实吸收能力对知识转移绩效的影响。

表 5-47 吸收能力对知识转移绩效的影响分析结果

| 模型 | 变量 | 系数 | $t$ 值 | VIF 值 | $F$ 值 | $R^2$ | 调整 $R^2$ |
|---|---|---|---|---|---|---|---|
| 1 | 企业规模 | 0.247 | 1.727* | 6.307 | 2.531** | 0.033 | 0.020 |
|  | 研发投入 | 0.027 | 0.155 | 9.056 |  |  |  |
|  | 交往时间 | −0.009 | −0.154 | 1.083 |  |  |  |
|  | 行业分布 | −0.124 | −0.993 | 4.842 |  |  |  |
| 2 | 企业规模 | 0.112 | 1.050 | 6.348 | 52.825*** | 0.470 | 0.461 |
|  | 研发投入 | 0.100 | 0.786 | 9.068 |  |  |  |
|  | 交往时间 | 0.014 | 0.321 | 1.084 |  |  |  |
|  | 行业分布 | −0.160 | −1.723* | 4.845 |  |  |  |
|  | 吸收能力 | 0.670 | 15.675*** | 1.027 |  |  |  |
| 3 | 企业规模 | 0.124 | 1.085 | 6.349 | 38.011*** | 0.389 | 0.379 |
|  | 研发投入 | 0.097 | 0.714 | 9.070 |  |  |  |
|  | 交往时间 | 0.004 | 0.094 | 1.083 |  |  |  |
|  | 行业分布 | −0.101 | −1.018 | 4.843 |  |  |  |
|  | 潜在吸收能力 | 0.600 | 13.194*** | 1.009 |  |  |  |
| 4 | 企业规模 | 0.136 | 1.242 | 6.337 | 45.444*** | 0.433 | 0.423 |
|  | 研发投入 | 0.082 | 0.627 | 9.064 |  |  |  |
|  | 交往时间 | 0.018 | 0.390 | 1.085 |  |  |  |
|  | 行业分布 | −0.211 | −2.190** | 4.861 |  |  |  |
|  | 现实吸收能力 | 0.649 | 14.492*** | 1.054 |  |  |  |

注:*表示 $p<0.1$,**表示 $p<0.05$,***表示 $p<0.01$。

从表 5-47 中可以看出,上述 4 个模型的 $F$ 统计量均在 0.05 水平上显著,回归模型通过了显著性检验,且由每个回归模型中中介变量的 VIF 值可知,上述模型通过了多重共线性检验。此外,在模型 2 中,$R^2$ 为 0.470,$F$ 值为 52.825,显著性水平为 $p<0.01$,吸收能力的 $t$ 值为 15.675,其显著性水平为 $p<0.01$,说明吸收能力显著正向影响知识转移绩效(系数 $\beta_{12}$ 为 0.670,$p=0.000$),假设 H3 得到了验证。在模型 3 中,$R^2$ 为 0.389,$F$ 值为 38.011,显著性水平为 $p<0.01$,潜在吸收能力的 $t$ 值为 13.194,其显著性水平为 $p<0.01$,说明潜在吸

收能力显著正向影响知识转移绩效（系数 $\beta_{13}$ 为 0.600，$p=0.000$），假设 H3a 得到了验证。在模型 4 中，$R^2$ 为 0.433，$F$ 值为 45.444，显著性水平为 $p<0.01$，现实吸收能力的 $t$ 值为 14.492，其显著性水平为 $p<0.01$，说明现实吸收能力也显著正向影响知识转移绩效（系数 $\beta_{14}$ 为 0.649，$p=0.000$），假设 H3b 得到了验证。

## 四、吸收能力的中介作用分析

关系资本及其三个维度、吸收能力及其两个维度、知识转移绩效的关系如表 5-48 所示。

表 5-48　变量的 Pearson 相关系数

|  | 关系资本 | 信任 | 承诺 | 联结强度 | 吸收能力 | 潜在吸收能力 | 现实吸收能力 | 知识转移绩效 |
|---|---|---|---|---|---|---|---|---|
| 关系资本 | 1 | | | | | | | |
| 信任 | 0.947** | 1 | | | | | | |
| 承诺 | 0.861** | 0.807** | 1 | | | | | |
| 联结强度 | 0.882** | 0.734** | 0.616** | 1 | | | | |
| 吸收能力 | 0.719** | 0.695** | 0.579** | 0.667** | 1 | | | |
| 潜在吸收能力 | 0.654** | 0.603** | 0.539** | 0.628** | 0.925** | 1 | | |
| 现实吸收能力 | 0.681** | 0.686** | 0.536** | 0.610** | 0.931** | 0.723** | 1 | |
| 知识转移绩效 | 0.629** | 0.627** | 0.516** | 0.557** | 0.678** | 0.609** | 0.648** | 1 |

注：**表示 $p<0.01$。

目前管理学研究对于中介变量的中介作用的检验大多采用 Baron 和 Kenny（1986）所提出的经典三步法：第一步，检验自变量与因变量之间是否存在显著的线性关系，如果存在，进行第二步，如果不存在，则说明不存在中介作用，停止检验；第二步，检验自变量与中介变量之间是否存在显著的线性关系，如果存在，进行第三步，如果不存在，则停止检验；第三步，在验证中介变量与因变量之间具有显著线性关系的基础上，检验控制中介变量后，自变量与因变量之间是否存在显著的线性关系，如果结果不显著，说明中介变量起完全中介效应，如果结果显著且线性关系明显减小，则说明中介变量起部分中介作用。

如前文所述，针对吸收能力的中介作用，笔者提出了如下假设：假设 H4 是吸收能力在关系资本与知识转移绩效之间起中介作用；假设 H4a 是潜在吸收能力在信任与知识转移绩效之间起中介作用；假设 H4b 是潜在吸收能力在承诺与知识转移绩效之间起中介作用；假设 H4c 是潜在吸收能力在联结强度与知识转移绩效之间起中介作用；假设 H4d 是现实吸收能力在信任与知识转移绩效之间起中介作用；假设 H4e 是现实吸收能力在承诺与知识转移绩效之间起中介作用；假设 H4f 是现实吸收能力在联结强度与知识转移绩效之间起中介作用。分析结果如表 5-49、表 5-50 和表 5-51 所示。

表 5-49 吸收能力的中介作用分析结果

| 模型 | 变量 | 系数 | $t$ 值 | VIF 值 | $F$ 值 | $R^2$ | 调整 $R^2$ |
|---|---|---|---|---|---|---|---|
| 1 | 企业规模 | 0.247 | 1.727* | 6.307 | 2.531** | 0.033 | 0.020 |
|   | 研发投入 | 0.027 | 0.155 | 9.056 |   |   |   |
|   | 交往时间 | −0.009 | −0.154 | 1.083 |   |   |   |
|   | 行业分布 | −0.124 | −0.993 | 4.842 |   |   |   |
| 2 | 企业规模 | 0.041 | 0.359 | 6.423 | 39.330*** | 0.398 | 0.287 |
|   | 研发投入 | 0.055 | 0.409 | 9.058 |   |   |   |
|   | 交往时间 | 0.020 | 0.431 | 1.085 |   |   |   |
|   | 行业分布 | −0.070 | −0.702 | 4.850 |   |   |   |
|   | 关系资本 | 0.622 | 13.433*** | 1.060 |   |   |   |
| 3 | 企业规模 | 0.059 | 0.570 | 6.426 | 50.653*** | 0.506 | 0.496 |
|   | 研发投入 | 0.091 | 0.744 | 9.070 |   |   |   |
|   | 交往时间 | 0.020 | 0.481 | 1.085 |   |   |   |
|   | 行业分布 | −0.125 | −1.388 | 4.879 |   |   |   |
|   | 关系资本 | 0.278 | 4.644*** | 2.152 |   |   |   |
|   | 吸收能力 | 0.475 | 8.064*** | 2.086 |   |   |   |

注：*表示 $p<0.1$，**表示 $p<0.05$，***表示 $p<0.01$。

表 5-49 中是对吸收能力的中介作用进行回归分析的结果，其中因变量是

知识转移绩效。模型1中包括企业规模、研发投入、交往时间和行业分布等控制变量，主要是为了检验控制变量对知识转移绩效的影响。模型2在模型1的基础上增加了自变量"关系资本"，以检验关系资本对知识转移绩效的影响。模型3在模型2中增加了中介变量"吸收能力"，以检验吸收能力对知识转移绩效的影响。

从表5-49中可以看出，上述3个模型的$F$统计量均在0.05水平上显著，回归模型通过了显著性检验，且由每个回归模型中自变量与中介变量的VIF值可知，上述模型通过了多重共线性检验。此外，在模型2和模型3中，关系资本显著正向影响知识转移绩效（系数$\beta_1$为0.622，$p=0.000$），吸收能力与知识转移绩效之间存在显著的线性关系（系数$\beta_{15}$为0.475，$p=0.000$），加入中介变量"吸收能力"后，关系资本与知识转移绩效之间仍然存在显著的线性关系，但关系资本对知识转移绩效的影响程度（系数$\beta_1'$为0.278，$p=0.000$）降低了，因此吸收能力在关系资本与知识转移绩效之间起到了部分中介作用，假设H4得到了验证。

表5-50 潜在吸收能力的中介作用结果分析

| 模型 | 变量 | 系数 | $t$值 | VIF值 | $F$值 | $R^2$ | 调整$R^2$ |
| --- | --- | --- | --- | --- | --- | --- | --- |
| 1 | 企业规模 | 0.247 | 1.727* | 6.307 | 2.531** | 0.033 | 0.020 |
| | 研发投入 | 0.027 | 0.155 | 9.056 | | | |
| | 交往时间 | −0.009 | −0.154 | 1.083 | | | |
| | 行业分布 | −0.124 | −0.993 | 4.842 | | | |
| 2 | 企业规模 | 0.086 | 0.754 | 6.378 | 39.132*** | 0.396 | 0.386 |
| | 研发投入 | −0.012 | −0.089 | 9.060 | | | |
| | 交往时间 | 0.029 | 0.623 | 1.087 | | | |
| | 行业分布 | −0.051 | −0.516 | 4.857 | | | |
| | 信任 | 0.622 | 13.397*** | 1.063 | | | |

续表

| 模型 | 变量 | 系数 | $t$值 | VIF值 | $F$值 | $R^2$ | 调整$R^2$ |
|---|---|---|---|---|---|---|---|
| 3 | 企业规模 | 0.069 | 0.658 | 6.381 | 45.976*** | 0.482 | 0.471 |
|   | 研发投入 | 0.046 | 0.361 | 9.099 |   |   |   |
|   | 交往时间 | 0.023 | 0.538 | 1.087 |   |   |   |
|   | 行业分布 | −0.064 | −0.695 | 4.858 |   |   |   |
|   | 信任 | 0.393 | 7.265*** | 1.677 |   |   |   |
|   | 潜在吸收能力 | 0.368 | 6.986*** | 1.592 |   |   |   |
| 4 | 企业规模 | 0.139 | 1.119 | 6.354 | 22.888*** | 0.277 | 0.265 |
|   | 研发投入 | 0.044 | 0.298 | 9.057 |   |   |   |
|   | 交往时间 | 0.010 | 0.192 | 1.084 |   |   |   |
|   | 行业分布 | −0.102 | −0.937 | 4.844 |   |   |   |
|   | 承诺 | 0.501 | 10.046*** | 1.027 |   |   |   |
| 5 | 企业规模 | 0.097 | 0.881 | 6.365 | 37.728*** | 0.433 | 0.421 |
|   | 研发投入 | 0.091 | 0.687 | 9.071 |   |   |   |
|   | 交往时间 | 0.011 | 0.239 | 1.04 |   |   |   |
|   | 行业分布 | −0.095 | −0.989 | 4.844 |   |   |   |
|   | 承诺 | 0.249 | 4.750*** | 1.437 |   |   |   |
|   | 潜在吸收能力 | 0.468 | 9.008*** | 1.413 |   |   |   |
| 6 | 企业规模 | 0.018 | 0.148 | 6.492 | 27.431*** | 0.315 | 0.304 |
|   | 研发投入 | 0.120 | 0.827 | 9.086 |   |   |   |
|   | 交往时间 | 0.004 | 0.072 | 1.083 |   |   |   |
|   | 行业分布 | −0.081 | −0.768 | 4.848 |   |   |   |
|   | 联结强度 | 0.546 | 11.086*** | 1.054 |   |   |   |
| 7 | 企业规模 | 0.046 | 0.409 | 6.498 | 37.367*** | 0.430 | 0.419 |
|   | 研发投入 | 0.123 | 0.935 | 9.087 |   |   |   |
|   | 交往时间 | 0.007 | 0.152 | 1.083 |   |   |   |
|   | 行业分布 | −0.087 | −0.897 | 4.849 |   |   |   |
|   | 联结强度 | 0.266 | 4.608*** | 1.735 |   |   |   |
|   | 潜在吸收能力 | 0.437 | 7.741*** | 1.661 |   |   |   |

注：*表示$p<0.1$，**表示$p<0.05$，***表示$p<0.01$。

表 5-50 中是对潜在吸收能力的中介作用进行回归分析的结果,其中因变量是知识转移绩效。模型 1 中包括企业规模、研发投入、交往时间和行业分布等控制变量,主要是为了检验控制变量对知识转移绩效的影响。模型 2 在模型 1 的基础上增加了自变量"信任",以检验信任对知识转移绩效的影响。模型 3 在模型 2 的基础上增加了中介变量"潜在吸收能力"。模型 4 在模型 1 的基础上增加了自变量"承诺",以检验承诺对知识转移绩效的影响。模型 5 在模型 4 的基础上增加了中介变量"潜在吸收能力"。模型 6 在模型 1 的基础上增加了自变量"联结强度",以检验联结强度对知识转移绩效的影响。模型 7 在模型 6 的基础上增加了中介变量"潜在吸收能力"。

从表 5-50 中可以看出,上述 7 个模型的 $F$ 统计量均在 0.05 水平上显著,回归模型通过了显著性检验,且由每个回归模型中自变量与中介变量的 VIF 值可知,上述模型通过了多重共线性检验。此外,在模型 2 和模型 3 中,信任显著正向影响知识转移绩效(系数 $\beta_2$ 为 0.622,$p=0.000$),且潜在吸收能力与知识转移绩效之间存在显著的线性关系(系数 $\beta_{16}$ 为 0.368,$p=0.000$),加入中介变量"潜在吸收能力"后,信任与知识转移绩效之间虽然仍存在显著的线性关系,但信任对知识转移绩效的影响程度(系数 $\beta_2'$ 为 0.393,$p=0.000$)降低了。因此,潜在吸收能力在信任与知识转移绩效之间起到了部分中介作用,假设 H4a 得到了验证。在模型 4 和模型 5 中,承诺显著正向影响知识转移绩效(系数 $\beta_3$ 为 0.501,$p=0.000$),且潜在吸收能力与知识转移绩效之间存在显著的线性关系(系数 $\beta_{17}$ 为 0.468,$p=0.000$),加入中介变量"潜在吸收能力"后,虽然承诺与知识转移绩效之间仍存在显著的线性关系,但承诺对知识转移绩效的影响(系数 $\beta_3'$ 为 0.249,$p=0.000$)降低了,说明潜在吸收能力在承诺与知识转移绩效之间起到了部分中介作用,假设 H4b 得到了验证。在模型 6 和模型 7 中,联结强度显著正向影响知识转移绩效(系数 $\beta_4$ 为 0.546,$p=0.000$),且潜在吸收能力与知识转移绩效之间存在显著的线性关系(系数 $\beta_{18}$ 为 0.437,$p=0.000$),加入中介变量"潜在吸收能力"后,虽然联结强度与知识转移绩效之间仍然存在显著的线性关系，但联结强度对知识转移绩效的影响（系数 $\beta_4'$ 为 0.266，$p=0.000$）降低了，说明潜在吸收能力在联结强度与知识转移绩效之间起到了部分中介作用，假设 H4c 得到了验证。

表 5-51　现实吸收能力的中介作用结果分析

| 模型 | 变量 | 系数 | $t$ 值 | VIF 值 | $F$ 值 | $R^2$ | 调整 $R^2$ |
|---|---|---|---|---|---|---|---|
| 1 | 企业规模 | 0.247 | 1.727* | 6.307 | 2.531** | 0.033 | 0.020 |
|  | 研发投入 | 0.027 | 0.155 | 9.056 |  |  |  |
|  | 交往时间 | −0.009 | −0.154 | 1.083 |  |  |  |
|  | 行业分布 | −0.124 | −0.993 | 4.842 |  |  |  |
| 2 | 企业规模 | 0.086 | 0.754 | 6.378 | 39.132*** | 0.396 | 0.386 |
|  | 研发投入 | −0.012 | −0.089 | 9.060 |  |  |  |
|  | 交往时间 | 0.029 | 0.623 | 1.087 |  |  |  |
|  | 行业分布 | −0.051 | −0.516 | 4.857 |  |  |  |
|  | 信任 | 0.622 | 13.397*** | 1.063 |  |  |  |
| 3 | 企业规模 | 0.088 | 0.841 | 6.378 | 47.483*** | 0.490 | 0.479 |
|  | 研发投入 | 0.042 | 0.338 | 9.092 |  |  |  |
|  | 交往时间 | 0.029 | 0.672 | 1.087 |  |  |  |
|  | 行业分布 | −0.142 | −1.537 | 4.944 |  |  |  |
|  | 信任 | 0.334 | 5.758*** | 1.953 |  |  |  |
|  | 现实吸收能力 | 0.425 | 7.367*** | 1.936 |  |  |  |
| 4 | 企业规模 | 0.139 | 1.119 | 6.354 | 22.888*** | 0.277 | 0.265 |
|  | 研发投入 | 0.044 | 0.298 | 9.057 |  |  |  |
|  | 交往时间 | 0.010 | 0.192 | 1.084 |  |  |  |
|  | 行业分布 | −0.102 | −0.937 | 4.844 |  |  |  |
|  | 承诺 | 0.501 | 10.046*** | 1.027 |  |  |  |
| 5 | 企业规模 | 0.108 | 1.011 | 6.359 | 43.828*** | 0.470 | 0.459 |
|  | 研发投入 | 0.080 | 0.628 | 9.064 |  |  |  |
|  | 交往时间 | 0.021 | 0.486 | 1.05 |  |  |  |
|  | 行业分布 | −0.184 | −1.973** | 4.880 |  |  |  |
|  | 承诺 | 0.229 | 4.552*** | 1.413 |  |  |  |
|  | 现实吸收能力 | 0.528 | 10.373*** | 1.450 |  |  |  |

续表

| 模型 | 变量 | 系数 | $t$ 值 | VIF 值 | $F$ 值 | $R^2$ | 调整 $R^2$ |
|---|---|---|---|---|---|---|---|
| 6 | 企业规模 | 0.018 | 0.148 | 6.492 | 27.431*** | 0.315 | 0.304 |
|  | 研发投入 | 0.120 | 0.827 | 9.086 |  |  |  |
|  | 交往时间 | 0.004 | 0.072 | 1.083 |  |  |  |
|  | 行业分布 | −0.081 | −0.768 | 4.848 |  |  |  |
|  | 联结强度 | 0.546 | 11.086*** | 1.054 |  |  |  |
| 7 | 企业规模 | 0.059 | 0.546 | 6.503 | 43.698*** | 0.469 | 0.458 |
|  | 研发投入 | 0111 | 0.874 | 9.087 |  |  |  |
|  | 交往时间 | 0.017 | 0.394 | 1.085 |  |  |  |
|  | 行业分布 | −0.172 | −1.835* | 4.902 |  |  |  |
|  | 联结强度 | 0.244 | 4.503*** | 1.645 |  |  |  |
|  | 现实吸收能力 | 0.503 | 9.270*** | 1.644 |  |  |  |

注：*表示 $p<0.1$，**表示 $p<0.05$，***表示 $p<0.01$。

表 5-51 中是对现实吸收能力的中介作用进行回归分析的结果，其中因变量是知识转移绩效。模型 1 中包括企业规模、研发投入、交往时间和行业分布等控制变量，主要是为了检验控制变量对知识转移绩效的影响。模型 2 在模型 1 的基础上增加了自变量"信任"，以检验信任对知识转移绩效的影响。模型 3 在模型 2 的基础上增加了中介变量"现实吸收能力"。模型 4 在模型 1 的基础上增加了自变量"承诺"，以检验承诺对知识转移绩效的影响。模型 5 在模型 4 的基础上增加了中介变量"现实吸收能力"。模型 6 在模型 1 的基础上增加了自变量"联结强度"，以检验联结强度对知识转移绩效的影响。模型 7 在模型 6 的基础上增加了中介变量"现实吸收能力"，以检验现实吸收能力对知识转移绩效的影响。

从表 5-51 中可以看出，上述 7 个模型的 $F$ 统计量均在 0.05 水平上显著，回归模型通过了显著性检验，且由每个回归模型中自变量与中介变量的 VIF 值可知，上述模型通过了多重共线性检验。此外，在模型 2 和模型 3 中，信任显著正向影响知识转移绩效（系数 $\beta_2$ 为 0.622，$p=0.000$），且现实吸收能力与知识转移绩效之间存在显著的线性关系（系数$\beta_{19}$为 0.425，$p=0.000$），加入中介变量"现实吸收能力"后，虽然信任与知识转移绩效之间仍存在显著的线性关系，但信任对知识转移绩效的影响（系数$\beta_2''$为 0.334，$p=0.000$）降低了，说明现实吸收能力在信任与知识转移绩效之间起到了部分中介作用，假设 H4d 得到了验证。在模型 4 和模型 5 中，承诺显著正向影响知识转移绩效（系数$\beta_3$为 0.501，$p=0.000$），且现实吸收能力与知识转移绩效之间存在显著的线性关系（系数$\beta_{20}$为 0.528，$p=0.000$），加入中介变量"现实吸收能力"后，虽然承诺与知识转移绩效之间仍存在显著的线性关系，但承诺对知识转移绩效的影响（系数$\beta_3'$为 0.229，$p=0.000$）降低了，说明现实吸收能力在承诺与知识转移绩效之间起到了部分中介作用，假设 H4e 得到了验证。在模型 6 和模型 7 中，联结强度显著正向影响知识转移绩效（系数$\beta_4$为 0.546，$p=0.000$），且现实吸收能力与知识转移绩效之间存在显著的线性关系（系数$\beta_{21}$为 0.503，$p=0.000$），加入中介变量"现实吸收能力"后，虽然联结强度与知识转移绩效之间仍存在显著的线性关系，但联结强度对知识转移绩效的影响（系数$\beta_4'$为 0.244，$p=0.000$）降低了，说明现实吸收能力在联结强度与知识转移绩效之间起到了部分中介作用，假设 H4f 得到了验证。

## 五、环境动态性的调节作用分析

（一）变量相关分析

笔者对知识转移绩效、关系资本及其三个维度、环境动态性的关系进行了

Pearson 相关分析，分析结果如表 5-52 所示。

表 5-52　变量的 Pearson 相关分析

|  | 知识转移绩效 | 关系资本 | 信任 | 承诺 | 联结强度 | 环境动态性 |
|---|---|---|---|---|---|---|
| 知识转移绩效 | 1 |  |  |  |  |  |
| 关系资本 | 0.629** | 1 |  |  |  |  |
| 信任 | 0.627** | 0.947** | 1 |  |  |  |
| 承诺 | 0.516** | 0.861** | 0.807** | 1 |  |  |
| 联结强度 | 0.557** | 0.882** | 0.734** | 0.616** | 1 |  |
| 环境动态性 | 0.491** | 0.407** | 0.396** | 0.328** | 0.371** | 1 |

注：**表示 $p<0.01$。

由表 5-52 可知，环境动态性与自变量和因变量具有显著的相关关系，也就是说，环境动态性与关系资本（系数为 0.407，$p<0.01$）、环境动态性与关系资本的三个维度——信任（系数为 0.396，$p<0.01$）、承诺（系数为 0.328，$p<0.01$）、联结强度（系数为 0.371，$p<0.01$）、环境动态性与知识转移绩效（系数为 0.491，$p<0.01$）之间具有显著的相关关系。

### （二）环境动态性的调节作用

如前文所述，针对环境动态性的调节作用，笔者提出了以下假设：假设 H5 是环境动态性在关系资本与知识转移绩效之间起调节作用；假设 H5a 是环境动态性在信任与知识转移绩效之间起调节作用；假设 H5b 是环境动态性在承诺与知识转移绩效之间起调节作用；假设 H5c 是环境动态性在联结强度与知识转移绩效之间起调节作用。表 5-53 中是对环境动态性的调节作用进行回归分析的结果，其中因变量是知识转移绩效。模型 1 中包括企业规模、研发投入、交往时间和行业分布等控制变量以及关系资本，主要是为了检验自变量对知识转移绩效的影响。模型 2 在模型 1 的基础上增加了调节变量"环境动态性"。模型 3 在模型 2 的基础上增加了关系资本与环境动态性的交互项。模型 4 中包括企业规模、研发投入、交往时间和行业分布等控制变量以及信任、承诺和联结强度等自变量。模型 5 在模型 4 的基础上增加了调节变量"环境动态性"。模型 6 在模型 5 的基础上增加了信任与环境动态性的交互项。模型 7 在模型 5 的基础上增加了承诺与环境动态性的交互项。模型 8 在模型 5 的基础上增加了联结强度与环境动态性的交互项。

表 5-53 环境动态性的调节作用结果分析

| 模型 | 变量 | 系数 | $t$ 值 | $F$ 值 | $R^2$ | 调整 $R^2$ |
|---|---|---|---|---|---|---|
| 1 | 企业规模 | 0.041 | 0.359 | 39.330*** | 0.398 | 0.387 |
| | 研发投入 | 0.055 | 0.409 | | | |
| | 交往时间 | 0.020 | 0.431 | | | |
| | 行业分布 | −0.070 | −0.702 | | | |
| | 关系资本 | 0.622 | 13.433*** | | | |
| 2 | 企业规模 | 0.016 | 0.149 | 43.856*** | 0.470 | 0.459 |
| | 研发投入 | 0.185 | 1.437 | | | |
| | 交往时间 | 0.016 | 0.361 | | | |
| | 行业分布 | −0.171 | −1.809* | | | |
| | 关系资本 | 0.497 | 10.410*** | | | |
| | 环境动态性 | 0.300 | 6.360*** | | | |
| 3 | 企业规模 | 0.039 | 0.369 | 39.261*** | 0.481 | 0.469 |
| | 研发投入 | 0.189 | 1.481 | | | |
| | 交往时间 | 0.013 | 0.306 | | | |
| | 行业分布 | −0.172 | −1.837* | | | |
| | 关系资本 | 0.462 | 9.390*** | | | |
| | 环境动态性 | 0.310 | 6.619*** | | | |
| | 关系资本*环境 | 0.114 | 2.582** | | | |
| 4 | 企业规模 | 0.039 | 0.340 | 30.053*** | 0.415 | 0.402 |
| | 研发投入 | 0.033 | 0.248 | | | |
| | 交往时间 | 0.025 | 0.531 | | | |
| | 行业分布 | −0.053 | −0.544 | | | |
| | 信任 | 0.459 | 5.173*** | | | |
| | 承诺 | 0.017 | 0.226 | | | |
| | 联结强度 | 0.204 | 3.084*** | | | |

续表

| 模型 | 变量 | 系数 | $t$ 值 | $F$ 值 | $R^2$ | 调整 $R^2$ |
|---|---|---|---|---|---|---|
| 5 | 企业规模 | 0.016 | 0.153 | 34.297*** | 0.482 | 0.468 |
|  | 研发投入 | 0.161 | 1.253 |  |  |  |
|  | 交往时间 | 0.020 | 0.454 |  |  |  |
|  | 行业分布 | −0.154 | −1.640 |  |  |  |
|  | 信任 | 0.374 | 4.411*** |  |  |  |
|  | 承诺 | 0.018 | 0.255 |  |  |  |
|  | 联结强度 | 0.157 | 2.492** |  |  |  |
|  | 环境动态性 | 0.289 | 6.150*** |  |  |  |
| 6 | 企业规模 | 0.042 | 0.390 | 31.526*** | 0.491 | 0.476 |
|  | 研发投入 | 0.161 | 1.258 |  |  |  |
|  | 交往时间 | 0.017 | 0.390 |  |  |  |
|  | 行业分布 | −0.152 | −1.632 |  |  |  |
|  | 信任 | 0.349 | 4.108*** |  |  |  |
|  | 承诺 | 0.017 | 0.243 |  |  |  |
|  | 联结强度 | 0.147 | 2.355** |  |  |  |
|  | 环境动态性 | 0.298 | 6.379*** |  |  |  |
|  | 信任*环境 | 0.103 | 2.309** |  |  |  |
| 7 | 企业规模 | 0.039 | 0.372 | 32.410*** | 0.498 | 0.483 |
|  | 研发投入 | 0.168 | 1.326 |  |  |  |
|  | 交往时间 | 0.016 | 0.364 |  |  |  |
|  | 行业分布 | −0.157 | −1.697* |  |  |  |
|  | 信任 | 0.346 | 4.114*** |  |  |  |
|  | 承诺 | 0.019 | 0.268 |  |  |  |
|  | 联结强度 | 0.146 | 2.356** |  |  |  |
|  | 环境动态性 | 0.294 | 6.342*** |  |  |  |
|  | 承诺*环境 | 0.133 | 3.075*** |  |  |  |
| 8 | 企业规模 | 0.026 | 0.244 | 30.807*** | 0.485 | 0.470 |
|  | 研发投入 | 0.166 | 1.289 |  |  |  |
|  | 交往时间 | 0.019 | 0.434 |  |  |  |
|  | 行业分布 | −0.156 | −1.669* |  |  |  |

续表

| 模型 | 变量 | 系数 | t值 | F值 | $R^2$ | 调整$R^2$ |
|---|---|---|---|---|---|---|
| 8 | 信任 | 0.365 | 4.293*** | 30.807*** | 0.485 | 0.470 |
|  | 承诺 | 0.017 | 0.243 |  |  |  |
|  | 联结强度 | 0.145 | 2.296** |  |  |  |
|  | 环境动态性 | 0.298 | 6.296*** |  |  |  |
|  | 联结强度*环境 | 0.062 | 1.407 |  |  |  |

注：*表示$p<0.1$，**表示$p<0.05$，***表示$p<0.01$。

从表5-53中可以看出，上述8个模型的$F$统计量均在0.01水平上显著，回归模型通过了显著性检验。在模型2和模型3中，与模型1相比，$R^2$的变化和$F$值提升了回归模型的解释力，关系资本与环境动态性的交互项系数为0.114，在$p<0.01$水平上显著，假设H5得到了验证。在模型5和模型6中，与模型4相比，$R^2$的变化和$F$值提升了回归模型的解释力，信任与环境动态性的交互项系数为0.103，在$p<0.01$水平上显著，假设H5a得到了验证。在模型7中，与模型4相比，$R^2$的变化和$F$值提升了回归模型的解释力，承诺与环境动态性的交互项系数为0.133，在$p<0.01$水平上显著，假设H5b得到了验证。在模型8中，与模型4相比，$R^2$的变化和$F$值提升了回归模型的解释力，但联结强度与环境动态性的交互项为0.062，调节作用不显著（$p>0.1$），所以假设H5c未得到验证。

## 六、研究假设检验结果总结

笔者以高技术企业为研究对象，对关系资本、吸收能力、环境动态性与知识转移绩效之间的关系进行了分析并验证了相关研究假设，结果如表5-54所示。

表 5-54  研究假设检验结果总结

| 编号 | 假设内容 | 结果 |
| --- | --- | --- |
| H1 | 关系资本与知识转移绩效有正相关关系 | 成立 |
| H1a | 信任与知识转移绩效有正相关关系 | 成立 |
| H1b | 承诺与知识转移绩效有正相关关系 | 成立 |
| H1c | 联结强度与知识转移绩效有正相关关系 | 成立 |
| H2 | 吸收能力与知识转移绩效有正相关关系 | 成立 |
| H2a | 信任与潜在吸收能力有正相关关系 | 成立 |
| H2b | 承诺与潜在吸收能力有正相关关系 | 成立 |
| H2c | 联结强度与潜在吸收能力有正相关关系 | 成立 |
| H2d | 信任与现实吸收能力有正相关关系 | 成立 |
| H2e | 承诺与现实吸收能力有正相关关系 | 成立 |
| H2f | 联结强度与现实吸收能力有正相关关系 | 成立 |
| H3 | 吸收能力与知识转移绩效有正相关关系 | 成立 |
| H3a | 潜在吸收能力与知识转移绩效有正相关关系 | 成立 |
| H3b | 现实吸收能力与知识转移绩效有正相关关系 | 成立 |
| H4 | 吸收能力在关系资本与知识转移绩效之间起中介作用 | 成立 |
| H4a | 潜在吸收能力在信任与知识转移绩效之间起中介作用 | 成立 |
| H4b | 潜在吸收能力在承诺与知识转移绩效之间起中介作用 | 成立 |
| H4c | 潜在吸收能力在联结强度与知识转移绩效之间起中介作用 | 成立 |
| H4d | 现实吸收能力在信任与知识转移绩效之间起中介作用 | 成立 |
| H4e | 现实吸收能力在承诺与知识转移绩效之间起中介作用 | 成立 |
| H4f | 现实吸收能力在联结强度与知识转移绩效之间起中介作用 | 成立 |
| H5 | 环境动态性在关系资本与知识转移绩效之间起调节作用 | 成立 |
| H5a | 环境动态性在信任与知识转移绩效之间起调节作用 | 成立 |
| H5b | 环境动态性在承诺与知识转移绩效之间起调节作用 | 成立 |
| H5c | 环境动态性在联结强度与知识转移绩效之间起调节作用 | 不成立 |

## 第五节　企业战略联盟关系资本
## 与知识转移绩效的研究结论

### 一、关系资本对知识转移绩效影响的研究结论

笔者研究了关系资本对知识转移绩效的影响，实证研究的结果表明，关系资本与知识转移绩效有正相关关系（$\beta_1=0.622$，$p<0.01$），且关系资本的三个维度，即信任、承诺和联结强度均对知识转移绩效的提升有促进作用。从回归系数的大小来看，信任对知识转移绩效的影响最大（$\beta_2=0.622$，$p<0.01$），其次是联结强度（$\beta_4=0.546$，$p<0.01$），对知识转移绩效的影响较小的是承诺（$\beta_3=0.501$，$p<0.01$）。

笔者的研究结论与早年 Dyer 和 Singh（1998）、Brunie（2009）、Muthusamy 和 White（2007）等人的研究结论一致，认为关系资本有助于企业之间知识的传播和共享，有利于企业吸收能力和知识转移绩效的提升。此外，企业与伙伴企业之间的关系越紧密，吸收能力越强，获取知识的机会越多，就越有助于知识转移绩效的提升。实证研究的结果显示，联盟企业间的信任是影响知识转移绩效的主要因素，信任会使伙伴企业放弃采取机会主义行为，在信任的基础上，联盟企业会更加愿意共享知识资源，从而促进知识转移绩效的提升；信任是联盟企业间进行持续且有意义的知识转移的前提条件（Muthusamy and White, 2007），不仅可以降低互动成本，提高知识转移的水平和改善学习效果（Wittmann, 2009），还能推动联盟企业进行深层次的知识交流和共享（Suseno and Ratten, 2007）。不仅如此，信任的联盟环境有助于信息的自由交换，若联盟企业间没有信任，则它们之间交流与共享的知识就会缺乏准确性、时效性和

可理解性。张红兵等（2013）指出，承诺是联盟企业的重要特征之一，承诺可以反映企业为维持合作关系而作出的努力，不仅会显著影响知识转移程度（Mohr and Spekman, 1994），还是维持、加深并强化联盟企业之间知识转移的有效途径。此外，联盟企业间的频繁互动不仅能减少机会主义行为，扩大双方的合作范围，还能加快知识的流动与转移速度，促进知识转移绩效的提升。

## 二、关系资本对吸收能力影响的研究结论

通过对关系资本与吸收能力关系的实证研究，笔者发现关系资本对吸收能力的提升有促进作用。从实证研究的结果来看，关系资本与吸收能力间存在正向相关关系（$\beta_5=0.724$，$p<0.01$）；信任与潜在吸收能力、现实吸收能力间均存在正向相关关系（$\beta_6=0.621$，$\beta_9=0.678$，$p<0.01$）；承诺与潜在吸收能力、现实吸收能力间均存在正向相关关系（$\beta_7=0.539$，$\beta_{10}=0.516$，$p<0.01$）；联结强度与潜在吸收能力、现实吸收能力间均存在正向相关关系（$\beta_8=0.640$，$\beta_{11}=0.600$，$p<0.01$）。从回归系数的大小来看，在影响潜在吸收能力的因素中，联结强度的影响最大（$\beta_8=0.640$，$p<0.01$），其次是信任（$\beta_6=0.621$，$p<0.01$），影响较小的是承诺（$\beta_7=0.539$，$p<0.01$）；在影响现实吸收能力的因素中，影响最大的是信任（$\beta_9=0.678$，$p<0.01$），其次是联结强度（$\beta_{11}=0.600$，$p<0.01$），影响较小的是承诺（$\beta_{10}=0.516$，$p<0.01$）。

笔者的研究结论与 Hernandez-Espallardo 等（2011）、Wijk 等（2001）和王辉（2012）的研究结论相似。高技术企业合作进行的知识密集型活动会扩展知识的转移渠道，使知识在更大的范围内进行转移。联盟企业间良好的关系资本会对吸收能力的提升起重要作用，会促进联盟企业对外部新知识的获取和吸

收,加快联盟企业将所获取的知识转化为内部知识的速度。联盟企业间的相互信任关系将提供更加透明、便于隐性知识等转移的环境。在这样的联盟环境中,联盟成员趋向于转移并共享知识,进而提高吸收知识并消化、利用知识的效率。承诺可以加强联盟企业持续合作的意愿,减少合作中的冲突,从而保障知识的顺利转移。联结强度会影响联盟企业间的互动关系,良好的互动关系与频繁的互动有助于知识的顺利转移,可以促进企业对知识的吸收与消化。因此,信任、承诺与联结强度会对吸收能力产生显著影响。

## 三、吸收能力对知识转移绩效影响的研究结论

从对吸收能力与知识转移绩效关系的实证研究结果来看,吸收能力与知识转移绩效有正相关关系。吸收能力的两个维度,即潜在吸收能力和现实吸收能力均对知识转移绩效有影响。从回归系数的大小来看,现实吸收能力对知识转移绩效的影响较大($\beta_{14}=0.649$,$p<0.01$),潜在吸收能力对知识转移绩效的影响较小($\beta_{15}=0.600$,$p<0.01$)。

笔者的研究结论与卢兵等(2006)、Cohen和Levinthal(1990)、Szulanski(1996)等学者的研究结论一致,认为吸收能力会影响知识转移绩效。吸收能力是一种动态能力,是影响知识资源的开发和创造的能力,决定着知识吸收的进程,也就是说,企业的吸收能力越强,就越能理解和吸收外部知识资源。持续培养自身的吸收能力是企业开发外部知识资源的必要条件。Zahra和George(2002)提出,吸收能力的基础就是组织惯例与过程,而企业通过这些惯例与过程获取、消化、转化和应用知识。他们还进一步将吸收能力划分为潜在吸收能力与现实吸收能力,认为这两种能力相互影响、彼此独立,存在互补关系。潜在吸收能力能帮助企业迅速捕捉获取外部知识、消化所需的知识;现实吸收能力通过将外部知识转化为企业内部知识,进行知识创新与新知识的创造。随

着外部技术环境和市场环境的不断发展,在创新与管理活动中,企业应同时具备潜在吸收能力和现实吸收能力,这样才能从外部获取和消化新知识,同时转化和应用新知识,增加企业知识的广度和深度。

## 四、吸收能力在关系资本与知识转移绩效之间的中介作用研究结论

在本书中,笔者将关系资本划分为信任、承诺和联结强度三个维度,假设并验证了吸收能力在关系资本与知识转移绩效之间的中介作用。具体来讲,潜在吸收能力在信任与知识转移绩效之间起部分中介作用;潜在吸收能力在承诺与知识转移绩效之间起部分中介作用;潜在吸收能力在联结强度与知识转移绩效之间起部分中介作用;现实吸收能力在信任与知识转移绩效之间起部分中介作用;现实吸收能力在承诺与知识转移绩效之间起部分中介作用;现实吸收能力在联结强度与知识转移绩效之间起部分中介作用。

笔者的研究结论在一定程度上解释了关系资本对知识转移绩效的影响机制,在一定程度上拓展了吸收能力的相关理论。吸收能力的提高使联盟企业能够有效地识别信息与知识,促进联盟企业对知识的转化与应用,在进一步扩大企业的知识存量的基础上,提升知识转移的绩效。此外,关系资本可通过影响吸收能力影响企业对知识的获取和吸收能力,以及将获取、吸收的知识转化为内部知识的能力,进而影响知识转移绩效。

## 五、环境动态性在关系资本与知识转移绩效之间的调节作用研究结论

实证研究结果表明,环境动态性在关系资本与知识转移绩效之间起调节作用。具体来讲,环境动态性在信任与知识转移绩效、承诺与知识转移绩效之间起调节作用,但在联结强度与知识转移绩效之间的调节作用不显著。

外部环境的动态性是联盟以及成员企业发展和转移知识的过程中面临的不确定因素的主要来源。环境动态性会影响联盟企业的发展方向与市场方向,使企业的学习与战略发生变化,进而影响联盟的稳定性与知识转移的稳定性。同时,动态的环境可能会打破原有知识转移的平衡,使知识转移面临调整和动荡,这将影响联盟中知识转移的有效性。

笔者的研究结果表明,外部环境是不断变化的,因此联盟企业在获取并分享外部知识时,应选择与本企业长期合作、相互信任的合作伙伴。与选择联盟外企业相比,企业选择联盟内企业进行合作、交流并分享知识,将会提升知识转移绩效。此外,在本书中,环境动态性在联结强度与知识转移绩效之间的调节作用不显著,可能是因为联结强度的调节作用较小,也可能是因为在复杂变化的环境中,企业偏向于整合现有知识,而获取外部知识的积极性较低或者对获取外部知识持非常谨慎的态度,对新知识的获取与利用程度降低,从而影响了知识转移绩效的提升。

# 第六节 提高知识转移绩效的
# 对策与研究的局限性

## 一、提高知识转移绩效的对策

笔者以高技术企业为研究对象，探讨了关系资本对知识转移绩效的影响、吸收能力在关系资本与知识转移绩效之间的中介作用和环境动态性在关系资本与知识转移绩效之间的调节作用，为高技术企业提高知识转移绩效提供了方向，具有一定的借鉴意义。为提高高技术企业的知识转移绩效，笔者提出以下几点对策：

1. 构建关系资本，以提升吸收能力和知识转移绩效

知识的转移，尤其是隐性知识的转移，需要联盟企业经常在相互信任、轻松自由的环境下进行接触与交流。基于信任、承诺等关系资本的联盟环境适合知识的转移与共享。在联盟环境中建立和积累的关系资本有助于企业发现外部的异质性知识，增加联盟企业获取外部知识的机会和知识存量。

关系资本可以有效地提高吸收能力和知识转移绩效。信任是知识交换中最为重要的条件之一（Rolland and Chauvel, 2000），也是分享和转移隐性知识的先决条件。关系资本中的信任能提高联盟企业间的互动频率，使联盟成员间进行更频繁的沟通与交流，进而促进知识的转移。同时，联盟企业间的互惠承诺能为高技术企业带来信息、数据等资源，加快知识在联盟企业中的流动速度，使联盟企业能吸收伙伴企业的知识，并将其转化为自身的知识储备。高技术企业能通过关系资本获取所需的异质性知识资源，这体现了关系资本在识别、获取外部知识资源中的重要作用。为有效地提高知识转移绩效，联盟企业间应积极进行交流和学习，加强彼此之间的互动，采用正式渠道和非正式渠道，促进

知识的流动与分享。联盟企业还应把握转移和接收的知识数量与质量，避免机会主义行为等对知识转移的影响。此外，联盟企业应构建基于共同目标的良好伙伴关系，注意兑现自己的承诺，通过联谊、私下交流等方式增强彼此之间的情感，避免目标与自身利益的不一致所带来的不利影响。

进入"工业 4.0"时代后，国内的高技术企业相对缺乏核心技术，在人力效率、创新能力等方面仍存在不足，主要依靠对国外先进技术的引进来进行生产，因此国内的高技术企业努力提高自身的创新能力。基于信任、承诺和联结强度的关系资本能够促进知识、信息和数据在联盟企业间的快速流动，降低获取成本，并通过频繁的和高质量的互动提高企业员工的知识水平及办事效率，增加高技术企业的知识存量，促进企业对知识的创新与创造。

### 2.提升吸收能力，以提高知识转移绩效

吸收能力在关系资本与知识转移绩效之间起部分中介作用，能有效地促进知识转移绩效的提升。因此，高技术企业应注重对吸收能力的培养，注重企业内部和外部学习，通过获取更多的外部知识，快速锻炼和提升自身的吸收能力，引入可以与自身知识产生碰撞的新知识，并由此产生更多的创新性知识，从而持续提高知识转移绩效。高技术企业还可以通过加强与联盟企业的互动，增强对外部知识的吸收，通过员工培训、增加与伙伴企业的非正式交流等，创造各种机会获取更多的新信息与新知识，加强自身的知识基础，促进知识需求方与提供方之间的知识交换，提高对知识的获取与应用效率，从而提高知识转移绩效。此外，高技术企业应努力提高员工的受教育水平，对员工进行继续教育，鼓励员工参加培训、进修等，增加员工的知识存量，并建立相应的知识交流与共享平台。

竞争力不仅来源于知识存量，也来源于对知识的整合。有效利用外部知识资源，整合企业内部资源与外部资源，进行知识的创新，是提高企业核心竞争力的有效途径。企业吸收能力的提高能够推动"工业 4.0"时代的发展；提高企业的潜在吸收能力能够帮助企业在识别自身知识缺口的基础上，有效地获取外部有用的知识与数据；提高企业的现实吸收能力能够帮助企业有效地整合内

外部资源,从而提高企业对知识与数据的利用率,促进企业对知识的创造与使用,不断提高企业对设备与技术的解读能力,实现知识的价值创造。

### 3.加强应对能力,以适应环境的复杂变化

环境动态性在关系资本与知识转移绩效之间起调节作用。在环境动态性背景下,不同的关系资本会对知识转移绩效产生不同的影响,因此在知识转移过程中,联盟企业应根据对知识转移绩效的影响程度构建相应的关系资本。在环境动态性背景下,信任与承诺对知识转移绩效有显著影响,而联结强度对知识转移绩效的影响并不显著。因此,在考虑环境动态性的影响与制约时,联盟企业应选择能显著提高知识转移绩效的关系资本,尽量避免环境的不利影响,并善于利用环境的促进作用。

进入知识经济时代以来,企业面临的外部环境产生了非常大的变化,尤其是在"工业4.0"时代,大数据、物联网、互联网+、云计算和传感器技术等的快速发展,给高技术企业既带来了挑战,也带来了机遇。在外部技术环境快速变化的背景下,高技术企业应建立基于信任与承诺的关系资本,加强与联盟企业间的关系,降低机会主义行为出现的可能性,通过知识的创新促进技术与模式的创新,实现知识转移绩效的提升。

### 4.把握新局面,建立共享共建的合作机制

"十四五"时期,我国将进入新发展阶段,经济社会发展内外部环境将发生深刻、复杂的变化,改革发展也将面临新的任务。高技术产业作为国民经济的重要组成部分,是维护国家安全、增强国际竞争力的重要力量,因此大力促进高技术产业的发展将有助于我国更好地适应内外部环境的复杂变化,构建新的竞争优势,推动经济的高质量发展。

当今世界正经历百年未有之大变局,新冠肺炎疫情的全球大流行使这个大变局加速变化,全球产业供应链和产业链因非经济因素而面临巨大的冲击。我国经济正处在转变发展方式、优化经济结构、转换增长动力的攻关期。在此背景下,我国应更加重视高技术产业的发展,在保障其安全的基础上,提升产业链的运行效率和创新能力,还应深入把握新形势下高技术产业发展的机遇与挑

战，根据我国发展阶段、环境、条件等各方面的变化，谋划我国高技术产业更高质量、更有效率、更可持续、更为安全发展的现实路径，找到推动发展的着力点。

当前，世界经济低迷，全球供应链和产业链本地化、区域化、分散化趋势凸显。在此背景下，我国的高技术产业需更加注重保障产业链的安全可控，有效增强其韧性；坚持需求导向和产业化方向，紧紧围绕产业链发展部署创新链、人才链，集成优势创新资源，整合科研精锐力量；启动一批技术攻关项目，加快补齐产业基础短板，巩固、强化优势产业链，基本形成风险可控、处置有效的产业链保障机制；优化产业链分工协作体系，按照"资源上整合、力量上共用、项目上共建、成果上共享"的理念，探索建立产业链安全区域合作协调机制，强化区域层面的协作配套能力，共建共享安全可控的产业链。

5.运用大数据技术，预测、分析知识转移绩效

当今世界，大数据技术已成为企业运营密不可分的一部分。运用大数据技术，企业能够掌握实时数据，为联盟各方营造一个更为透明的合作环境，有效降低联盟企业的机会成本和管理成本，从而有效提高其知识转移绩效。

构建战略联盟能够节约联盟企业的交易成本，使其获取更多的有效信息。知识转移对联盟企业至关重要，而大数据技术能将知识转移变得更加高效、便捷，使沟通更加顺利，使知识储存更加安全。

阿里巴巴网络技术有限公司就是数据化运营中成功的例子。2009年，阿里巴巴网络技术有限公司宣布将公司定位为一家数据公司；2012年，阿里巴巴网络技术有限公司成立数据事务部；2014年，阿里巴巴网络技术有限公司的大数据产品正式对外服务，其中数据化运营是十分成功而庞大的。

"混、通、晒"是阿里巴巴网络技术有限公司数据化运营的"内三板斧"。想要数据了解和接受效果好，就必须和数据"混"在一起，获得对自己有效的数据。"通"指的就是打"通""混"的数据，当接触足够多的数据后，企业就要学会在海量的数据中找到自己需要的数据。"晒"指的是把获取的有效数据和业务相结合，将数据"晒"出来以达到最终目的。

"存、管、用"是阿里巴巴网络技术有限公司数据化运营的"外三板斧"。"存"数据就是将数据收集起来，思考这些数据能起什么作用；"管"数据就是维持数据的准确性和稳定性；"用"就是在使用数据时，若出现问题，就在"存"和"管"中寻找错误，反复验证，找到正确的数据。

大数据技术将数据透明化、公开化，为企业的管理提供更加便捷的信息处理系统，可以使数据分享更加快速、便捷，知识转移速度与质量迅速提升，企业的隐性成本降低，企业绩效明显提升。

如今，大数据技术与人们的生活和工作息息相关，人们几乎每天都在运用大数据，因此企业应将大数据应用于知识转移，保证知识转移的准确性及稳定性，从而提高知识转移绩效。

## 二、研究的局限性

笔者从社会资本理论、动态能力理论和知识管理理论等视角，以高技术企业为样本，通过数理统计方法，构建、分析了相应的概念模型，验证了提出的研究假设，研究了关系资本、吸收能力及知识转移绩效之间的关系，得出了一些结论。但本书仍存在一定的局限性，主要表现在以下几个方面：

1. 对关系资本的划分、测量不够全面

在本书中，笔者借助国内外已有维度，从信任、承诺和联结强度3个方面研究关系资本对知识转移绩效的影响，但并未进行更深层次和更细致的量表设计，并未深入分析关系资本结构维度的交互作用及其对知识转移绩效的影响。因此，未来的研究应进一步探讨关系资本，对其进行更全面的划分，设计更细致的量表，从而进一步研究关系资本各维度之间的关系及其交互作用对知识转移绩效的影响。

2. 样本的选取方面存在不足

在本书中，笔者选择的样本企业为高技术企业，且问卷发放方式为委托发放和专业调查公司发放等。考虑到问卷回收的难度，本书主要用横截面数据进行假设和分析，并未考虑纵向数据。未来的研究可以选择更多的问卷发放方式，扩大样本容量，完善抽样选择的随机性，提高结论的普遍性与准确性。

### 3.未综合考虑企业内外部情境因素的作用

关系资本对知识转移绩效的影响受到企业内外部情境因素的干扰，但本书主要考虑环境动态性的调节作用，并未综合考虑企业内外部情境因素的作用。未来的研究可以更多地探讨企业内外部情境因素（如制度环境、市场导向等）对知识转移绩效的影响，也可以更多地探讨这些情境因素是否有交互作用，若有交互作用，其交互作用对知识转移绩效有何影响等。

# 参考文献

[1] ACHROL R S, KOTLER P. Marketing in the network economy[J]. Journal of Marketing, 1999, 63(4): 146-163.

[2] ADLER P S. Social capital: Prospects for a new concept[J]. Academy of Management Review, 2002, 27(1): 17-40.

[3] ANDRAWINA L, GOVINDARAJU R, SAMADHI T, et al. Absorptive capacity moderates the relationship between knowledge sharing capability and innovation capability[J]. IEEE, 2008: 944-948.

[4] ANDREW C, INKPEN A D. Knowledge management processes and international joint ventures[J]. Organization Science, 1998, 9(4): 454-468.

[5] ARGOTE L, INGRAM P. Knowledge transfer a basis for competitive advantage in firms[J]. Organizational Behavior and Human Decision Processes, 2000, 82(1): 150-169.

[6] ATUAHENE-GIMA K, LI H. Strategic decision comprehensiveness and new product development outcomes in new technology ventures[J]. Academy of Management Journal, 2004, 47(4): 583-597.

[7] BARON R M, KENNY D A. The moderator-mediator variable distinction in social psychological research: conceptual, strategic, and statistical considerations[J]. Journal of Personality&Social Psychology, 1986, 51(6): 1173-1182.

[8] BERNARD L. Knowledge processes and learning outcomes in MNCs: an empirical investigation of the role of HRM practices in foreign subsidiaries[J]. Human Resource Management, 2009, 48(7): 505-530.

[9] BLATT R. How communal schemas and contracting practices build relational capital in entrepreneurial teams[J]. Academy of Management Review, 2009, 34(3): 533-551.

[10] BLONSKA A C, STOREY F, ROZEMEIJER, et al. Decomposing the effect of supplier development on relationship benefits: the role of relational capital[J]. Industrial Marketing Management, 2013, 42(8): 1295-1306.

[11] BOSCH F, VOLBERDA H, BOER M. Coevolution of firm absorptive capacity and knowledge environment: Organizational forms and combinative capabilities[J]. Organization Science, 1999, 10(5): 551-568.

[12] BRESMAN H, BIRKINSHAW J, NOBEL R. Knowledge transfer in international acquisition[J]. Journal of International Business Studies, 1999: 439-462.

[13] BUCKLEY J, CARTER J. A formal analysis of knwledge combination in multinational enterprises[J]. Journal of International Business Studies, 2004, 35: 371-384.

[14] CAI S, JUN M, YANG Z. Implementing supply chain information integration in China: the role of institutional forces and trust[J]. Journal of Operations Mangement, 2010, 28(3): 257-268.

[15] CHANG K H, GOTCHER D F. Safeguarding investments and creation of transaction value in asymmetric international subcontracting relationships: the role of relationship learning and relational capital[J]. Journal of World Business, 2007, 42(4): 477-488.

[16] CHEN Y S, JANES M L, CHANG C H. The positive effects of relationship learning and absorptive capacity on innovation performance and competitive advantage in industrial markets[J]. Industrial Marketing Management, 2009, 38(2): 152-158.

[17] CHO D S, KIM D J, RHEE K K. Latecomer strategies: evidence from the

semiconductor industry in Japan and Korea[J]. Organization Science, 1998, 9: 489-505.

[18] CHOWDHURY S. Demographic diversity for building an effective entrepreneurial team: is it important[J]. Journal of Business Venturing, 2005, 20: 727-746.

[19] CLERCQ D D, SAPIENZA H J. Effects of relational capital and commitment on venture capitalists: perception of portfolio company performance[J]. Journal of Business Venturing, 2006, 21(3): 326-347.

[20] COASE R H. The nature of the firm[J]. Economica, 1937, 4(16):386-405.

[21] COHEN W M, LEVINTHAL D A. Absorptive capacity: a new perspective on learning and innovation[J]. Administrative Science Quarterly, 1990, 35(1): 39-67.

[22] COUSINS P D, HANDFIELD R B, LAWSON B, et al. Creating supply chain relational capital: The impact of formal and informal socialization precesses[J]. Journal of Operations Management, 2006, 24(6): 851-863.

[23] CULLEN J B, JOHNSON J L, SAKANO T. Success through commitment and trust: the soft side of strategic alliance management[J]. Journal of World Business, 2000, 35(3):223-240.

[24] CUMMINGS J L, TENG B. Transferring R&D knowledge: the key factors affecting knowlege transfer success[J]. Journal of Engineering and Technology Management, 2003, 20:39-68.

[25] DAS T K, TENG B S. Trust, control, and risk in strategic alliances: an integrated framework[J]. Organization Studies, 2001, 22(2): 251-283.

[26] DAVENPORT T H, PRUSAK L. Working knowledge: how organizations manage what they know[M]. Boston: Harvard Business School Press, 1998.

[27] DECTERA M, BENNETT D, LESEURE M. University to business technology transfer: UK and USA comparisons[J]. Technovation, 2007(27):145-155.

[28] DELERUE-VIDOT H. Opportunism and unilateral commitment: the moderating effect of relational capital[J]. Management Decision, 2006, 44(6):737-753.

[29] DHANARAJ C, LYLES M A, STEENSMA H K, et al. Managing tacit and explicit knowledge transfer in IJVs: the role of relational embeddedness and the impact on performance[J]. Journal of International Business Studies, 2004(35): 428-442.

[30] DUTTON J E, GLYNN M A. Positive organizational scholarship[J]. Handbook of organizational behavior, 2008, 3: 693-712.

[31] Dyer J. H., Chu W. The role of trustworthiness in reducing transaction costs and improving performance: empirical evidence from the United States, Japan, and Korea[J]. Organization Science, 2003, 14(1): 57-68.

[32] ESCRIBANO A, FOSFURI A, TRIBO J A. Managing external knowledge flows: the moderating role of absorptive capacity[J]. Research Policy, 2009, 38: 96-105.

[33] FOSS N J, PEDERSEN T. Organizing knowledge processes in the multinational corporation: an introduction[J]. Journal of International Business Studies, 2004, 35(5): 340-349.

[34] GARAVELLI A C, GORGOGLIONE M, SCOZZI B. Managing knowledge transfer by knowledge technologies[J]. Technovation Journal, 2000, 22: 269-279.

[35] GILBERT M, CORDEY-HAYES M. Understanding the process of knowledge transfer to achieve successful technological innovation[J]. Technovation, 1996(16): 301-312.

[36] GIMA K A. Inward technology licensing as an alternative to interal R&D in new product development: a conceptual framework[J]. Journal of Product Innovation Management, 1992, 9(2): 156-167.

[37] GIULIANI E. Multinational corporations and patterns of local knowledge transfer in Costa Rican high-teck industries[J]. Development&Change, 2008, 39(3): 385-407.

[38] GLAISTER K W, BUCKLEY P J Strategic motives for international alliance formation[J]. Journal of Management Studies, 1996, 33(2):301-332.

[39] GRANOVETTER M S. The strength of weak ties[J]. American Journal of Sociology, 1973:1360-1380.

[40] GRANT A M, ASHFORD S J. The dynamics of proactivity at work[J]. Research in Organizational Behavior, 2007, 28:3-34.

[41] GRANT R. Knowledge and the firm overview[J]. Strategic Management Journal, 1996, 17(4):5-9.

[42] GULATI R. Alliances and networks[J]. Strategic Management Journal, 1998, 19(4):293-317.

[43] GULATI R. Does familiarity breed trust? The implications of repeated ties for contractual choice in alliances[J]. Academy of Management Journal, 1995, 38(1): 85-112.

[44] GULATI R, GARGIULO M. Where do inter-organizational networks come from?[J]. American Journal of Sociology, 1999(3):177-231.

[45] GULATI R, SYTCH M. Dependence asymmetry and joint dependence in interorganizational relationships: effects of embeddedness on a manufacturer's performance in procurement relationships[J]. Administrative Science Quarterly, 2007, 52(1): 32-69.

[46] GUPTA A, GOVINDARAJAN V. Knowledge flows within multinational corporations[J]. Strategic Management Journal, 2000, 21(4): 473-496.

[47] HAKANSON L, NOBEL R. Determinants of foreign R&D in Swedish multinationals[J]. Research Policy, 1993, 22(5-6):397-411.

[48] HAKANSON L, NOBEL R. Organizational characteristics and reverse

technology transfer[J]. Management International Review, 2001, 41(4): 395-420.

[49] HAKANSON L, NOBEL R. Technology characteristics and reverse technology transfer[J]. Management International Review, 2000, 40(1): 29-48.

[50] HAMMERVOLL T. Honeymoons in supply chain relationships: the effects of financial capital, social capital and psychological commitment[J]. International Journal of Logistics Management, 2011, 22(2):264-279.

[51] HANIFAN L J. The rural school community center[J]. Annals of the American Academy of Political &Social Science, 1916, 67(1):130-138.

[52] HANSEN M T. The search-transfer problem: the role of weak ties in sharing knowledge across organization subunits[J]. Administrative Science Quarterly, 1999, 44(1): 82-112.

[53] HARO-DOMINGUEZ M C, ARIAS-ARANDA D, LLORENS-MONTES F J, et al. The impact of absorptive capacity on technological acquisitions engineering consulting companies[J]. Technovation, 2007, 27(8): 417-425.

[54] HENDRIKS P. Why share knowledge? The influence of ICT on the motivation for knowledge sharing[J]. Knowledge&Process Management, 1999, 6(2): 91-100.

[55] HITT M A, DACIN M T, LEVITAS E, et al. Partner selection in emerging and developing market contexts: resource-based and organizational learning perspectives[J]. Academy of Management Journal, 2000, 43:449-467.

[56] HOANG H, KOTHAERMEL F T. The effect of general and partner-specific alliance experience on joint R&D project performance[J]. Academy of Management Journal, 2005, 48(2): 332-345.

[57] HOLDEN N, HARALD F O. Why cross-cultural knowledge transfer is a form of translation in more ways than you thing[J]. Konwledge and Process Management, 2004, 11(2): 127-136.

[58] HORMIGA E, BATISTA-CANINO R M, SANCHEZ-MEDINA A. The impact of relational capital on the success of new business strat-ups[J]. Journal of Small Business Management, 2011, 49(4): 617-638.

[59] INKPEN A C. Knowledge transfer and international joint ventures: the case of NUMMI and General Motors[J]. Strategic Management Journal, 2008, 29(4): 447-453.

[60] INKPEN A C, BACHMANN R. Understanding institutional-based trust building processes in inter-organizational relationships[J]. Organization Studies, 2011, 32(2):281-301.

[61] INKPEN A C, TSANG E K. Social capital, networks, and knowledge transfer[J]. Academy of Management Journal, 2005, 30(1):146-165.

[62] JANSEN J J P, VAN DEN BOSCH F A J, VOLBERDA H W. Explotary innovation, exploitative innovation, and performance effects of organizational antecedents and environmental moderators[J]. Management Science, 2006, 52(11): 1661-1674.

[63] JANSEN J, BOSCH F, VOLBERDA H. Managing potential and realized absorptive capacity: How do organizational antecedents matter?[J]. Academy of Management Journal, 2005, 48(6): 999-1015.

[64] JAWORSKI B J, KOHLI J M. Market orientation: antecedents and consequences[J]. Journal of Marketing, 1993, 57(3): 53-70.

[65] KALE P, SINGH H, PERLMUTTER H. Learning and protection of proprietary assets in strategic alliances: building relational capital[J]. Strategic Management Journal, 2000, 21(3): 217-237.

[66] KANTER R M. Collaborative advantage: the art of alliances[J]. Harvard Business Review, 1994(7/8): 96-108.

[67] KENNETH E B, NELSON R R, WINTER S G. An evolutioanary theory of economic change[J]. American Journal of Agricultural Economics, 1982,

66(4): 535-536.

[68] KIM L. The dynamics of Samsung's technological learning in semiconductors[J]. California Management Review, 1997, 39(3): 86-100.

[69] KIM L, NELSON R R. Technology, learning, and innovation: Experiences of newly industrializing economies[M]. Cambrigdge: Cambrigdge University Press, 2000.

[70] KOGUT B, ZANDER U. Knowledge of the firm, combinative capabilities, and the replication of technology[J]. Organization Science, 1992, 3(3): 383-397.

[71] KOKA B R, PRESCOTT J E Strategic alliances as social capital: a multidimendsional view[J]. Strategic Management Journal, 2002, 23(9): 795-816.

[72] KOSTOPOULOS K, PAPALEXANDRIS A, PAPACHRONI M., et al. Absorpive capacity, innovation, and financial performance[J]. Journal of Business Research, 2011, 64(12): 1335-1343.

[73] KOSTOVA T. Transnational transfer of strategic organiztional practices: a contextual perspective[J]. Academy of Management Review, 1999, 24(2): 308-324.

[74] KRAUSE D R, HANDFIELD R B, TYLER B B. The relationships between supplier development, commitment, social capital accumulation and performance improvement[J]. Journal of Operations Management, 2006, 25(2): 528-545.

[75] KWUON I G, SUH T. Factors affecting the level of trust and commitment in supply chain relationship[J]. Journal of Supply Chain Management, 2004, 40(2): 4-15.

[76] LANE P J, LUBATKIN M. Relative absorptive capacity and interorganizational learning[J]. Strategic Management Journal, 1998, 19(5): 461-477.

[77] LANE P J, SALK J E, LYLES M A. Absorptive capacity, learning, and

performance in international joint ventures[J]. Strategic Management Journal, 2001, 22(12): 1139-1161.

[78] LANE P, KOKA B, PATHAK S. The reification of absorptive capacity: a critical review and rejuvenation of the construct[J]. Academy of Management Review, 2006, 31(4): 833-863.

[79] LANG J R, DANIEL E L. Increased environmental uncertainty and changes in board linkage patterns[J]. Academy of Management Journal, 1990, 33: 106-128.

[80] LAWSON B, TYLER B B, COUSINS P D. Antecedents and consequences of social capital on buyer performance improvement[J]. Journal of Operations Management, 2008(5): 446-460.

[81] LEANA C R, VAN BUREN H J. Organizational social capital and employment practices[J]. Academy of Management Review, 1999, 24(3): 538-555.

[82] LEONARD-BARTON D, SINHA D K. Developer-user interaction and user satisfaction in internal technology transfer[J]. Academy of Management Journal, 1993, 36(5): 1125-1139.

[83] LEVIN R, CROSS R, ABRAMS L C. The strength of weak ties you can trust, the mediating role of trust in effective knowledge transfer[J]. Management Science, 2004(50): 1477-1490.

[84] LI J J, POPPO L, ZHOU K. Relational mechanisms, formal contrcts, and local knowledge acquisition by international subsidiaries[J]. Strategic Management Journal, 2010, 31(4): 349-370.

[85] LI L. The effects of trust and shared vision on inward knowledge transfer in subsidiaries' intra-andinter-organizational relationships[J]. International Business Review, 2005, 14(1):77-95.

[86] LI Z H, LUO F. Research on the relationship among social capital, organizational learning and knowledge transfer performance[J]. Journal of

Software, 2011, 6(9): 1763-1770.

[87] LIAO J, WELSCH H. Roles of social capital in venture creation: key dimensions and research implications[J]. Journal of Small Business Management, 2005, 43(4): 345-362.

[88] LIU C L, GHAURI P N, Sinkovics R R. Understanding the impact of relational capital and organizational learning on alliance ourcomes[J]. Journal of World Business, 2010, 45(3): 237-249.

[89] LOCKETT A, WRIGHT M. Resources, capabilities, risk capital and the creation of university spinout companies[J]. Research Policy, 2005(34): 1043-1057.

[90] LUO X, GRIFFITH D A, LIU S S, et al. The effects of customer relationships and social capital on firm performance: a Chinese business illustration[J]. Journal of International Marketing, 2004, 12(4): 25-45.

[91] MANSFIELD E. Technology transfer, productivity, and economic policy[M]. New York: W. W. Norton, 1982.

[92] MARSDEN P, CAMPBELL K. Measuring tie strength[J]. 1984, 63(2): 482-501.

[93] MCEVILY B, MARCUS A. Embedded ties and the aquisition of competitive capabilities[J]. Strategic Management Journal, 2005, 26(11): 1033-1055.

[94] MEYER J W, ROWAN B. Institutionalized organizations: formal structure as myth and ceremony[J]. American Journal of Sociology, 1977, 83: 340-363.

[95] MINBAEVA D, PEDERSEN T, BJORKMAN I, et al. MNC Knowledge transfer, subsidiary absorptive capacity and knowledge transfer[J]. Journal of International Business Studies, 2003, 34(6): 586-599.

[96] MOORMAN C, ZALTMAN G, DESHPANDE R. Relationships between providers and users of market research: the dynamics of trust within and between organizations[J]. Journal of Marketing Research, 1992, 29(3): 314-

328.

[97] MORGAN R M, HUNT S D. The commitment-trust theory of relationship marketing[J]. Journal of Marketing, 1994(58): 20-38.

[98] MOWDAY R, STEERS R, PORTER L. The measurement of organizational commiment[J]. Journal of Vocational Behavior, 1979(14): 224-247.

[99] MOWERY D C, OXLEY J E, et al. Strategic alliances and interfirm knowledge and interfirm knowledge transfer[J]. Strategic Management Journal, 1996(17): 77-91.

[100] MOWERY D C, OXLEY J E. Inward technology transfer and competetiveness: the role of national innovation systems[J]. Cambridge Journal of Economics, 1995, 19: 67-93.

[101] MOWLA M M. An overview of strategic alliance: competitive advantages in alliance constellations[J]. Advances in Management, 2012(5): 22-31.

[102] MUROVEC N, PRODAN I. Absorptive capacity, its determinants, and influence on innovation output: cross-cultural validation of the structural model[J]. Technovation, 2009, 29(12): 859-872.

[103] MUTHUSAMY S K, WHITE M A. Learning and knowledge transfer in strategic alliances: a social exchange view[J]. Organization Studies, 2005, 26(3): 415-441.

[104] NICHOLLS-NIXON C. Absorptive capacity and tehnological sourcing: implications for the reponsiveness of established firms[D]. West Lafayette: Purdue University, 1993.

[105] NIETO M, QUEVEDO P. Absorptive capacity, technological opportunity, knowledge spillovers, and innovatinve effort[J]. Technovation, 2005, 25(10): 1141-1157.

[106] NONAKA I. A dynamic theory of organizational knowledge creation[J]. Organization Science, 1994 (5): 14-37.

[107] NONAKA I, TAKEUCHI H. The knowledge creating company[M]. New York: Oxford University Press, 1995.

[108] PATON R A, MCLAUGHLIN S. Services innovation: knowledge transfer and the supply chain[J]. European Management Journal, 2008, 26(2): 77-83.

[109] PHELPS C. A longitudinal study of the influence of alliance network structure and composition on firm exploratory innovation[J]. Academy of Management Journal, 2010, 53(4): 890-913.

[110] PIERCE J L, KOSTOVA T, DIRKS K T. Toward a theory of psychological ownership in organizations[J]. Academy of Management Review, 2001, 26(2): 298-311.

[111] PINTO J K, MANTEL S J. The causes of project failure[J]. IEEE Transactions on Engineering Manegement, 1990, 37(4): 269-276.

[112] PORTER M E. Competitive Advantage[M]. New York: The Free Press, 1985.

[113] PORTER M E. What is strategy?[J]. Harvard Business Review, 1996, 74(2): 61-79.

[114] PYKA A, WINDRUM P. The self-organization of strategic alliances[J]. Economics of Innovation&New Technology, 2003, 12(3): 245-268.

[115] REAGANS R, MCEVILY B. Network structure and knowledge transfer: the effects of cohesion and range[J]. Administrative Science Quarterly, 2003(48): 240-267.

[116] ROLLAND N, CHAUVEL D. Knowledge Transfer in Strategic Alliances[J]. Knowledge Horizons, 2000: 225-236.

[117] ROTHAERMEL F T, DEEDS D L. Alliance type, alliance experience and alliance management capability in high-technology ventures[J]. Journal of Business Venturing, 2006(21): 429-460.

[118] ROY J P. International join venture partner selection and performance: the role of the host country legal environment[D]. Ontario: York University, 2005.

[119] SAMADDAR S, KADIYALA S. An analysis of interorganizational resource sharing decisions in collaborative knowledge creation[J]. European Journal of Operational Research, 2006, 170(1):192-210.

[120] SAMBASIVAN M, SIEW-PHAIK L, MOHAMED Z A, et al. Impact of interdependence between supply chain partners on strategic alliance outcomes: Role of relational capital as a mediating construct[J]. Management Decision, 2011, 49(3): 548-569.

[121] SHARMA S, VREDENBURG H. Proactive corporate environmental strategy and the development of competitively valuable organizational capabilities[J]. Strategic Management Journal, 1998, 19: 729-53.

[122] SIMONIN B. L. Ambiguity and the process of knowledge transfer in strategic alliances[J]. Strategic Management Journal, 1999, 20(7): 595-623.

[123] SIMONIN B L. An empirical investigation of the process of knowledge transfer in international strategic alliances[J]. Journal of International Business Studies, 2004, 35: 407-427.

[124] SIMONIN B L. The importance of collaborative know-how: an empirical test of the learning organization[J]. Academy of Management Journal, 1997, 40(5): 1150-1174.

[125] SIMONIN B. Transer of marketing know-how in international strategic alliances: an empirical investigation of the role and antecedents of knowlegdge ambiguity[J]. Journal of International Business Studies, 1999, 30(3): 463-490.

[126] SLATER S, NARVER J. Market orientation and the learning organization[J]. Journal of Marketing, 1995, 59(3): 63-74.

[127] SPENDER J. Making knowledge the basis of a dynamic theory of the firm[J]. Strategic Management Journal, 1996, 17: 45-62.

[128] STOCK G N, GREIS N P, FISCHER W A. Absorptive capacity and new

product development[J]. Journal of High Technology Management Research, 2001(12): 77-91.

[129] SUBRAMANIAM M, VENKATRAMAN N. Determinants of transnational new product development capability: testing the influence of transferring and deploying tacit overseas knowledge[J]. Strategic Management Journal, 2001(22): 359-378.

[130] SUSENO Y, RATTEN V. A theoretical framework of alliance performance: the role of trust, social capital and knowledge development[J]. Journal of Management& Organization, 2007, 13(1): 4-23.

[131] SZULANSKI G. Exploring internal stickiness: impediments to the transfer of best practice within the firm[J]. Strategic Management Journal, 1996 (17): 27-43.

[132] TALAULICAR T, GRUNDEI J, WERDER A. Strategic decision making in start-ups: the effect of top management team organization and process on speed and comprehensiveness[J]. Journal of Business Venturing, 2005, 20: 519-541.

[133] TEECE D. Technology transfer by multinational firms: the resource cost of transferring technological know- how[J]. The Economic Journal, 1977(87): 242- 261.

[134] THUY L X, QUANG T. Relational capital and performance of international joint ventrues in Vietnam[J]. Asia Pacific Business Review, 2005, 11(3): 389-410.

[135] TODOROVA G, DURISIN B. Absorptive capacity: Valuing a reconceptualizaiton[J]. Academy of Management Review, 2007, 32(3): 774-786.

[136] TSAI W. Knowledge transfer in intraorganizational networks: effects of network position and absorptive capacity on business unit innovation and

performance[J]. Academy of Management Journal, 2001, 44(5): 996-1004.

[137] TSAI W, GHOSHAL S. Social caital and value creation: the role of intrafirm networks[J]. Academy of Management Journal, 1998, 41(4): 464-476.

[138] TSANG E W K. The knowledge transfer and learning aspects of international HRM: an empirical study of Singapore MNCs[J]. International Business Review, 1999(8): 591-609.

[139] UZZI B. Social structure and competition in interfirm networks: the paradox of embeddedness[J]. Administrative Science Quarterly, 1997, 42(1): 35-67.

[140] GARCIA-MORALES V J, RUIZ-MORENO A, LLORENS-MONTES F J. Effects of technology absorptive capacity and technology proactivity on organizational learning, innovation and performance: an empirical examination[J]. Technology Analysis&Strategic Management, 2007, 19(4): 527-558.

[141] VINING T, LIPS D. Measuring the performance of university technology transfer using meta data approach: the case of Dutch universities[J]. The Journal of Technology Transfer, 2015, 40(6): 1034-1049.

[142] WITTMANN C M, HUNT S D, ARNETT D B. Explaining alliance success: competences, resources, relational factors and resource-advantage theory[J]. Industrial Marketing Management, 2009, 38(7): 742-756.

[143] WU F, CAVUSGIL S T. Organizational learning, commitment, and joint value creation in inter-firm relationships[J]. Journal of Business Research, 2006,59(1): 81-89.

[144] YANG J, WANG J, WONG C W Y, et al. Relational stability and alliance performance in supply chain[J]. Omega, 2008, 36(4): 600-608.

[145] YLI-RENKO H, AUTIO E, SAPIENZA H J. Social capital, knowledge acquisition, and knowledge exploitation in young technology-based firms[J]. Strategic Management Journal, 2001, 22(6): 587-613.

[146] YONG S P, YOUNG R P. A framework of knowledge transfer in cross-border joint ventures: an empirical test of the Korean context[J]. Management International Review, 2004(4): 417-434.

[147] YOSHINO M M Y, RANGAN U S. Strategic Alliances: an Entrepreneurial Approach to Globalization[M]. New York: Harvard Business Press, 1995.

[148] YOUNG-YBARRA C, WIERSEMA M. Strategic flexibility in information technology alliances: the influence of transaction cost economics and social exchange theory[J]. Organization Science, 1999, 10(4): 439-459.

[149] ZACK M. The Strategic Management of Intellectual Capital and Organizaitonal Knowledge[M]. New York: Oxford University Press, 2002.

[150] ZAHEER A, Mcevily B, PERRONE V. Does trust matter? Exploring the effect of inter organizational and interpersonal trust on performance[J]. Organization Science, 1998, 9: 141-159.

[151] ZAHRA S A, GEORGE G. Absorptive capacity: a review reconceptualizaiton and extension[J]. Academy of Management Review, 2002, 27(2): 185-203.

[152] ZAHRA S A, HAYTON J C. The effect of international venturing on firm performance: the moderating influence of absorptive capacity[J]. Journal of Business Venturing, 2008, 23(2): 195-220.

[153] ZAHRA S A., IRELAND R D, HITT M A. International expansion by new venture firms: international diversity, mode of market entry, technological learning, and performance[J]. Academy of Management Journal, 2000, 43(5): 925-950.

[154] ZANDER U. Exploiting a technological edge: voluntary and involuntary dissemination of technology[J]. Institute of International Business, 1991(5): 143-155.

[155] ZANDER U, KOGUT B. Knowledge and the speed of the transfer and imitation of organizational capabilities: an empirical test[J]. Organization

Science, 1995, (6): 76-92.

[156] ZHENG J Z, JAIDEEP A. A multilevel perspective on knowledge transfer: evidence from the Chinese automotive industry[J]. Strategic Management Journal, 2009, 30(9): 959-983.

[157] ZORNOZA A, ORENGO V, PENERROJA V. Relational capital in virtual teams: the role played by trust[J]. Social Science Information, 2009, 48(2): 257-281.

[158] 包凤耐,彭正银. 网络能力视角下企业关系资本对知识转移的影响研究[J]. 南开管理评论, 2015, 18 (3): 95-101.

[159] 宝贡敏,王庆喜. 战略联盟关系资本的建立与维护[J]. 科研与发展管理, 2004, 16 (3): 9-14.

[160] 曹竹. 合资制造企业知识转移绩效评价及管理策略研究[D]. 重庆: 重庆大学, 2008.

[161] 常荔,邹珊刚,李顺才. 基于知识链的知识扩散的影响因素研究[J]. 科研管理, 2001 (5): 122-127.

[162] 陈菲琼. 关系资本在企业知识联盟中的作用[J]. 科研管理, 2003, 24 (5): 37-43.

[163] 陈明,周健明. 企业文化、知识整合机制对企业间知识转移绩效的影响研究[J]. 科学学研究, 2009, 27 (4): 580-587.

[164] 陈勇. 关系学习和动态能力对企业技术创新的影响研究[D]. 杭州: 浙江大学, 2011.

[165] 邓颖翔,朱桂龙. 吸收能力在创新过程中的中介作用研究: 来自珠三角企业的经验证据[J]. 科学学与科学技术管理, 2009 (10): 85-89.

[166] 刁丽琳,朱桂龙. 产学研联盟契约和信任对知识转移的影响研究[J]. 科学学研究, 2015, 33 (5): 723-733.

[167] 董俊武,陈震红. 从关系资本理论看战略联盟的伙伴关系管理[J]. 财经科学, 2003 (5): 81-85.

[168] 高菲. 集群企业本地网络对知识转移绩效的影响机理与实证研究[D]. 长春：东北大学，2009.

[169] 关涛，薛求知，秦一琼. 基于知识嵌入性的跨国公司知识转移管理：理论模型与实证研究[J]. 科学学研究，2009，27（1）：93-100.

[170] 关涛. 跨国公司内部知识转移过程与影响因素的实证研究[D]. 上海：复旦大学，2005.

[171] 关涛. 跨国公司知识转移：知识特性与组织情境研究[J]. 科学学研究，2010（6）：23-27.

[172] 何郁冰，陈劲. 资源特性、能力系统与技术演化：对企业技术多样化的理论解析[J]. 西安电子科技大学学报（社会科学版），2008（3）：1-7.

[173] 贾生华，吴波，王承哲. 资源依赖、关系质量对联盟绩效影响的实证研究[J]. 科学学研究，2007，25（2）：334-339.

[174] 解学梅，左蕾蕾. 企业协同创新网络特征与创新绩效：基于知识吸收能力的中介效应研究[J]. 南开管理评论，2013，16（3）：47-56.

[175] 李纲，刘益. 国内外企业知识转移的研究现状分析[J]. 情报杂志，2007（09）：10-13.

[176] 李琳，方先知. 产学研知识联盟与社会资本[J]. 科技进步与对策，2005（8）：5-8.

[177] 李楠，严素梅. 科技服务的知识转移效果评价与对策分析[J]. 现代情报，2009，29（3）：7-14.

[178] 林莉，周鹏飞. 知识联盟中知识学习、冲突管理与关系资本[J]. 科学学与科学技术管理，2004（4）：107-110.

[179] 林莉. 知识联盟中知识转移的障碍因素及应对策略分析[J]. 科技导报，2004（4）：29-32.

[180] 刘芳. 社会资本对产学研合作知识转移绩效影响的实证研究[J]. 研究与发展管理，2012（1）：103-111.

[181] 刘衡,李垣,李西垚,等. 关系资本、组织间沟通和创新绩效的关系研究[J]. 科学学研究, 2010, 28 (12): 1912-1919.

[182] 刘学元,丁雯婧,赵先德. 企业创新网络中关系强度、吸收能力与创新绩效的关系研究[J]. 南开管理评论, 2016, 19 (1): 30-42.

[183] 龙勇,付建伟. 资源依赖性、关系风险与联盟绩效的关系:基于非对称竞争性战略联盟的实证研究[J]. 科研管理, 2011, 32 (9): 91-99.

[184] 龙勇,李忠云,张宗益. 技能型战略联盟基于信任的知识获取和合作效应实证研究[J]. 研究与发展管理, 2006, 18 (5): 36-43.

[185] 卢兵,岳亮,廖琳武. 组织间隐性知识转移的微分动力学模型[J]. 系统工程, 2005, 23 (11): 44-48.

[186] 陆杉. 供应链关系资本及其对供应链协同影响的实证研究[J]. 软科学, 2012, 26 (9): 39-43.

[187] 钱锡红,杨永福,徐万里. 企业网络位置、吸收能力与创新绩效:一个交互效应模型[J]. 管理世界, 2010 (5): 118-129.

[188] 任荣. 企业知识转移效果的评价[J]. 科技情报开发与经济, 2005, 15 (4): 220-221.

[189] 孙婧. 企业吸收能力与技术创新关系实证研究[D]. 长春:吉林大学, 2013.

[190] 孙卫,王彩华,刘民婷. 产学研联盟中知识转移绩效的影响因素研究[J]. 科学学与科学技术管理, 2012, 33 (8): 58-65.

[191] 唐方成,席酉民. 知识转移与网络组织的动力学行为模式(Ⅰ)[J]. 系统工程理论与实践, 2006 (5): 122-127.

[192] 陶锋. 吸收能力、价值链类型与创新绩效:基于国际代工联盟知识溢出的视角[J]. 中国工业经济, 2011 (1): 140-150.

[193] 万艳春,陈春花. 供应链关系资本对采购绩效影响的实证研究:以珠三角制造企业为例[J]. 科技管理研究, 2012 (24): 214-219.

[194] 王国顺,李清. 基于吸收能力的跨国公司知识转移过程研究[J]. 武汉大

学学报（哲学社会科学版），2006（6）：762-766.

[195] 王国顺，杨昆. 社会资本、吸收能力对创新绩效影响的实证研究[J]. 管理科学，2011，24（5）：23-36.

[196] 王辉，张慧颖，吴红翠. 供应链间关系质量对知识吸收能力和企业合作创新绩效的影响研究[J]. 统计与信息论坛，2012，27（11）：99-105.

[197] 王雎. 吸收能力的研究现状与重新定位[J]. 外国经济与管理，2007，29（7）：1-8.

[198] 王立生. 社会资本、吸收能力对知识获取和创新绩效的影响研究[D]. 杭州：浙江大学，2007.

[199] 王清晓，杨忠. 跨国公司内部网络结点之间知识转移的影响因素分析：一个概念模型[J]. 科研管理，2006，27（2）：102-109.

[200] 王三义，刘新梅，万威武. 社会资本结构维度对企业间知识转移影响的实证研究[J]. 科技进步与对策，2007，24（4）：105-107.

[201] 王毅，吴贵生. 产学研合作中粘滞知识的成因与转移机制研究[J]. 科研管理，2001，22（6）：114-121.

[202] 魏江，王铜安. 个体、群组、组之间知识转移影响因素的实证研究[J]. 科学学研究，2006，24（1）：91-97.

[203] 吴波. 基于匹配视角的集群企业网络化成长机制研究[D]. 杭州：浙江大学，2007.

[204] 吴洁. 产学研合作中高校知识转移的超循环模型及作用研究[J]. 研究与发展管理，2007，19（4）：119-123.

[205] 吴绍波，顾新. 知识链组织之间合作的关系强度研究[J]. 科学学与科学技术管理，2008（2）：113-118.

[206] 吴绍波，顾新，彭双等. 知识链组织之间的冲突与信任协调：基于知识流动视角[J]. 科技管理研究，2009（6）：325-327.

[207] 吴晓波，刘雪锋，胡松翠. 全球制造网络中本地企业知识获取实证研究[J]. 科学学研究，2007，25（3）：486-492.

[208] 奚雷,彭灿. 战略联盟中组织间知识转移的影响因素与对策建议[J]. 科技管理研究, 2006 (3): 166-169.

[209] 徐二明,陈茵. 中国企业吸收能力对竞争优势的影响[J]. 管理科学, 2009 (2): 14-23.

[210] 徐国东,叶金福,邹艳. 企业—大学合作中的知识转移影响因素分析[J]. 情报杂志, 2008, 27 (2): 87-89.

[211] 徐笑君. 跨国公司总部向在华子公司转移知识的影响因素模型构建[J]. 管理学报, 2010 (6): 896-902.

[212] 薛卫,雷家骕,易难. 关系资本、组织学习与研发联盟绩效关系的实证研究[J]. 中国工业经济, 2010 (4): 89-99.

[213] 闫立罡,吴贵生. 战略联盟中关系资本的重要作用与培育方法[J]. 软科学, 2006, 20 (2): 27-30.

[214] 杨静. 供应链内企业间信任的产生机制及其对合作的影响：基于制造业企业的研究[D]. 杭州：浙江大学, 2006.

[215] 叶飞,周蓉,张红. 产学研合作过程中知识转移绩效的关键影响因素研究[J]. 工业技术经济, 2009 (6): 116-120.

[216] 曾德明,贾曙光,禹献云. 吸收能力视角下联盟企业关系资本对创新能力影响研究[J]. 中国科技论坛, 2011 (5): 21-26.

[217] 曾凯,彭伟. 基于组织复杂性的知识转移效果评价[J]. 科技管理研究, 2010 (7): 185-187.

[218] 张朝宾,吴洁,黄伟等. 网络结构与组织间知识转移绩效关系的实证研究[J]. 科技进步与对策, 2011 (19): 112-116.

[219] 张红兵. 技术联盟知识转移有效性的差异来源研究：组织间学习和战略柔性的视角[J]. 科学学研究, 2013, 31 (11): 1687-1696.

[220] 张洁,戚安邦,熊琴琴. 吸收能力形成的前因变量及其对企业创新绩效的影响分析：吸收能力作为中介变量的实证研究[J]. 科学学与科学技术管理, 2012, 33 (5): 29-37.

[221] 张莉, 齐中英, 田也壮. 知识转移的影响因素及转移过程研究[J]. 情报科学, 2005, 23 (11): 1606-1609.

[222] 张睿, 于渤. 技术联盟知识转移影响因素实证研究[J]. 科学学研究, 2008, 26 (5): 1024-1030.

[223] 张振刚, 陈志明, 李云健. 开放式创新、吸收能力与创新绩效关系研究[J]. 科研管理, 2015, 36 (3): 49-56.

[224] 张志勇, 刘益, 陶蕾. 企业网络与知识转移: 跨国公司与产业集聚群的比较研究[J]. 科学管理研究, 2007, 25 (4): 64-67.

[225] 赵炎, 王琦, 郑向杰. 网络邻近性、地理邻近性对知识转移绩效的影响[J]. 科研管理, 2016, 37 (1): 128-136.

[226] 周密, 赵文红, 姚小涛. 社会关系视角下的知识转移理论研究评述及展望[J]. 科研管理, 2007, 28 (3): 78-85.

[227] 周文光, 李尧远. 吸收能力、知识产权风险与产品创新绩效[J]. 科研管理, 2016, 37 (6): 111-119.

[228] 周文光. 吸收能力与流程创新绩效之间关系的实证研究[J]. 南开管理评论, 2013, 16 (5): 51-60.

[229] 朱秀梅. 资源获取、产业导向与新创企业绩效关系研究[J]. 科学学研究, 2008, 26 (3): 589-595.

[230] 左美云. 知识转移与企业信息化[M]. 北京: 科学出版社, 2006.

[231] 左志刚. 国外企业战略联盟研究的整体性分析: 结构趋势与整合结果[J]. 外国经济与管理, 2015, 37 (1): 62-70.

[232] 王岳峰, 刘伟. 考虑权重的Shapely值法虚拟企业伙伴利益分配策略的改进[J]. 上海海事大学学报, 2005, 26 (4): 48-51.

[233] 张捍东, 严钟, 方大春. 应用ANP的Shapely值法动态联盟利益分配策略[J]. 系统工程学报, 2009 (2): 205-211.

[234] 陈伟, 张永超, 马一博等. 基于AHP-GEM-Shapely值法德低碳技术创新盟利益分配研究[J]. 运筹与管理, 2012, 21 (4): 220-226.

[235] 吴金红,张飞,鞠秀芳.大数据:企业竞争情报的机遇、挑战及对策研究[J].情报杂志,2013(1):5-9.

[236] 漆晨曦.电信企业大数据分析、应用及管理发展策略[J].通电信科学,2013(3):12-16.

[237] 刘丹,曹建彤,王璐.大数据对商业模式创新影响的案例分析[J].科技与经济,2014(4):21-25.

[238] 叶飞,郭东风,孙东川.虚拟企业成员之间利益分配方法研究[J].统计与决策,2000(7):11-12.

[239] 郑文军,张旭梅,刘飞等.敏捷虚拟企业利润分配机制研究[J].管理工程学报,2001(1):26-29.

[240] 骆品亮,周勇.虚拟研发组织利益分配的分成制与团队惩罚机制[J].科研管理,2005,26(5):127-131.

[241] 张树义,李肖军,武振业.试论企业战略联盟分配问题[J].系统工程理论方法应用,2002,11(3):235-239.

[242] 袁磊.战略联盟合作伙伴的选择分析[J].中国软科学,2001(9):53-57.

[243] 舍恩伯格,库克耶.大数据时代[M].盛杨燕,周涛,译.杭州:浙江人民出版社,2013.

[244] 李大庆,单丽娟,李庆满.科技型小微企业横向创新联盟组建策略研究[J].科技进步与对策,2013,30(2):81-86.

[245] 龙勇,王炳杨.基于产业角度对联盟风险以及联盟治理机制的研究[J].软科学,2012,25(2):1-6.

[246] 李震,邓培林,王宇奇,等.基于Shapley值法模型的供应链联盟企业利益分配修正算法[J].安徽农业科学,2008,36(29):12907-12909.

[247] 蒋永锋.合作博弈Shapley解的改进[J].价值工程,2012,31(29):246-248.

[248] 杨皎平,李庆满,张恒俊.关系强度、知识转移和知识整合对技术标准

联盟合作绩效的影响[J]．标准科学，2013（5）：44-48．

[249] 孟卫东,黄波,李宇雨．基于技术风险的并行研发联盟成员投资策略研究[J].软科学，2008，22（6）：88-92．

[250] 李恒,吴维库．我国银行保险战略联盟模式选择与并购财富效应影响：基于 AHP 与 Event study 分析法的实证研究[J]．保险研究，2013（7）：22-33．

[251] 熊麟,冯婷婷,鲁若愚．基于竞赛模型的研发联盟资本投入博弈分析[J]．技术经济，2013，2（6）：21-25+137．

[252] 李明星,刘晓楠,陈慧敏等．竞争视角下的专利联盟结构与功能实证研究[J]．新疆社会科学，2015（1）：24-31．

[253] 翟金芝,赵希男．"互联网＋"时代基于 Markov 链的企业战略联盟生态圈合作伙伴选择分析[J]．技术经济，2016，35（9）：66-71．

[254] 陈耀,连远强．战略联盟研究的理论回顾与展望[J]．南京社会科学，2014（11）：24-31．

[255] 刘益,李垣,杜旖丁．基于资源风险的战略联盟结构模式选择[J]．管理科学学报，2003，6（4）：34-42．

[256] 孟琦,傅毓维．基于知识转移的战略联盟结构模式选择[J]．科技进步与对策，2007，24（1）：71-73．

[257] 李健,陈传明．权力视角下的战略联盟结构模式研究[J]．经济管理，2009，31（6）：47-52．

# 附录 1　预调查问卷

尊敬的先生/女士：

您好！本人是辽宁大学商学院企业管理系的博士研究生。为了解企业战略联盟中关系资本是如何影响知识转移绩效的，本人设计了调查问卷，请您予以大力支持！

在回答问题时，请您根据自己的实际情况回答，若没有相似的经历或经验，请您按照自己的看法回答。

### A. 企业基本信息

1. 企业名称：＿＿＿＿＿＿＿＿＿＿＿＿＿＿＿＿＿＿＿＿

2. 所在行业

| □计算机行业 | □光电子 | □电子机械 | □空间技术 |
| □新材料技术 | □生物医药 | □环保技术 | □通信技术 |
| □新能源 | □其他 | | |

3. 企业规模

| □50 人以下 | □51～100 人 | □101～200 人 |
| □201～500 人 | □500 人以上 | |

4. 企业成立年限

| □不足 3 年 | □3～<5 年 | □5～<7 年 |
| □7～<10 年 | □10 年及以上 | |

5. 研发人员占员工总数的比例

| □不足 10% | □10%～<30% | □30%～<50% |
| □50%～<70% | □70%及以上 | |

6. 近三年研发投入占企业年销售收入总额的比例

☐不足 2%　　　　　☐2%～＜4%　　　　　☐4%～＜6%

☐6%～＜8%　　　　☐8%及以上

## B. 个人信息

1. 您现在的职务

☐基层管理者　　　☐中层管理者　　　☐高层管理者

2. 您的文化程度

☐高中及以下　　　☐大专　　　　　　☐本科

☐硕士研究生　　　☐博士研究生

3. 您在现企业工作的时间

☐不足 3 年　　　　☐3～＜5 年　　　　☐5～＜7 年

☐7～＜10 年　　　☐10 年及以上

## C. 伙伴企业信息

1. 伙伴企业名称：_____（可不填）

2. 合作项目

☐技术　　　　　　☐营销　　　　　　☐其他

3. 联盟伙伴是否同行

☐是　　　　　　　☐否

4. 您对伙伴企业的了解程度

☐完全不了解　　　☐很不了解　　　　☐有点不了解

☐不确定　　　　　☐有点了解　　　　☐很了解

☐完全不了解

5. 贵公司与该伙伴企业的交往时间（建立联盟的时间）

☐不足 1 年　　　　☐1～＜2 年　　　　☐2～＜3 年

☐3～＜5 年　　　　☐5～＜7 年　　　　☐7～＜10 年

☐10 年及以上

## D. 关系资本对知识转移绩效的影响

题项见附表 1-1

### 附表 1-1　关系资本对知识转移绩效的影响

| 编号 | | 题项 | 完全不同意 | 很不同意 | 有点不同意 | 不确定 | 有点同意 | 很同意 | 完全同意 |
|---|---|---|---|---|---|---|---|---|---|
| A1 | 关系资本 | 我们相信伙伴企业将履行合同 | 1 | 2 | 3 | 4 | 5 | 6 | 7 |
| A2 | | 就之前的合作经验,伙伴企业愿意优先处理本公司的需求 | 1 | 2 | 3 | 4 | 5 | 6 | 7 |
| A3 | | 我们一般不怀疑伙伴企业提供的信息 | 1 | 2 | 3 | 4 | 5 | 6 | 7 |
| A4 | | 我们相信伙伴企业不会泄露我们的重要信息 | 1 | 2 | 3 | 4 | 5 | 6 | 7 |
| A5 | | 我们双方不会因对方疏漏占便宜 | 1 | 2 | 3 | 4 | 5 | 6 | 7 |
| A6 | | 诚信问题会影响合作进展 | 1 | 2 | 3 | 4 | 5 | 6 | 7 |
| A7 | | 即使情况变化,伙伴企业也乐于提供帮助和支持 | 1 | 2 | 3 | 4 | 5 | 6 | 7 |
| B1 | | 伙伴企业不会从本企业获取不正当利益 | 1 | 2 | 3 | 4 | 5 | 6 | 7 |
| B2 | | 合作各方致力于保持长久的合作关系 | 1 | 2 | 3 | 4 | 5 | 6 | 7 |
| B3 | | 我们双方都愿意付出额外努力为对方实现目标 | 1 | 2 | 3 | 4 | 5 | 6 | 7 |
| B4 | | 合作各方承诺遵守互利互惠的原则 | 1 | 2 | 3 | 4 | 5 | 6 | 7 |
| B5 | | 在感情上对双方的合作关系有归属感 | 1 | 2 | 3 | 4 | 5 | 6 | 7 |
| B6 | | 伙伴企业在合作中认真履行义务和承诺 | 1 | 2 | 3 | 4 | 5 | 6 | 7 |
| C1 | | 合作各方的技术人员经常来往和交流 | 1 | 2 | 3 | 4 | 5 | 6 | 7 |
| C2 | | 合作各方的管理人员经常来往和交流 | 1 | 2 | 3 | 4 | 5 | 6 | 7 |
| C3 | | 我们经常派人到伙伴企业了解情况 | 1 | 2 | 3 | 4 | 5 | 6 | 7 |
| C4 | | 我们双方经常进行各种形式的非正式交流 | 1 | 2 | 3 | 4 | 5 | 6 | 7 |

续表

| 编号 | 题项 | 完全不同意 | 很不同意 | 有点不同意 | 不确定 | 有点同意 | 很同意 | 完全同意 |
|---|---|---|---|---|---|---|---|---|
| D1 | 我们经常通过伙伴企业获取新知识 | 1 | 2 | 3 | 4 | 5 | 6 | 7 |
| D2 | 我们为员工提供多样的培训与搜集信息的渠道 | 1 | 2 | 3 | 4 | 5 | 6 | 7 |
| D3 | 我们辨别外部知识的能力非常强 | 1 | 2 | 3 | 4 | 5 | 6 | 7 |
| D4 | 我们能迅速分析并理解市场需求的变化 | 1 | 2 | 3 | 4 | 5 | 6 | 7 |
| E1 | 我们对知识进行消化吸收的能力非常强 | 1 | 2 | 3 | 4 | 5 | 6 | 7 |
| E2 | 我们记录并储存获得的知识，并在需要的时候加以利用 | 1 | 2 | 3 | 4 | 5 | 6 | 7 |
| E3 | 我们能将获得的新技术与已有技术融合 | 1 | 2 | 3 | 4 | 5 | 6 | 7 |
| E4 | 我们很容易开发出新产品或新服务 | 1 | 2 | 3 | 4 | 5 | 6 | 7 |
| F1 | 为了赶上竞争对手，需经常改变产品和实践 | 1 | 2 | 3 | 4 | 5 | 6 | 7 |
| F2 | 行业中产品或服务过时速度很快 | 1 | 2 | 3 | 4 | 5 | 6 | 7 |
| F3 | 行业内竞争者行为难以预测 | 1 | 2 | 3 | 4 | 5 | 6 | 7 |
| F4 | 行业内顾客偏好难以预测 | 1 | 2 | 3 | 4 | 5 | 6 | 7 |
| G1 | 获取的知识在很大程度上能转换为市场经验 | 1 | 2 | 3 | 4 | 5 | 6 | 7 |
| G2 | 企业能够获得较多的顾客偏好知识 | 1 | 2 | 3 | 4 | 5 | 6 | 7 |
| G3 | 接收的知识能在较大程度上丰富管理技巧 | 1 | 2 | 3 | 4 | 5 | 6 | 7 |
| G4 | 知识被吸收后能被运用于其他领域或项目 | 1 | 2 | 3 | 4 | 5 | 6 | 7 |
| G5 | 员工（或部门）主动地进行知识共享和信息交流 | 1 | 2 | 3 | 4 | 5 | 6 | 7 |
| G6 | 互访、培训、经验交流、工作轮换等提高了员工素质 | 1 | 2 | 3 | 4 | 5 | 6 | 7 |

说明：根据实际情况回答问题，在相应的数字下打"√"。

**问卷到此结束！谢谢您的合作！**

# 附录2  正式调查问卷

尊敬的先生/女士：

您好！本人是辽宁大学商学院企业管理系的博士研究生。为了解企业战略联盟中关系资本是如何影响知识转移绩效的，本人设计了调查问卷，请您予以大力支持！

在回答问题时，请您根据自己的实际情况回答，若没有相似的经历或经验，请您按照自己的看法回答。

## A.企业基本信息

1.企业名称：_____

2.所在行业

□计算机行业　　□光电子　　　□电子机械　　□空间技术
□新材料技术　　□生物医药　　□环保技术　　□通信技术
□新能源　　　　□其他

3.企业规模

□50 人以下　　　□51～100 人　　□101～200 人
□201～500 人　　□500 人以上

4.企业成立年限

□不足 3 年　　　□3～<5 年　　　□5～<7 年
□7～<10 年　　　□10 年及以上

5.研发人员占员工总数的比例

□不足 10%　　　□10%～<30%　　□30%～<50%
□50%～<70%　　□70%及以上

6.近三年研发投入占企业年销售收入总额的比例

□不足 2%　　　　　　　□2%～＜4%　　　　　　□4%～＜6%

□6%～＜8%　　　　　　□8%及以上

## B. 个人信息

1.您现在的职务

□基层管理者　　　　　　□中层管理者　　　　　　□高层管理者

2.您的文化程度

□高中及以下　　　　　　□大专　　　　　　　　　□本科

□硕士研究生　　　　　　　　　　□博士研究生

3.您在现企业工作的时间

□不足 3 年　　　　　　　□3～＜5 年　　　　　　 □5～＜7 年

□7～＜10 年　　　　　　□10 年及以上

## C. 伙伴企业信息

1.伙伴企业名称：_____（可不填）

2.合作项目

□技术　　　　　　　　　□营销　　　　　　　　　□其他

3.联盟伙伴是否同行

□是　　　　　　　　　　□否

4.您对伙伴企业的了解程度

□完全不了解　　　　　　□很不了解　　　　　　　□有点不了解

□不确定　　　　　　　　□有点了解　　　　　　　□很了解

□完全不了解

5.贵公司与该伙伴企业的交往时间（建立联盟的时间）

□不足 1 年　　　　　　　□1～＜2 年　　　　　　 □2～＜3 年

□3～＜5 年　　　　　　　□5～＜7 年　　　　　　 □7～＜10 年

□10 年及以上

### D. 关系资本对知识转移绩效的影响

题项见附表 2-1。

附表 2-1　关系资本对知识转移绩效的影响

| 编号 | | 题项 | 完全不同意 | 很不同意 | 有点不同意 | 不确定 | 有点同意 | 很同意 | 完全同意 |
|---|---|---|---|---|---|---|---|---|---|
| A1 | 关系资本 | 我们相信伙伴企业将履行合同 | 1 | 2 | 3 | 4 | 5 | 6 | 7 |
| A3 | | 我们一般不怀疑伙伴企业提供的信息 | 1 | 2 | 3 | 4 | 5 | 6 | 7 |
| A4 | | 我们相信伙伴企业不会泄露我们的重要信息 | 1 | 2 | 3 | 4 | 5 | 6 | 7 |
| A5 | | 我们双方不会因对方疏漏占便宜 | 1 | 2 | 3 | 4 | 5 | 6 | 7 |
| A6 | | 诚信问题会影响合作进展 | 1 | 2 | 3 | 4 | 5 | 6 | 7 |
| B2 | | 合作各方致力于保持长久的合作关系 | 1 | 2 | 3 | 4 | 5 | 6 | 7 |
| B3 | | 我们双方都愿意付出额外努力为对方实现目标 | 1 | 2 | 3 | 4 | 5 | 6 | 7 |
| B4 | | 合作各方承诺遵守互利互惠的原则 | 1 | 2 | 3 | 4 | 5 | 6 | 7 |
| B5 | | 在感情上对双方的合作关系有归属感 | 1 | 2 | 3 | 4 | 5 | 6 | 7 |
| B6 | | 伙伴企业在合作中认真履行义务和承诺 | 1 | 2 | 3 | 4 | 5 | 6 | 7 |
| C1 | | 合作各方的技术人员经常来往和交流 | 1 | 2 | 3 | 4 | 5 | 6 | 7 |
| C2 | | 合作各方的管理人员经常来往和交流 | 1 | 2 | 3 | 4 | 5 | 6 | 7 |
| C3 | | 我们经常派人到伙伴企业了解情况 | 1 | 2 | 3 | 4 | 5 | 6 | 7 |
| C4 | | 我们双方经常进行各种形式的非正式交流 | 1 | 2 | 3 | 4 | 5 | 6 | 7 |
| D1 | 吸收能力 | 我们经常通过伙伴企业获取新知识 | 1 | 2 | 3 | 4 | 5 | 6 | 7 |
| D2 | | 我们为员工提供多样的培训与搜集信息的渠道 | 1 | 2 | 3 | 4 | 5 | 6 | 7 |
| D3 | | 我们辨别外部知识的能力非常强 | 1 | 2 | 3 | 4 | 5 | 6 | 7 |
| D4 | | 我们能迅速分析并理解市场需求的变化 | 1 | 2 | 3 | 4 | 5 | 6 | 7 |

续表

| 编号 | | 题项 | 选项 完全不同意 | 很不同意 | 有点不同意 | 不确定 | 有点同意 | 很同意 | 完全同意 |
|---|---|---|---|---|---|---|---|---|---|
| E1 | 吸收能力 | 我们对知识进行消化吸收的能力非常强 | 1 | 2 | 3 | 4 | 5 | 6 | 7 |
| E2 | | 我们记录并储存获得的知识，并在需要的时候加以利用 | 1 | 2 | 3 | 4 | 5 | 6 | 7 |
| E3 | | 我们能将获得的新技术与已有技术融合 | 1 | 2 | 3 | 4 | 5 | 6 | 7 |
| E4 | | 我们很容易开发出新产品或新服务 | 1 | 2 | 3 | 4 | 5 | 6 | 7 |
| F1 | 环境动态性 | 为了赶上竞争对手，需经常改变产品和实践 | 1 | 2 | 3 | 4 | 5 | 6 | 7 |
| F2 | | 行业中产品或服务过时速度很快 | 1 | 2 | 3 | 4 | 5 | 6 | 7 |
| F3 | | 行业内竞争者行为难以预测 | 1 | 2 | 3 | 4 | 5 | 6 | 7 |
| F4 | | 行业内顾客偏好难以预测 | 1 | 2 | 3 | 4 | 5 | 6 | 7 |
| G1 | 知识转移绩效 | 获取的知识在很大程度上能转换为市场经验 | 1 | 2 | 3 | 4 | 5 | 6 | 7 |
| G2 | | 企业能够获得较多的顾客偏好知识 | 1 | 2 | 3 | 4 | 5 | 6 | 7 |
| G3 | | 接收的知识能在较大程度上丰富管理技巧 | 1 | 2 | 3 | 4 | 5 | 6 | 7 |
| G4 | | 知识被吸收后能被运用于其他领域或项目 | 1 | 2 | 3 | 4 | 5 | 6 | 7 |
| G5 | | 员工(或部门)主动地进行知识共享和信息交流 | 1 | 2 | 3 | 4 | 5 | 6 | 7 |
| G6 | | 互访、培训、经验交流、工作轮换等提高了员工素质 | 1 | 2 | 3 | 4 | 5 | 6 | 7 |

说明：根据实际情况回答问题，在相应的数字下打"√"。

**问卷到此结束！谢谢您的合作！**